# 퀀트투자

## 무작정 따라하기

# 퀀트투자 무작정 따라하기

The Cakewalk Series – Quantitative Investing

**초판 발행** · 2022년 10월 10일
**초판 7쇄 발행** · 2024년 1월 5일

**지은이** · 강환국
**발행인** · 이종원
**발행처** · (주)도서출판 길벗
**주소** · 서울시 마포구 월드컵로 10길 56(서교동)
**대표 전화** · 02)332-0931 | **팩스** · 02)323-0586
**출판사 등록일** · 1990년 12월 24일
**홈페이지** · www.gilbut.co.kr | **이메일** · gilbut@gilbut.co.kr

**기획 및 책임편집** · 이치영(young@gilbut.co.kr) | **디자인** · 신세진, 박상희, 장기춘 | **마케팅** · 정경원, 김진영, 최명주, 류효정
**유통혁신팀** · 한준희 | **제작** · 이준호, 이진혁, 김우식 | **영업관리** · 김명자, 심선숙 | **독자지원** · 윤정아, 최희창

**편집진행 및 교정교열** · 김은혜 | **전산편집** · 예다움
**CTP 출력 및 인쇄** · 예림인쇄 | **제본** · 예림바인딩

**ISBN 979-11-407-0149-0  03320**
(길벗도서번호 070493)

정가 25,000원

## 독자의 1초를 아껴주는 정성 길벗출판사

**(주)도서출판 길벗** | IT교육서, IT단행본, 경제경영서, 어학&실용서, 인문교양서, 자녀교육서 www.gilbut.co.kr
**길벗스쿨** | 국어학습, 수학학습, 어린이교양, 주니어 어학학습, 학습단행본 www.gilbutschool.co.kr

# 퀀트투자
## 무작정 따라하기

강환국 지음

길벗

이 책은 퀀트 투자를 통해서 경제적 자유뿐만 아니라 시간적 자유까지 얻을 수 있는 투자 방법을 초보 투자자도 이해하기 쉽게 설명해준다. 주식투자로 좌절감을 느낀 분들, 과거의 투자에 잘못된 점이 무엇인지 알고 싶은 분들, 장기적으로 안정적 수익을 원하는 분들은 반드시 읽어야 할 책이다.

– 박세익, 체슬리투자자문 대표이사, 《투자의 본질》 저자

딱딱하고 생소하게만 보이던 퀀트 투자를 알기 쉬운 이론과 생생한 실전 사례를 통해 친근하게 만들어주는 책이다. 퀀트 투자 대중화의 선봉장인 저자의 세심한 고려가 돋보인다.

– 오건영, 신한은행 WM그룹 부부장, 《인플레이션에서 살아남기》, 《부의 시나리오》 저자

《ETF 처음공부》에서 한국의 투자자에게 적합하도록 고안한 K-올웨더 전략을 소개한 바 있다. 강환국 작가는 이를 일부 변형하여 한국형 올웨더 전략을 소개한다. 어느 전략이 더 좋은가는 투자자 여러분이 직접 적용해 본 뒤 판단할 몫이다. 세상에 단 하나뿐인 최고의 전략이란 없기 때문이다. 지속적이고 안정적인 투자 수익을 얻기 위해 자산을 적절히 배분하고 꾸준히 리밸런싱하시길 바란다.

– 김성일, 프리즘 투자자문 CIO, 《마법의 연금 굴리기》, 《ETF 처음공부》 저자

퀀트 투자는 초보자에게 가장 가성비 좋은 방법이다. 나 역시 퀀트 투자로 입문했다. 안전하고 안정적으로 꾸준히 수익을 내는 퀀트 투자를 누구나 시도하고 경험하기를 바란다.

– 김동주, 업라이즈투자자문 대표이사, 《절대수익 투자법칙》 저자

초보자를 위한 내용이지만 퀀트 투자의 A-Z가 다 담겨있다. 누구나 따라 할 수 있도록 쉽고 위트 있게 설명한다. 실전에서 우러난 깊이 있는 강환국 작가의 인사이트가 단연 이 책의 백미다. 개인 투자자가 실전 퀀트 투자를 시작하기에 이보다 좋은 책은 없을 것이다.

– 이재민, STOA Company 대표이사

# 강환국 작가에게 쏟아진 찬사

이 책대로 따라 하니 퀀트가 어렵고 복잡하다는 선입견이 어느새 사라집니다. 특히 투자에 대한 인간 욕망의 양면성을 떠올리면 투자를 오랫동안 하기 위해선 더더욱 퀀트가 답이라는 생각이 듭니다. 돈 벌기 위한 퀀트 방식에서 자기성찰의 지혜도 얻을 수 있어 독서의 즐거움과 보람이 큽니다.

- 임희숙, 독일 철학박사, 저자의 어머니

제 인생은 퀀트를 알기 전과 후로 나뉩니다. 칸트를 통해 삶의 의미를 찾으려 했지만 답은 퀀트에 있었어요. 단언컨대 퀀트 투자는 경제적 자유로 가는 가장 쉬운 길입니다. 이 책은 그 출발이예요!

- 닥터모네, 닥터스 피부과 원장

퀀트 투자를 시작하려는 분, 주식 용어조차 모르는 왕초보 투자자라면 꼭 보아야 할 퀀트 투자 입문서예요. 이 책은 기본기를 탄탄히 잡는데 필요한 투자의 정석 매뉴얼이라 할 수 있어요!

- KOTRA 강다길 차장

평생 가계부 한번 쓰지 않았던 내가 이 책을 읽고 나에게 맞는 투자 방법을 찾았어요! 무작정 따라 해봐요!

- KOTRA 이예나 과장

잠을 이루지 못하는 불안한 투자를 하고 있다면, 단연코 이 책을 꼭 봐야 해요. 저자는 퀀트 노하우를 누구보다 가장 쉽게 알려줍니다.

- 어스얼라이언스 김지연 파트장

저는 주식투자 경력이 꽤 길어요. 굴곡도 많았어요. 소위 깡통도 여러 번 차 봤습니다. 우여곡절 끝에 성장주 투자로 수익을 내던 중 2019년 《할 수 있다! 퀀트 투자》를 만났어요. 이렇게 투자하는 방법이 있다는 사실을 알고 며칠 동안 잠을 설쳤어요. 이때부터 성장주 투자와 퀀트 투자를 병행했어요. 그런데 노력해서 투자한 성장주 투자보다 퀀트 투자 수익률이 비교할 수 없을 정도로 높았어요! '퀀트킹' 카페에서 인증한 바도 있는데 수익금은 아래와 같아요.
2019년 : 5.9억 | 2020년 : 9.4억 | 2021년 : 17.4억 | 2022년 : -3.8억
시가총액 하위 10% 초소형주 위주로 투자하고 매월 리밸런싱 하고 있어요. 소형주 투자에 어려움을 느끼는 분이라면 저의 방식을 추천하지 않지만, 저는 약 30억 원 정도의 수익을 냈어요. 강환국 작가에게 힌트를 얻어 영업이익, 순이익이 급격히 증가하는 소형주에 투자한 것이죠. 성장지표 외 GP/A 등 수익성 지표도 함께 사용하고 있어요. 이런 방식은 MDD가 매우 높아 추천하지 않아요. 손실에 민감한 분들이더라도 강환국 작가의 자산배분을 먼저 배운다면 퀀트로 비중 투자하는 방식을 사용할 수 있어요. 열심히 연구하다 보면 손실이 적으면서 마음 편하게 투자할 수 있는 방법을 찾을 수 있을 거예요!

- 강철(초월갈매기), 퀀트 투자 성공 후기

**넷째마당**

# 미국 주식 종목선정

다 섯 째 마 당

# 무작정 따라하기 퀀트 포트폴리오

한 분기에 15분 정도만 투자하면서 연복리 수익률 15%를 올리고, 주식시장이 반 토막 나는 최악의 상황에도 손실이 15%가 채 안 되는 주식투자 방법이 있다는 걸 아세요?

투자를 한 번도 안 해본 사람은 "15%면 얼마 안 되는데, 그게 그렇게 어렵나?"라고 생각할 것이고, 투자를 조금이나마 해본 사람은 "어떤 상황에서도 손실이 15%라니 그건 사기야!"라고 생각할 겁니다.

솔직히 말씀드리자면 조금 전 제가 말한 '15-15-15' 전략은 불가능에 가깝습니다. 그래서 말도 안 된다는 생각도 전혀 이상할 것이 없습니다. 그러나 한국말은 끝까지 들어보셔야죠. 불가능에 가깝다는 것이지 불가능하지는 않습니다. 방법이 딱 하나 있거든요!

바로 퀀트 투자입니다.

지난 5년간 저는 "퀀트 투자가 뭐예요?"라는 질문을 백 번도 넘게 받았습니다. 낯설기도 하고 어려울 것 같다는 말도 많이 들었습니다.

퀀트 투자를 한마디로 설명하자면 '레시피 투자'라고 할 수 있습니다. 여러분이 요리를 한 번도 해본 적이 없는데 갑자기 식당을 차려서 직접 요리를 해야 하는 상황이라고 가정해 보죠. 그럼 어떻게 하겠습니까? 요리 경험이 없으면서도 이 것저것 시도해서 음식을 만들어 내간다면 여러분이 시행착오를 거쳐 훌륭한 요리사가 되기 전에 분명 그 식당은 망할 겁니다. 그러나 왕초보라 해도 블로그나 유튜브에서 유명한 요리사의 검증된 레시피를 베껴서 만든다면 적어도 중간은 갈 겁니다.

투자도 마찬가집니다. 대부분의 투자자는 요리를 못하는데 식당을 차린 사장과 같은 상황입니다. 경험도, 지식도 없으면서 본인의 판단에만 의지해 이런저런 종목을 샀다가 대부분 실패합니다. 안타까운 일이죠. 많은 사람들이 모르고 있지만 투자에도 성공이 어느 정도 검증된 레시피가 존재합니다! 심지어 투자에서는 이 레시피를 과거에 사용했다면 어느 정도 수익을 내고 레시피가 안 통하는 구간에는 어느 정도의 손실이 발생했는지까지 정확히 시뮬레이션 할 수 있습니다(이런 시뮬레이션을 '백테스트'라고 합니다). 어떤 투자자든 이 레시피를 활용하면 누구나 중간 이상의 성적을 낼 수 있습니다. 이렇게 과거의 성적과 미래의 수익까지 가늠해 볼 수 있는 레시피, 즉 데이터에 기반한 규칙을 만들어 투자하는 것을 퀀트 투자라고 합니다. 이제 퀀트 투자가 뭔지 감이 오죠? 레시피, 즉 규칙만 있다면 퀀트 투자가 그리 어렵지 않습니다.

저는 이런 투자 레시피를 개발하고 알리는 사람입니다. 퀀트 투자를 널리 알리기 위해 유튜브도 하고, 책도 썼습니다. 그런데도 여전히 너무 어렵다고 하는 분들이 많더군요. 그래서 '자산배분, 마켓타이밍, 종목선정'에 대해 최대한 쉽게, 누구나 따라 하면 투자 수익을 낼 수 있도록 이 책을 썼습니다. 퀀트 투자 전략이 어떤 것인지, 어떤 논리로 구성되는지 설명하는 것은 물론이고, 소프트웨어를 활용해 직접 전략을 백테스트하고 몇 가지 지표를 통해 투자할 종목을 뽑는 방법까지 알려드립니다. 이 책에 나오는 퀀트 레시피를 그대로 따라하기만 해도 한 분기에 딱 한 번, 15분을 투자해서 연복리 15% 이상을 벌고 최대 손실을 15%로 제한하는 훌륭한 투자자가 될 수 있습니다. 《퀀트 투자 무작정 따라하기》를 통해 독자 여러분 모두가 성공적인 투자를 하고 궁극적으로 경제적 자유를 누리기를 진심으로 기원합니다.

이 책이 나오기 전에 여러분들의 도움을 받았습니다. 우선 부모님께 감사 인사를 올립니다. 어머니도 이제 퀀트 투자를 배우기 시작하셔서 이 책의 원고를 꼼꼼히 읽고 좋은 피드백을 주셨습니다.

이 책을 출판해 주신 길벗출판사의 이종원 대표님과 이치영 기획편집자님께 감사드리고, 추천사를 써 주신 박세익 대표님, 오건영 부부장님, 김성일 CIO님, 김동주 대표님, 이재민 대표님께도 감사합니다.

이번에도 많은 일반인 투자자들이 책을 검토하고 의견을 주셨습니다. 이 책의 눈높이를 조절하는데 크게 기여하신 닥터모네 원장님, 강다길 차장님, 이예나 과장님, 김지연 파트장님께 감사 말씀을 전하며, 소형주 퀀트 투자의 대가로써 흔쾌히 성공 사례를 나누신 강철님께도 감사 인사를 드립니다.

마지막으로, 제 유튜브 채널 '할 수 있다! 알고 투자'에서 피드백을 주신 많은 구독자들께 깊이 감사드립니다.

# 퀀트 투자에
# 앞서서

# 001 퀀트 투자가 뭐예요?

준비마당에는 투자 초보인 여러분이 본격적으로 퀀트 투자를 시작하기 전 꼭 알아야 하는 내용을 모았습니다. 용어들이 낯설어 좀 헷갈릴 수 있지만, 이 책을 계속 보면 금방 개념을 익힐 수 있을 것이고 나중엔 매우 간단한 내용이라는 걸 알게 될 거예요.

## 퀀트 투자, 대체 뭔가요?

일단 생소한 개념인 '퀀트 투자'부터 짚고 넘어가야겠죠? 저는 퀀트 투자가 무엇이냐는 질문에 한마디로 '레시피 투자'라고 답합니다.

여러분이 파스타를 한 번도 안 만들어 봤는데 갑자기 다른 직원 없이 파스타 식당을 운영해야 한다면 어떨까요? 저라면 이름난 파스타 요리 고수들을 수소문해서 그들의 '레시피'를 받아오려고 노력을 할 겁니다. 어느 정도 양의 면, 고기, 야채와 양념을 어떤 순서로 넣고 어떤 식으로 볶고 데워야 하는지 적혀 있는 상세한 레시피가 있다면 아무리 초보자라 하더라도 결과물이 아주 형편없지는 않겠죠. 이때 최대한 '구체적인' 레시피가 더 도움이 되겠지요. '파스타에 따뜻한 마음과 정성을 담으면 맛에 드러납니다!' 같은 감성적인 레시피를 보면 마음은 따뜻해지겠지만 식당이 살아남는 데는 전혀 도움이 안 될 겁니다. 완전히 요리 초보인 제가 몸으로 부딪치며 실험해 보면서 마음과 정성이 담긴 파스타 요리를 시도할 수도 있겠지만 아마 제 파스타가 먹을 만한 수준으로 올라오기 전에 식당이 망하겠지요.

투자도 이렇게 '레시피'를 개발해서 그 레시피대로 똑같이 투자하는 것이 가능한데요, 이런 투자기법을 바로 퀀트 투자라고 합니다.

> 1. 언제, 어떤 자산을 사고
> 2. 얼마나 오래 보유하고
> 3. 언제 기존 자산 비중을 조정하거나, 팔거나, 다른 자산으로 교체하는지, 즉 투자에 관련한 모든 의사결정이 규칙대로 이루어지는 규칙 기반(rule-based) 투자

**알아두세요**

**퀀트 투자의 시작**

퀀트 투자, 즉 계량화가 가능한 규칙 기반 투자는 가치투자의 아버지로 알려진 벤저민 그레이엄(Benjamin Graham)이 만들었습니다. 그가 제시한 PER, PBR를 활용한 투자, 청산가치보다 시가총액이 낮은 기업을 사는 NCAV 전략 등은 지금도 초보자도 손쉽게 따라할 수 있는 전략입니다.

여기서 '퀀트'는 영어 단어인 'Quantitative', 즉 '계량'을 의미하는 단어의 줄임말입니다. 퀀트 투자의 제1 규칙은 계량화가 가능해야 합니다. 계량화가 되지 않거나 애매모호하면 퀀트 투자가 아닙니다. 그래서 퀀트 투자자들은 기업의 재무제표, 자산의 가격 또는 거래량처럼 수치로 볼 수 있고 계량화가 가능한 지표를 주로 사용합니다.

예를 들면, '주식에는 추세가 있다. 추세가 강한 종목을 사라'라는 규칙을 따른다면 나름 규칙을 따르는 투자라고 볼 수 있지만, 여기에는 계량화된 수치가 빠져 있으므로 퀀트 투자라고 볼 수 없습니다. '추세'라는 단어만으론 애매모호해서 얼마든지 주관적인 해석이 가능하기 때문입니다. 그런데 위의 규칙에 다음과 같은 조건이 붙는다면 어떨까요?

1. 매월 마지막 거래일에
2. 미국 주식시장에 상장된 전체 주식 중
3. 최근 1년간 주가 상승률이 가장 높은 50개 종목에
4. 각 종목에 동일한 금액을 투자하고
5. 한 달 동안 보유하고 있다가 다음 달 마지막 거래일에 1~4를 반복한다.

이런 규칙을 지키는 것은 퀀트 투자라고 할 수 있습니다. 어떤 주식을 언제 사고 얼마 동안 보유하고 언제 어떤 주식으로 대체해야 하는지 규칙이 명확하니까요. 파스타 레시피처럼 누구나 따라 할 수 있고, 누가 해도 똑같은 성과가 나올 수밖에 없는 투자 전략, 그것이 퀀트 투자입니다!

# 왜 퀀트 투자인가?

▶ 할투 13

▶ 할투 44

▶ 할투 810

## 첫 번째, 배우기 쉽습니다

Section 1에서 예로 든 초보가 만드는 파스타 요리의 경우만 봐도 애매모호한 레시피보다는 구체적이고 정확한 수치가 표시된 레시피가 훨씬 더 따라하기 쉽고 실전에 응용하기 좋습니다. 이와 마찬가지로 투자에 있어서도 좋은 전략을 선택해 정하고 나면 어떤 종목을 사고, 언제 사고 팔아야 하는지 자연스럽게 알 수 있어서 고민할 것이 별로 없습니다.

투자 레시피를 만드는 것이 어렵냐고요? 처음 하는 사람이라면 어려울 수 있습니다. 그러나 제가 이전에 쓴 책을 비롯해 '이미 검증된 레시피'를 소개한 책이나 유튜브 영상도 매우 많습니다.

그런데 투자의 세계에서 거론되는 투자법은 구체적인 레시피를 사용하는 퀀트 투자 외에도 매우 많습니다. 어떤 투자법이 주로 사용되는지, 각각의 장·단점은 무엇인지 간단히 살펴보겠습니다.

### 1. 가치투자

가치투자자들은 주식이 기업의 일부고 주가는 대부분 기업의 가치를 반영하지만 가끔은 기업가치보다 훨씬 낮거나(저평가) 훨씬 높아지는(고평가) 상황이 발생한다고 믿습니다. 가치투자 방법을 따른다면, 주식이 저평가되었을 때 사서 정상 가격으로 돌아가거나 고평가되었을 때 팔면 돈을 벌 수 있겠지요.

가치투자자 중 가장 유명한 사람은 세계에서 가장 유명한 투자자이기도 한 워런 버핏(Warren Buffett)입니다.

가치투자의 핵심은 '싸게 사서 비싸게 팔아라'라는 투자의 본질과 일치합니다. 그래서 가치투자의 논리에는 반박할 수가 없죠. 실제로 시장은 가끔 비이성적인 판단을 내려서 일시적으로 주가가 기업가치와 차이가 날 수 있지만, 장기적으로는 가격과 가치에 수렴하는 경향을 보입니다. 이런 기업을 잘 찾아서 큰 부를 축적한 투자자들이 실제로 많습니다.

그렇다면 가치투자 방법에 단점은 전혀 없을까요? 기업가치를 정확히 평가하기 위해선 현재 기업이 벌어들이는 수익, 보유한 자산의 평가는 물론이고 이 기업이 속한 산업과 주요 상품의 성장성, 기업과 상품의 경쟁력, 경영진의 능력, 경쟁사 동향 등 고려할 사항이 매우 많습니다. 아무리 가치투자 고수라도 기업가치를 정확히 평가하는 것은 매우 어렵습니다. 워런 버핏조차도 본인도 모든 기업의 가치를 평가할 수 없고 잘 아는 분야, 미래 현금흐름이 어느 정도 예측이 가능한 기업만 평가할 수 있다고 강조했습니다. 가치투자 고수의 경지에 도달하기 위해서는 많은 공부와 경험이 필요합니다.

## 2. 기술적 투자

서점에 가서 주식투자서 코너를 보면 주식 차트를 보여주면서 저항선, 지지선 등을 논하고 추세가 지속되거나 꺾이는 패턴 등을 설명하고, 이러한 패턴에 높은 거래량이 수반되면 이렇고, 거래량이 적으면 저렇고 하는 내용을 담은 책을 쉽게 볼 수 있습니다. 이렇게 주식 차트를 보면서 과거 가격과 거래량의 패턴을 통해 미래 가격을 어느 정도 예측할 수 있다고 믿는 투자자를 기술적 투자자라고 합니다. 그들은 투자하는 주체

 **알아두세요**

**차트**

차트는 기술적 분석의 기본 도구입니다. 가격과 거래량 변동을 시각적으로 표현하며 선과 봉으로 이루어져 있습니다. 봉은 가격의 기본이 되는 시가, 고가, 저가, 종가를 이용하여 차트를 만드는 방법입니다. 선은 한 종류의 가격만을 연결해서 그려나가 흐름을 파악하는 데 쓰입니다. 기본 차트들은 그리는 시간에 따라 일, 주, 월로 나눠지고 그에 따라 그 의미가 달라집니다. 차트를 활용하면 매수와 매도 물량, 장기 추세를 파악할 수 있습니다.

는 인간이고, 인간의 심리는 일정한 패턴을 보이므로 그 패턴이 가격 또는 거래량에 반영된다고 믿습니다. 또한 가격의 추세를 만드는 주체는 자금이 많은 기관이나 외국인인데, 이들의 거래 행위도 가격 또는 거래량을 통해 유추할 수 있다고 주장합니다. 기술적 투자자 중 대중적으로 알려진 투자자는 제시 리버모어(Jesse Livermore), 리처드 데니스(Richard Dennis) 등이 있으며, 수백 퍼센트의 연복리 수익을 달성한 유명한 트레이더 수십 명을 인터뷰한 잭 슈웨거(Jack Schwager)의 책《시장의 마법사들》에 등장하는 사람들도 대부분 기술적 투자자입니다.

기술적 투자의 장점은 개별 기업에 대해 분석할 필요가 없다는 것입니다. 기업을 일일이 파고들기보다는 과거 가격과 거래량을 연구해서 가격이 상승할 가능성이 크다고 판단되면 베팅하고 가능성이 작다고 판단하면 쉬어 가면 되니까요.

이런 기술적 투자의 장점은 뒤집어보면 단점이 되기도 합니다. 이런 패턴을 이론적으로 풀면 그럴듯한데 실전에서 적용하는 것이 상당히 어렵거든요. 주식시장이 3개월 전과 비교하면 올랐고 일주일 전과 비교하면 내렸다면, 지금은 상승장일까요 하락장일까요? 어떤 추세에 있다고 판단하는지에 따라 저항선과 지지선도 달라집니다. 아무래도 판단을 내리기 위해선 주관적 소견이 개입될 수밖에 없습니다. 따라서 기술적 투자역시 고수의 경지에 오를 때까지 상당한 시간과 경험이 필요합니다.

### 3. 매크로 투자

주식 방송이나 유튜브 영상을 보면 금리, 환율, 경제성장, 물가상승, 무역수지 등을 포함한 경제 상황을 다루는 경우가 매우 많습니다. 이렇게 경제 상황을 투자에 반영하는 것을 '매크로(Macro)' 투자라고 합니다. 금융시장도 크게 보면 세계 경제의 일부이므로 경제가 어떻게 돌아가는지 안다면 투자에 도움이 된다고 추론할 수 있죠.

경제 상황을 살필 때는 금리, 환율, 물가상승, 무역, 실업률, 경제성장 등 여러 변수를 분석합니다. 심지어 한국 지표만 보는 것이 아니라 바다 건너 미국의 데이터도 분석하고 중국, EU, 일본 동향도 분석하면서 현재 자산시장의 움직임과 미래의 추세를 가늠하곤 합니다. 이렇게 경제 상황을 보면서 투자하는 매크로 투자자로는 레이 달리오(Ray Dalio)와 조지 소로스(George Soros)를 꼽을 수 있습니다.

경제 동향을 잘 알면 어디 가서 유식하다는 말을 듣곤 합니다. 세상이 돌아가는 상황을 잘 아니 투자 외에 사회생활에도 도움이 되지요. 그러나 경제를 분석하고 예측하는 전문가들의 의견은 이미 가격에 반영된 경우가 많아서, 그들과 내 분석이 달라야 하고 내 분석이 그들의 분석보다 정확해야 돈을 벌 수 있습니다.

매크로 분석을 통해 수익을 내기는 개별 기업을 분석하는 가치투자나 기술적 투자보다 더 어렵습니다. 세계 경제 전체를 보고 흐름을 분석할 수 있어야 하기 때문이죠. 그것도 저명한 경제학자들보다 더 잘 분석할 수 있어야 시장을 앞서가고 수익을 낼 수 있습니다.

## 4. 정보 매매

언론, 유튜브, 전문가는 물론, 친구나 친척, 리딩방, 찌라시 등을 통해 투자 정보를 받아서 주식을 사고파는 것을 말합니다. 이런 곳에서 얻는 정보는 개별 종목의 스토리부터 실적 발표 예상이나 관련 산업과 거시경제 이슈, 정부 정책 동향 등 다양하고 범위가 넓습니다. 유튜브 채널 중에도 시황을 다루는 채널이 인기가 높은 것을 보면 이런 정보 매매가 많은 개미 투자자들이 선호하는 방법인 것 같습니다.

정보 매매의 장점은 진입장벽이 낮아 누구나 할 수 있다는 것입니다. 그러나 개인투자자인 우리가 받는 정보는 이미 시장에 널리 알려져 있거나 가격에 반영되어 있을 가능성이 높습니다. 즉, 남들도 다 아는 정보라서 그것을 듣고 투자하면 좋지 못한 선택이 될 수도 있습니다. "네 귀에도 들어올 정보면 누구나 다 아는 정보야"라는 말 들어보셨겠죠? 기밀이니 내부 정보니 해도 이미 알려질 만큼 알려졌다는 의미입니다. 매일 뉴스를 점검하면서 장중 시간을 보내야 한다는 것도 상당히 신경 쓰이는 일이고요.

그런데 뉴스 창을 여러 개 띄워놓고 뉴스가 뜨면 오랜 경험에 따라 어떤 주식이 움직일지 눈치채고 재빨리 투자하면서 큰 수익을 내는 투자자도 있습니다. 성향에 맞고 충분한 경험이 쌓인다면 좋은 방법일 수도 있죠. 다만 이런 고수의 경지에 올라가기는 매우 어렵습니다.

## 5. 패시브 투자

가치투자, 기술적 투자, 매크로 투자, 정보 매매, 어떤 방법이든 높은 경지에 오른다면 수익을 낼 수 있습니다. 그러나 그 경지에 올라가기가 매우 어렵습니다. 우리는 흔히 투자 고수가 되는 것이 쉽다고 착각하지만, 최정상급의 음악가, 화가, 운동선수가 되기가 매우 어려운 것처럼 투자 고수가 되는 것 역시 매우 어렵습니다.

그래서 나온 것이 패시브 투자입니다. 패시브 투자 신봉자들은 어떤 투자기법을 사용하든 주가지수 또는 각 금융시장을 추종하는 지수(Index)보다 더 높은 수익을 내기 매우 어려우니, 이런저런 기법을 사용해 고수익을 내려고 하기보다는 ETF나 인덱스 펀드를 활용해 저렴한 수수료로 시장 수익 자체를 추종하는 투자를 추천합니다. 패시브 투자의 창시자는 뱅가드 그룹을 창업한 존 보글(John Bogle)입니다. 그가 만든 인덱스 펀드는 지수를 추종하기 때문에 수익률 역시 시장과 비슷하게 나오지만 직접 투자로 자금을 운용하는 액티브 펀드의 실적이 신통치 않고 수수료가 높다는 것이 알려지면서 최근 전 세계적으로 인덱스 펀드와 ETF에 투자하는 자금이 큰 폭으로 증가하고 있습니다.

패시브 투자의 장점은 투자를 아무것도 모르는 투자자도 주가지수 등 금융시장을 추종하는 인덱스 펀드나 ETF를 사면 프로 투자자들의 90% 를 능가하는 수익을 낼 수 있다는 점이며, 몇 가지 ETF를 조합해서 자산을 잘 배분하면 최대손실(MDD)을 20% 미만으로 줄일 수도 있습니다. 이는 수십 년간 투자하면서 최악의 순간에도 포트폴리오의 20% 이상을 잃지 않는다는 것을 의미합니다.

**최대손실(MDD)**

최대손실 혹은 최대낙폭을 말합니다. MDD는 특정한 투자 기간 동안 투자자가 겪을 수 있는 가장 큰 손실을 의미하므로, MDD가 작을수록 손실폭이 적은 것입니다. MDD는 '(최저점/전고점)-1'으로 계산하는데요, 자세한 내용은 Section 4에서 배워보겠습니다.

**잠깐만요**

## 《무작정 따라하기 퀀트 투자》에서 추구하는 퀀트 투자는?

퀀트 투자는 '규칙 기반(rule-based)' 투자이며 그 규칙은 '계량화'가 가능하여 요리 레시피와 비슷합니다. 그런데 퀀트 투자도 활용하는 방법이 매우 다양합니다. 요리에도 한식, 양식, 중식, 일식 등이 있듯이 퀀트 투자도 마찬가지입니다.

⊙ **시간별 차이**
 - **초단타 퀀트**: 1초에 수백 번의 거래를 하는 퀀트 투자로, 인간이 하기는 어렵고 컴퓨터 알고리즘이 거래합니다.
 - **데이 트레이딩 퀀트**: 하루 내로 거래를 끝내는 방식인데, 보통 포지션을 당일 청산하고 다음 날까지 가져가지 않습니다.
 - **스윙 트레이딩 퀀트**: 매수 후 3~5일 내로 거래를 청산합니다.
 - **중장기 퀀트**: 매수한 주식이나 ETF를 최소 1개월, 길면 1년 이상 보유합니다.
 →《무작정 따라하기 퀀트 투자》에 나오는 전략의 종목 보유 기간은 보통 3~6개월입니다. 따라서 우리는 중장기 퀀트를 한다고 볼 수 있죠.

⊙ **주로 사용하는 지표의 차이**
 - **재무제표 퀀트**: 손익계산서, 재무상태표, 현금흐름표 등 재무제표의 항목을 활용해서 초과수익을 내려고 합니다. 중장기 퀀트 투자는 재무제표 항목을 많이 활용합니다.
 - **가격/거래량 퀀트**: 가격, 거래량과 관련 파생되는 지표를 통해 초과수익을 내려 합니다. 초단타, 데이 트레이딩, 스윙 트레이딩 퀀트에서 주로 활용합니다. 그러나 중장기 퀀트에서도 가격/거래량 퀀트 투자는 가능합니다.
 - **애널리스트 퀀트**: 애널리스트들의 추정 가격, 이익 등의 변화를 이용해서 초과수익을 내려 합니다.
 - **매크로 퀀트**: GDP 성장, 실업률, 금리, 물가상승, 환율, 무역수지 등 거시경제 지표를 활용해서 초과수익을 내려고 합니다.
 - **계절성 퀀트**: 수익이 평균적으로 더 높은 시간, 일, 요일, 월, 연에 투자해서 초과수익을 내려 합니다.
 →《무작정 따라하기 퀀트 투자》는 주로 재무제표와 계절성 퀀트 전략을 소개합니다.

지금까지 주요 투자법 5가지를 소개했습니다. 퀀트 투자 외에도 주식투자를 통해 돈을 벌 수 있는 방법은 꽤 많습니다. 그런데 패시브 투자를 제외한 투자 방법(가치투자, 기술적 투자, 매크로 투자, 정보 매매 투자)은 상당히 난이도가 있고, 수익을 내는 고수가 되기 위해선 많은 시간과 경험이 필요합니다. 따라서 저는 여러분에게 상대적으로 난이도가 낮고 쉽게 따라할 수 있는 패시브 투자와 퀀트 투자 위주로 소개하려 합니다.

## 두 번째, 가성비가 좋습니다

이 책에 나오는 전략들은 몇 달에 한 번 리밸런싱하면 되는 전략들이라 몇 개월에 몇 분만 투자하고 그 사이에는 아무것도 안 해도 됩니다. 시황을 매일 살피지 않아도 되고 경제나 정치 이슈를 전혀 신경 쓸 필요 없이 본업에 집중하거나 취미생활을 하면 됩니다.

이렇게 게으르게 투자해도 수익은 99%의 펀드매니저들보다 잘 낼 수 있고 최악의 순간에 잃는 금액은 자산 대비 20% 미만일 겁니다. 즉, 퀀트 투자는 시간은 거의 할애하지 않고 성과는 뛰어나기에 가성비가 매우 높은 투자 방법이죠.

특히 바쁜 직장인들에게 최고의 투자법이라고 생각합니다. 저도 12년 동안 직장생활을 했는데 어떻게 하면 최소한의 시간을 투입해서 최고의 아웃풋을 낼까 고민하다가 퀀트 투자가 가장 적합하다는 결론에 도달했습니다.

## 리밸런싱을 하라고?

주식이나 ETF를 사서 영원히 보유하는 경우는 거의 없습니다. 퀀트 투자자도 주기적으로 종목을 교체하거나 비중을 수정합니다. 이 작업을 리밸런싱이라고 하는데요. 리밸런싱에는 다음 두 가지 의미가 있습니다.

1. 우리가 종목을 샀을 때는 이유가 있습니다. 예를 들면 이익 성장이 높다는 이유 같은 것이죠. 그런데 시간이 흘러서 그 기업의 이익 성장이 꺾인다면 우리는 그 기업을 팔고 이익 성장이 높은 다른 기업으로 갈아타는 것이 좋겠죠. 이렇게 '더 이상 투자에 적합하지 않은 주식을 다른 주식으로 교체'하는 작업이 리밸런싱입니다.
2. 자산배분을 하는 경우라면 주식, 채권, 실물자산 등에 나눠서 투자한 뒤 시간이 흐르면 실제 투자 비중이 목표 비중과 달라집니다. 예를 들면 주식이 많이 오르고 채권과 실물 자산은 제자리걸음을 했다면 포트폴리오의 주식 비중이 높아지겠죠. 이 비중을 주기적으로 목표 비중에 다시 맞추는 작업도 리밸런싱이라고 합니다.

리밸런싱은 주기적으로 하는 것이 좋으며, 저는 분기 또는 반기에 1회 정도가 적합하다고 봅니다.

# 세 번째, 전략의 검증이 가능합니다

 **알아두세요**

**백테스트**

전략의 과거 성과를 알아보는 것을 말합니다. 백테스트는 자산배분의 경우 1970년부터 유효한 결과가 있으며, 미국 주식의 경우 1926년부터 가능합니다. 한국 주식은 2000년부터 유의미한 결과가 있습니다. 우리는 이 책에서 주로 퀀터스 프로그램을 통해 각 전략을 백테스트 합니다. 백테스트에 대해서는 Section 5에서 자세히 설명하겠습니다.

퀀트 투자는 전략이 명확합니다. 이 전략을 과거에 사용했다면 어느 정도의 성과를 낼 수 있었는지 쉽게 검증할 수 있습니다. 이런 검증 과정을 '백테스트(backtest)'라고 합니다. 이 백테스트는 파이썬 등 프로그램 언어를 사용해서 직접 프로그램을 만들고 데이터를 수집하고 전략을 검증하는 방식으로 할 수도 있지만, 최근에는 좋은 프로그램들이 많이 개발되어서 직접 코딩하지 않더라도 백테스트를 손쉽게 진행할 수 있습니다. 백테스트가 가능한 프로그램들의 종류와 활용법에 대해서는 Section 5에서 소개합니다.

백테스트를 하면 과거의 성과를 검증할 수 있습니다. 그에 그치지 않고 내가 선택할 전략이 과거에 어떤 성과를 냈고 앞으로 어떤 성과를 낼 수 있는지까지 알 수 있습니다.

- 과거에 어느 정도의 수익을 냈는지
- 최악의 순간에는 어느 정도의 손실이 발생했는지
- 어떤 시장에서 특별히 강했는지/약했는지
- 손실을 본 후 다시 본전 회복까지 어느 정도 시간이 걸렸는지

백테스트를 통해 이 전략의 향후 기대 수익과 리스크까지 계산할 수 있습니다. 과거에 잘 통한 전략들은 미래에도 잘 통할 가능성이 큰데 그 이유는 Section 31, 37에서 자세히 설명하겠습니다.


## 네 번째, 심리의 영향을 덜 받습니다

사실 성공적인 투자 전략을 만드는 것은 그렇게 어려운 일이 아닙니다. 그런데도 훌륭한 전략을 만들고 오랫동안 따라서 큰돈을 벌었다는 사람이 매우 드문 이유는 무엇일까요? 이것은 바로 우리가 인간이기 때문입니다. 인간의 심리가 의식적·무의식적으로 개입하기 때문에 투자를 망치는 겁니다. 저는 심지어 '인간의 두뇌는 투자에서 망하도록 최적화되어 있다'라고 강하게 주장하는데요. 구체적으로 인간의 심리가 어떤 식으로 우리의 투자를 망치는지에 대해서는 다음 Section 3에서 살펴보겠습니다.

# 투자 심리

▶ 할투 622

우리 주변에 부동산으로 돈을 벌었다는 사람은 꽤 있는데 어째서 주식으로 돈을 벌었다는 사람은 적고 오히려 패가망신했다는 소리만 많이 들려올까요?

물론 여러 이유가 있겠지만 저는 '주식이 부동산보다 거래하기 훨씬 쉬워서'라고 생각합니다.

부동산은 들어가는 금액도 크고 세금이나 수수료도 있어서 전문 투자자가 아닌 이상 죽을 때까지 몇 번 이상 사고팔지 않습니다. 거래를 잘 하기 위해선 부동산도 여러 곳 찾아가야 하고, 내 부동산을 사 줄 사람을 찾는 것도 매우 큰 노력과 시간이 필요한 일이죠. 각종 세금, 수수료도 부담스러운 수준입니다. 이에 비하면 주식은 어떤가요? 컴퓨터나 핸드폰에 깔린 주식프로그램을 열어서 클릭 한 번이면 수억, 수십억 원도 한 번에 거래할 수 있고, 수수료나 세금도 부동산보다는 매우 적은 편입니다. 이렇게 거래가 쉽기 때문에 대부분의 투자자가 주식투자에서 돈을 벌기보다는 잃게 됩니다. 어째서일까요?

인간은 눈부신 과학 기술을 만들고 문명은 발달했습니다. 그런데 안타깝게도 인간의 두뇌는 원시시대 이후 크게 진화하지 않았습니다. 대부분 인간의 두뇌는 주식을 거래하면 할수록 수렁에 빠져들고 돈을 잃게끔 최적화되어 있다고 해도 과언이 아닙니다. 우리 두뇌는 합리적이고 이성적인 판단을 할 수 있으나, 그렇게 할 수 있는 상황은 극히 일부분일 뿐이며 대부분의 상황에서는 수많은 편향에 사로잡혀 비합리적인 선택을 내립니다. 합리적인 판단이 매우 중요한 냉혹한 투자의 세계에서 계속 비합리적인 선택을 내리면 결과는 불을 보듯 뻔하죠.

여기 중요한 내용이 하나 더 있습니다.

1. 인간은 실제로 돈을 투입하기 전에는 어느 정도 합리적인 분석도 할 수 있고 전략도 만들 수 있습니다.
2. 매수가 끝나고 내 돈이 실제로 들어간 후부터는 합리적인 판단이 절대 불가능합니다. 그 사람의 지능, 학력, 직위, 업무 능력과 전혀 상관이 없습니다.

이를 적나라하게 표현하면, 투자 전에는 사람의 IQ를 사용해서 인간다운 판단을 내릴 수 있으나, 돈이 들어간 직후 IQ가 급격하게 퇴화해서 원숭이 정도의 판단 능력만 남아있다고 해도 과언이 아니라는 겁니다. 물론 저도 예외가 아닙니다.

그러나 이를 긍정적으로 해석하면, 우리가 경쟁하는 상대도 대부분 하루 내내 비합리적인 선택을 하는 원숭이 지능을 가진 투자자라는 겁니다. 그들보다 조금만 더 인간답게, 합리적으로 투자를 할 수 있다면 그들을 앞지르는 것은 별로 어렵지 않습니다. 그 인간의 지성을 유지하는 방법으로 우리는 퀀트 투자를 선택한 것이죠.

그럼 구체적인 방법론을 공부하기 전 도대체 어떤 편향이 우리의 투자를 망치는지 살펴보겠습니다.

우리의 투자에 악영향을 미치는 편향을 정리해 봤더니 자그마치 40여 개가 있었습니다. 그중 대부분의 투자자가 보이는 대표적인 편향을 정리해 봤고, 이 편향이 실전에서 어떻게 투자를 망치는지도 분석해 보겠습니다.

**알아두세요**

**인간의 심리가 투자에 미치는 영향**

인간은 이성적이라는 경제학의 기본 전제에서 벗어나 인간의 실제 행동을 연구·관찰하는 학문을 행동경제학(behavioral economics)이라고 합니다. 실제 인간의 행동을 연구하여 어떻게 행동하고 어떤 결과가 발생하는지를 규명하기 위한 경제학이죠. 인간이 개인의 경험이나 감정 등으로 어림짐작해서 판단하면서 다양한 인지 편향(bias)이 발생하고 비합리적으로 행동하는 심리학적 현상을 연구합니다.

### '인간의 심리적 편향'이 투자에 미치는 영향

인덱스 펀드의 창시자 잭 보글이 1970년에 있었던 뮤추얼펀드 355개를 전수조사했더니 2016년에도 살아남은 펀드는 74개뿐이었고 281개 펀드는 사라졌습니다. 살아남은 펀드 74개 중에서도 주가지수를 능가하는 수익률을 기록한 펀드는 10개에 불과했습니다. 결론적으로 1970년에 시작한 펀드 중 주가지수를 뛰어넘는 수익을 낸 펀드는 겨우 3%였다는 것이죠.

주식 투자에선 프로인 펀드매니저들도 편향에 빠져 투자하고 그 결과가 처참하다는 것을 보여주는 자료입니다. 이 편향을 제거하고 기계적으로 투자할 수 있다면 수익을 훨씬 더 올릴 수 있겠죠. 어떤 주가 예측 대회에서 어떤 투자자가 장난으로 6개월 후 주가를 '오늘 주가'로 예측했다고 합니다. 그런데 그 방법으로 참가자 95%의 성과를 능가했다고 합니다. 다른 참가자들도 나름대로 무엇인가를 생각하면서 예측했을 텐데 말입니다. 이렇듯 인간이 두뇌를 써서 하는 투자 실력은 이 정도밖에 안 됩니다. 그러니 퀀트 투자 하시죠!

# 1. 투자 전 편향

### 권위 편향 + 호감 편향

대부분 투자자에게 어떻게 주식을 샀냐고 물으면 많은 경우 "방송·유튜브·언론·리딩방 등에서 전문가가 찍어준 주식을 샀다"라고 말합니다. 또는 "가족·친구·친척·지인이 권해서"라는 말도 자주 듣습니다.

아무래도 사람들은 학력, 전문 자격증, 직위, 부, 유명세 등 '권위'가 있는 사람의 말을 따르는 경향이 있습니다. 이 현상을 '권위 편향'이라고 합니다.

문제는 주식시장에서 이런저런 추천을 하는 자칭 전문가 중 실력 없는 사람도 많고, 설사 실력 있는 사람이라도 주식시장은 확률이 지배하는 곳이기 때문에 틀리는 경우가 상당히 많다는 겁니다. 주식을 100개 찍어서 그중 60개가 오른다면 그 사람은 초고수로 불립니다. 그러나 이런 초고수도 40개는 못 맞추는 거죠. 게다가 전문가의 투자 전략과 성향이 나와 완전 다를 수도 있습니다.

따라서 본인의 투자 전략을 정하지 않은 채 전략대로 종목이나 ETF를 사지 않는 매수 행위는 합리적이라고 볼 수 없는데 많은 투자자는 그냥 전문가가 찍어주는 종목을 삽니다.

그런데 전문가도 아닌 가족, 친구, 친척, 지인 등이 권한 주식을 사는 경우도 매우 많습니다. 이것은 왜 그럴까요?

'호감 편향'에 빠져서 그렇습니다. 아무래도 사람은 본인이 좋아하는 사람의 말을 신뢰하는 경향이 높습니다. 물론 그 가족, 친구, 친척, 지인이 우리에게 못된 마음을 먹고 주식을 추천했을 가능성은 적습니다. 그러나 그들은 전문성이 없거나, 또는 본인들도 어디선가 주워들은 별로 훌륭하지 않은 주식을 추천했을 확률이 높죠.

'권위 편향'과 '호감 편향'이 합쳐져 나타나는 경우도 많습니다. 주식시장에는 수많은 전문가가 있는데 그들의 외모, 목소리, 자신감, 인간성 등에 반해서 그 사람의 말을 맹신하는 경우도 비일비재합니다.

> **결론:** 우리는 별다른 사실 확인을 하지 않고 권위가 있거나 좋아하는 사람이 추천하는 주식을 살 가능성이 큽니다.

## 스토리텔링의 폐해

전문가와 지인의 말을 듣고 덥석 주식을 사는 사례도 있지만, 대부분 투자자는 그래도 수백만 원, 수천만 원을 투자하기 전 나름대로 투자할 주식을 연구합니다. 그런데 대부분의 투자자는 무엇을 연구하고, 무엇에 혹해서 주식을 사게 될까요? 재무제표 데이터? 이 기업의 시가총액이 순이익, 순자산 대비 얼마나 저평가되었는지? 이 기업의 영업이익과 순이익이 증가하는지? 천만의 말씀! 대부분 '스토리가 좋은' 기업의 주식에 투자하는 경우가 대다수입니다.

요즘 핫한 2차전지·메타버스 산업을 리드하는 기업! 새로운 백신을 거의 완성한 바이오 기업! 태평양 해저에 있는 보물선을 발굴해서 조만간 금은보화를 채굴할 회사! 〈오징어게임〉을 능가하는 드라마를 만드는 연예기획사! 이런 자극적인 스토리에 매료됩니다. 그리고 그 스토리가 현실이 될 가능성이 얼마나 있는지 제대로 판단도 안 하고 투자하는 사례가 매우 많습니다.

나중에 실제 수익률을 보면 뛰어난 스토리를 결국 현실화 못해서 투자자에게 큰 실망을 주는 경우가 매우, 엄청나게 잦습니다. 아니면 스토리가 현실이 되었다 해도 모두가 다 아는 내용이라 우리가 샀을 때는 가격에 이미 반영이 되었을 수도 있습니다.

**결론:** 우리는 기업의 저평가나 수익 창출 능력을 검토하기보다는 아름다운 스토리에 매료되어 주식을 살 가능성이 큽니다.

## 과잉 확신 편향

2021년 12월 말 기준으로 한국 주식투자자의 절반 이상, 정확히는 56.7%가 1~3개 종목에 투자한다고 합니다. 집중투자 성향이 매우 강하다고 볼 수 있죠.

저 같은 경우 수십 개 종목에 분산투자하는데, 제 전략에 대한 확신은 있어도 개별 주식에 대한 확신은 별로 없기 때문입니다. 그런데 1~3개 종목에 집중투자한다면 그 종목에 엄청나게 높은 확신을 가지고 있기 때문일 텐데요. 56.7%의 투자자들은 어떤 근거로 이런 자신감과 확신을 갖게 되었을까요? 저는 대부분이 명확한 근거가 없는 자신감, 또는 '과잉 확신 편향'이 한몫을 한다고 봅니다. 대부분 투자자는 본인의 투자 실력을 과대평가하기 때문에 본인이 고른 주식이 오를 확률이 매우 높다고 오판하고 그 주식에 큰 금액을 투자하는 것입니다.

과잉 확신 편향이라면 많은 투자자가 투자 전략 없이 마음 내키는 대로 투자하는 것도 설명이 됩니다. "내가 최고인데, 왜 전략 따위를 따라야 하지? 내가 사는 종목이 다 오를 건데?"라는 생각이죠.

> **결론:** 우리는 우리의 실력을 과대평가해서 몇 개 종목에 전 재산을 몰빵할 가능성이 큽니다.

## 2. 투자 후 편향

대부분의 투자자는 권위 편향, 호감 편향, 스토리텔링 편향과 과잉 확신 편향 때문에 투자할 때부터 잘못된 선택을 합니다.

1. 제대로 팩트체크를 하지 않고 내가 좋아하는 사람 또는 전문가로 인정하는 사람의 말을 듣고 주식을 삽니다.
2. 재무제표 등 재미없는 숫자보다는 그 기업의 스토리에 집중하게 됩니다. 그 스토리가 이미 주가에 반영이 되었는지, 현실 가능성이 어느 정도인지는 잘 모릅니다.
3. 이렇게 투자하고도 본인이 세상에서 가장 위대한 투자자인 줄 착각하고 몇 개 종목에 전 자산을 몰빵합니다.

이렇게 온갖 편향에 치우친 줄도 모르고 우여곡절 끝에 매수를 마무리했다고 해서 끝이 아닙니다. 안타깝게도 투자를 진행하는 동안, 그리고 매도할 때에도 편향은 계속해서 우리에게 막대한 영향을 끼칩니다.

## 손실 회피 편향

내가 산 주식은 오를 수도 있고 내릴 수도 있습니다. 확률이 반반 정도라고 봐도 무방합니다.

그래서 내가 아무리 해당 주식을 깊이 연구했더라도, 내 전략이 아무리 뛰어나더라도 내가 산 주식의 상당수는 손실을 기록하게 됩니다. 이성적으로 생각한다면, 내가 매수한 금액보다 어느 정도 떨어지면 손절매하거나 포트폴리오를 리밸런싱할 때 매도하면 됩니다. 그 종목에서는 손실을 봤어도 다른 종목으로 벌면 되니까요. 그러나 안타깝게도 개인 투자자 중에서 손해가 난 주식을 쿨하게 손절매할 수 있는 사람은 거의 본 적이 없습니다.

인간은 '손실 회피 편향'이 매우 강해서 100만 원의 수익이 나는 것보다 100만 원 손실을 보는 것을 몇 배나 아프다고 느낍니다. 주식투자를 해보셨으면 이미 경험한 적이 있을 겁니다. 100만 원을 번 건 당연하게 여기면서(내가 샀으니까 당연히 올라야지!) 100만 원을 잃으면 가슴이 찢어질 정도로 아프고 나라를 잃은 것 같은 비통한 감정을 느끼게 되죠.

그래서 대부분의 투자자는 그 비통함을 피하려고 손실을 확정 짓는 손절매를 안 하려고 합니다. 손절매를 안 하고 내버려두면 10번 중 7~8번은 다시 본전으로 돌아오죠. 그러면 역시 자신의 판단이 옳았다고 여기고 안도의 한숨을 내쉬면서 주식을 팝니다. 문제는 나머지 2~3번입니다. 100원에서 90원, 70원, 50원, 30원, 10원으로 끝없이 떨어지고 회복할 기미를 전혀 보이지 않죠.

여러 주식에 분산투자했고 대부분 수익을 냈으며 손실을 본 주식이 단 하나일 뿐이라면 다행이지만, 대부분의 경우는 과잉 확신 편향 때문에 손실 난 주식에 몰빵했거나 상당한 자산을 투자했을 가능성이 큽니다. 적절한 시점에 손절매하지 못했다면 이 주식 하나 때문에 전체 계좌가 나락으로 빠지게 됩니다.

**알아두세요**

**손절매**

내가 산 종목이 하락해서 미리 정해둔 손실 구간에 이르면 원칙에 따라 매도해서 손실을 제한하는 행위입니다. 개별 종목을 투자할 때는 손절매를 잘하는 것이 중요하다고 거의 모든 책에 나와 있습니다. 그러나 심리적 편향 때문에 실제로 손절매하여 손실을 줄이는 투자자는 극소수에 불과하죠.

> **결론:** 대부분 투자자는 손절매를 못 하고 돈을 까먹는 주식을
> 너무 오래 들고 있다가 계좌가 박살납니다.


## 처분 효과 편향

주식을 살 때 대부분 투자자는 이 주식이 2배, 3배 올라서 나를 부자로 만들어 줄 것이라 의심치 않습니다. 그런데 그 주식이 정말로 2배, 3배 올랐을 때 매도해서 수익을 실현하는 사람은 거의 없습니다.

"내가 옛날 IMF 직후에 삼성전자 샀어!"라는 분들은 주위에 꽤 많은데, 그럼 삼성전자로 100배 수익이 났냐고 물어보면 "20% 벌고 팔았어"라는 답변이 절대다수일 겁니다.

이렇게 수익이 나는 자산을 너무 빨리 처분하는 편향을 '처분 효과 편향'이라고 합니다. 대부분의 투자자는 수익을 빨리 확정 짓고 싶어 합니다. 100원에 산 주식이 120원까지 올라갔다가 90원으로 다시 떨어지면 너무 화가 나잖아요? 그래서 이런 일을 피하고자 조금 올랐을 때 재빨리 주식을 처분하는 겁니다. 그래서 10배, 100배 수익이 나는 주식을 샀더라도 그 수익을 누리지 못하고 뒤늦게 후회하곤 하죠.

> **결론:** 대부분 투자자는 오르는 주식을 너무 빨리 팔아서
> 좋은 기회에도 돈을 많이 못 법니다.


투자에서 불변의 진리는 '수익은 길게, 손실은 짧게' 밖에 없습니다. 누구나 수익이 나는 종목도 있고 손실이 나는 종목도 있는데 수익이 나는 종목에서 크게 먹고 손실이 나는 종목에서 덜 깨져야 돈을 벌고 자산이 쌓이겠죠.

그런데 대부분의 투자자는 반대로 합니다.

1. 손실 회피 편향 때문에 손실이 나는 주식을 팔지 못하고 '손실은 길게' 가져갑니다.
2. 처분 효과 편향 때문에 수익이 나는 주식을 빨리 팔아서 '수익은 짧게' 가져갑니다.

투자의 유일한 진리를 정반대로 실천하니까 주식을 해서 돈을 버는 투자자가 이렇게 드문 겁니다.

### 확증 편향

내 돈이 들어간 후에는 투자자들이 객관성을 상실한다고 말한 바 있습니다. 그렇게 되는 이유가 바로 '확증 편향' 때문입니다. 이것은 사람의 '보고 싶은 것만 보고, 듣고 싶은 것만 듣는' 성향을 말합니다. 특히 돈을 투자했을 경우 그 주식에 대해 좋은 정보만 입수하고, 부정적인 정보를 접하면 가짜뉴스 또는 뭘 알지도 못하는 놈이 나불대는 정보 정도로 폄하하고 그런 정보가 존재했다는 사실도 아예 잊어버리는 경향을 말하죠. 보유한 주식이 떨어지면 투자자는 불안해져서 관련 정보를 찾아보곤 하는데, 대부분 그 주식을 좋게 해석하는 정보만 눈에 들어오고 받아들이게 됩니다. 이 때문에 본인의 포지션을 합리화하면서 누가 봐도 장래성이 없는 주식을 끝까지 붙잡고 손절매를 못하는 투자자가 많은 것입니다.

**결론:** 확증 편향도 투자자가 손절매를 못하는 중요한 이유입니다.

## 통제 환상 편향

대부분의 투자자는 투자 전략을 만들거나 사용하지 않습니다. 지인이나 전문가가 추천한 종목을 덥석 사고, 그 뒤엔 오르라고 기도하는 것이 대부분이죠. 그러나 드물게 주식을 제대로 연구하고 이 책에 나오는 것처럼 투자 전략을 만들어서 실행하는 투자자도 있습니다.

그런 투자자라 해도 '통제 환상 편향' 때문에 전략에 개입하거나 전략을 중단하는 경우가 생각보다 훨씬 많습니다. 이 편향은 잘 굴러가는 일이나 시스템이라도 내가 개입하면 결과가 더 좋아질 것으로 생각하는 착각입니다. 직장에서 흔히 볼 수 있는 일이죠. 직원들이 잘하고 있는데 쓸데없이 개입해서 분위기를 흐리는 상사나 대표가 많으니까요. 이게 바로 통제 환상 편향입니다.

퀀트 투자에 관련한 책을 몇 권이나 쓴 저도 이 편향이 강해서 매일매일 제 투자 전략에 개입하고 싶은 유혹에 시달립니다.

"전략대로 하면 지금 주식을 팔고 채권을 늘려야 하고, 이 주식은 사고 저 주식은 팔아야 하는데…. 일주일만 더 기다려 볼까? 채권은 지금은 좀 아니지 않나?" 등등 전략을 따르기보다는 임의적으로 판단하고 싶은 유혹에 매일 갈등합니다. 제가 임의로 내리는 결정은 위에 있는 심리적 편향 때문에 기계적으로 전략을 따르는 것보다 성과가 안 좋을 가능성이 매우, 대단히 높습니다. 그걸 머리로는 알지만 인간인지라 개입하고 싶은 겁니다.

> **결론:** 통제 환상 편향 때문에 우리는 좋은 전략을 만들어도 대부분 오래 실행하지 못하고 전략에 개입해 버립니다.

종합적으로 보면 우리는 주식을 산 후에도

1. 내리는 주식은 빨리 손절매하지 못하고 큰 손실을 본다.
2. 오르는 주식은 큰 수익을 내지 못하고 작은 수익만 경험한다.
3. 돈을 넣은 그 순간부터 우리는 객관적으로 주식을 판단할 수 없다.
4. 기적적으로 수익이 높고 MDD가 낮은 투자 전략을 실행한다고 해도 오래 못 버틴다.

우리의 두뇌가 이렇게 현혹하니 투자를 하면 할수록 수렁에 빠지는 것이 당연하지 않을까요?

# 김 대리, 그동안 투자를 망친 이유를 배우다

주식투자를 한 지 3년 된 김주식 대리, 시름이 점점 깊어갑니다. 3년 동안 수익은커녕 손실이 계속 나고 있거든요. 그러던 중 직장 선배인 강퀀트 과장이 주식을 꽤 잘한다는 소문을 들었습니다. 뭐든 해보자는 생각에 선배를 찾아갑니다.

"선배님, 안녕하세요. 3년 동안 주식투자를 했는데 결과가 너무 안 좋습니다. 현재 −55%인데 어떻게 해야 할지 모르겠어요."

"저런…. 그동안 어떻게 투자했나요?"

"여기저기서 들은 정보 모아서 기업 분석하고, 좋은 기업인 것 같으면 사고 그랬죠. 다 그런 식으로 투자하지 않나요?"

강퀀트 씨, 한숨을 쉬기 시작합니다.

"그럼 김주식 대리는 본인의 감과 판단력을 믿고 투자했다는 거죠?"

"그렇죠."

"그게 문제네요."

"네? 무슨 말씀이시죠? 그럼 어떻게 투자를 하나요?"

"인간의 뇌는 몇십만 년 동안 진화해왔지만 투자에 있어서는 하면 할수록 수렁에 빠지게끔 최적화되었어요."

"그건 무슨 말씀이십니까, 선배님?"

"김 대리가 어떻게 투자했는지 맞혀 볼까요? 그런데 그전에, 주식투자 불변의 진리를 한 문장으로 요약하면 무엇인지 알아요?"

"아니요, 모르겠습니다."

"수익은 길게, 손실은 짧게! 당연하죠? 주식에 투자하면 수익을 낼 때도 있고 잃을 때도 있는데 수익이 나면 크게 나고 손실이 나면 작게 나는 것이 유리하겠죠."

'도대체 어쩌라는 거지?'라고 생각하면서도 김 대리는 "네, 선배님. 들어 본 것 같습니다"라고 대답합니다.

"근데 주식을 산 후 떨어지면 손절매 안 하죠?"

"그럼요, 어떻게 본전 밑에서 파나요? 너무 억울하잖아요?"

"대부분 그런 식으로 투자하죠. 기다리면 그 주식들 가격이 돌아오던가요?"

"음…. 그런 식으로 물린 종목이 수십 개네요. 몇 개는 본전을 만회하자마자 바로 팔았는데, 꽤 많은 종목은 계속 마이너스예요. 그냥 계좌에 넣어두고만 있습니다."

"그걸 바로 '손실 회피 편향'이라고 불러요. 대부분 사람은 100만 원을 버는 것보다 100만 원을 잃는 것이 두세 배는 더 고통스럽다고 해요."

"맞아요. 주식이 손실이 나면 금액이 적어도 속이 엄청 쓰리더라고요."

"그래서 대부분 속 쓰리는 고통을 피하려고 손절매하지 않는 거예요. 손절매하면 손실을 확정 짓는 거니까요. 바보짓을 한 것 같아서 자존심도 상하고요. 언젠가는 본전으로 돌아오겠지 하는 희망을 품고 주식을 계속 들고 가는 거죠. 그게 바로 '손실 회피 편향'입니다."

그리고 한마디 덧붙입니다.

"그리고 김주식 대리는 매수한 주식이 10~20% 오르면 팔죠?"

"어, 그건 어떻게 아셨어요? 10% 오르면 대부분 팝니다!"

"네, '처분 효과 편향' 때문에 김 대리뿐 아니라 대부분의 사람이 그렇게 하거든요."

"그건 또 뭐예요?"

"조금 전 설명한 손실 회피 편향의 사촌 동생이라고 보면 돼요. 김 대리가 100원에 주식을 샀는데 120원까지 올랐다가 90원으로 떨어지면 기분이 어떨 것 같아요?"

"너무 짜증 날 것 같습니다! 100원에 샀는데 그냥 90원이 된 것보다도 더 억울할 거 같아요. 내가 왜 120원일 때 안 팔았지? 돈을 벌 수 있었는데! 하고 후회하겠죠."

"그렇죠? 대부분의 사람이 주식이 5~10%, 또는 10~20% 오르면 재빨리 팔죠. 그렇게 수익을 빨리 확정 짓는 것을 처분 효과 편향이라고 해요. 지금 물려 있는 주식의 손실이 어느 정도 된다고 했죠?"

"대부분 매수가격에서 50%에서 80% 정도 떨어졌습니다."

"그럼 김 대리는 벌 때는 10% 벌고, 손실이 날 때는 다시 본전에 도달하자마자 파니까 그때는 0%고, 본전 만회가 안 되더라도 손절매를 안 하니까 50~80% 손실도 감수한다는 거네요. 즉, 수익은 짧게, 손실을 길게 가져가고 있네요?"

"선배님 말씀을 들으니 그렇네요."

"그럼 '수익은 길게, 손실은 짧게'라는 주식투자 불변의 법칙을 정확히 반대로 실천한 거잖아요. 돈을 못 버는 것이 당연하지 않나요?"

"그렇네요…."

"투자자 대부분이 우리 뇌에 깊게 박힌 손실 회피 편향과 처분 효과 편향 때문에 그런 식으로 투자를 하고 돈을 잃고 있습니다. 김주식 대리만 그런 건 아녜요. 혹시 좀 위로가 되나요?"

"아니요, 별로 위로가 되진 않습니다."

"김 대리, 종목을 살 때 1~3개 종목으로 집중하지 않아요?"

"맞습니다. 그건 또 어떻게 아셨어요?"

"하하, 대한민국 투자자 1,000만 명 중에 종목 1~3개에 투자하는 사람이 57%나 되거든요. 그런데 분산투자를 하면 좋다는 건 들어보셨을 거

아녜요. 그런데 왜 안 하셨죠?"

"네, 제 나름대로 분석했으니까 이 주식이 오를 거란 확신에 몰빵을 한 거죠. 분산투자를 하면 큰 손실은 피할 수 있겠지만 100%, 200% 이런 큰 수익은 벌기 힘들지 않겠습니까?"

"그걸 바로 '과잉 확신 편향'이라고 합니다. 요즘 말로는 '근자감(근거 없는 자신감)'이라고 한다죠. 세상에서 투자를 제일 잘한다는 워런 버핏도 연복리수익률이 20%밖에 되지 않아요. 위대한 트레이더들의 승률도 30~40% 정도인 경우가 많아요. 즉, 그들도 10개 종목을 사면 6~7개 종목은 손절매하고 나머지 3~4개 종목으로 돈을 번다는 얘기죠. 실제로 김주식 대리 계좌에도 잃은 종목이 번 종목보다 더 많잖아요? 그렇다면 무슨 근거로 김 대리가 선택한 주식 몇 개가 오를 거라 확신한 거죠? 이런 게 과잉 확신이라는 겁니다."

"과장님, 너무 팩트폭행 하시는 것 아닙니까…?"

강 과장은 못 들은 척하고 얘기를 계속해 나갑니다.

"살면서 자신감이 있는 건 좋은 일이죠. 그런데 주식시장에서는 어떤 일이 생길지 그 누구도 모릅니다. 그러니 좀 더 겸손할 필요가 있는데, 내가 사면 오를 거야! 하고 몰빵하는 경우가 많죠. 우리나라에는 10개 종목 이상에 나눠서 투자한 투자자가 10%도 채 되지 않습니다. 김 대리만 과잉 확신에 사로잡힌 건 아니에요."

"…전혀 위로가 안 됩니다."

"그리고 김 대리는 증권 방송이나 유튜브에서 전문가들이 추천하는 종목 위주로 사죠?"

"네, 그분들이 아무래도 주식을 더 잘하시니까요."

"그런 걸 '권위 편향'이라고 합니다. 사람들은 고학력자나 자격증이 있거나 높은 직위에 있거나 전문가라고 불리는 사람의 말을 더 믿는 경향이 있죠. 많은 분야에서는 이게 맞기도 해요. 몸이 아프면 엄마에게 물어보는 것보다는 의사를 찾아가는 것이, 법적 분쟁이 생기면 사촌 누나보다는 변호사를 찾아가는 것이 현명하겠죠. 그런데 주식투자의 경우에는 그렇지 않아요. 펀드매니저라고 해도 장기적으로 주가지수보다 높은 수익을 내는 사람이 10%도 채 안 되거든요. 그만큼 전문가의 예측 적중률이 낮은 분야인데도 불구하고 대부분 전문가가 추천하는 종목을 사곤 하죠. 좋아하는 전문가가 그 주식을 추천하면 더 믿는 경향이 있고요. 똑같은 말을 하더라도 내가 좋게 보는 사람이 하면 더 믿음이 가고, 내가 싫어하는 사람이 하면 새겨듣지 않는 경향 있잖아요? 그걸 호감 편향이라고 해요."

"그러고 보니 그런 식으로 주식을 사서 물린 경우가 정말 많네요. 아아, 제 투자를 돌이켜보니 총체적 난국이네요. 어떻게 해야 하나요?"

"바로 이렇게 감과 판단력을 믿고 투자하면 우리 두뇌의 편향이 투자에 개입하기 때문에 대부분의 투자자가 실패하는 거예요. 김 대리에게는 제가 하는 퀀트 투자를 추천할게요. 인간의 편향을 최대한 배제하고 주식시장에서 검증된 규칙과 전략을 기반으로 투자하는 방법이죠. 마치 유명 셰프의 레시피를 빌려서 요리하는 것과 같습니다. 투자 분야에도 성공할 확률을 높여주는 레시피가 많이 있습니다."

"와, 그런 게 있군요! 저도 좀 더 체계적이고 검증된 투자법으로 갈아타야 할 거 같아요!"

"그 전에 김 대리만의 논리로 샀던 주식들은 전부 손절하고 다시 시작해보시죠."

"아니, 그래도 본전 만회만 할 때까지 기다려 주세요. 그때 제대로 시작해 볼게요. 어제 유튜브에서 김개똥이라는 전문가가 반도체 시장이 좀 회복하면 제가 보유한 A전자가 오른다고 했습니다."

"허허. 본전 밑에서는 팔기 싫은 손실 회피 편향과 전문가를 믿는 권위 편향에다 보고 싶은 것만 보고 듣고 싶은 것만 듣는 '확증 편향'도 섞였네요! 제가 알기로 김개똥 씨는 반년 전부터 계속 A전자가 오른다고 주장했는데 실제 수익은 어땠나요?"

"제가 보유한 6개월 동안 75% 손실을 보았습니다."

"마지막으로 하나 더! 조금 전 김 대리는 1~3개 종목에 집중투자해야 100~200% 벌 수 있다고 했는데 정작 본인은 한 10% 오르면 판다고 했잖아요? 일관성이 없다고 생각하지 않나요?"

"…."

"대부분 투자자가 그래요. 오늘은 그럴듯한 근거를 갖고 100% 오를 주식이라고 믿고 A주식을 사지만 10%만 오르면 처분 효과 편향 때문에 이런저런 자기합리화를 하면서 그 종목을 팔아 버리죠. 이런 경우가 수두룩합니다. 김 대리만 그런 게 아니에요. 대부분의 투자자는 일관성이 전혀 없습니다. 일관성도 계획도 없는 투자는 대부분 큰 손실로 마무리되곤 합니다. 퀀트 투자의 큰 장점 중 하나는 규칙이 명확하니까 늘 일관성 있게 투자를 할 수 있다는 겁니다."

# 퀀트 투자의 목표

투자의 목표? 높은 수익을 내는 것이 아닐까요?

네, 반은 맞습니다. 높은 수익을 내는 것이 투자에서는 매우 중요합니다. 그런데 저는 투자를 할 때 수익보다 더 중요한 목표가 있다고 생각합니다. 무엇일까요?

## 첫 번째, MDD를 20% 이하로 제한하기

 **알아두세요**

**코스피 지수**

코스피(KOSPI) 지수는 우리나라를 대표하는 주가지수입니다. 1980년 100포인트 기준으로 시작했고, 지수에 포함된 기업들의 주가 및 시가총액이 오르면 지수가 상승하고 주가 및 시가총액이 내리면 하락합니다. 코스피 지수는 '가치가중' 지수입니다. 즉, 시가총액이 높은 기업의 비중이 더 크고 시가총액이 낮은 기업의 비중이 낮습니다. 그래서 현재 코스피 지수에서 비중이 가장 높은 주식은 삼성전자이며, LG에너지솔루션, 하이닉스 등이 뒤따르고 있습니다.

MDD란 무엇일까요? MDD는 Maximum Drawdown의 약자로 '최대 낙폭'이라고 번역할 수 있습니다. 최대 낙폭을 계산하는 것이므로 전고점에서 최저점을 나누고, 거기서 1을 빼서 계산합니다(MDD=(최저점/전고점)-1). 예를 들면 우리가 코스피 지수에 1980년부터 2021년 말까지 투자했다면 100포인트에서 2,977.65포인트로 상승해서 30배 정도의 수익을 냈을 것입니다. 게다가 매년 기업들이 준 배당금을 재투자했다면 더 높은 수익을 냈을 겁니다. 그러나 주식은 매일 오르기만 하는 건 아니죠. 코스피 지수도 수많은 등락을 거듭했는데, 가장 많이 떨어졌을 때는 1994년 11월 1,138포인트였던 지수가 1998년 6월 277포인트까지 떨어진 시기입니다. 가령 코스피 지수를 1994년 11월에 매수해서 1998년 6월 매도한 운 나쁜 사람이 있다면 (277/1,138)−1 = 75.6%의 손실을 봤을 겁니다. 바로 이 75.6%가 코스피 지수의 MDD입니다. 바꿔서 말하면 코스피 지수에 투자한 투자자가 견뎌냈어야 했던 가장 큰 하락 구간입니다.

이 MDD가 커지면 두 가지 문제가 생기는데요.

### 1. 수학적 문제점

손실이 커질수록 본전에 도달하기가 어려워집니다. 아래 표를 보면 잘 보입니다.

| 손실 폭과 본전 복구 시 필요 수익 |

| 손실(%) | 본전 복구 시 필요<br>수익(%) | 손실(%) | 본전 복구 시 필요<br>수익(%) |
|---|---|---|---|
| 5 | 5.3 | 66 | 200 |
| 10 | 11.1 | 75 | 300 |
| 20 | 25 | 80 | 400 |
| 25 | 33.3 | 90 | 900 |
| 33 | 50 | 95 | 1,900 |
| 50 | 100 | 99 | 9,900 |

100원을 투자해서 5% 손실이 나면 95원이 됩니다. 여기서 본전이 되려면 다시 5% 수익을 내면 될까요? 아닙니다. 이 경우에는 5.3% 수익을 내야 본전 복구가 됩니다. 10% 손실이 나면 11.1% 수익이 나야 하고, 20% 손실의 경우 25% 수익을 내야 본전 복구가 가능하죠. 손실이 클수록 본전 복구가 점점 더 어려워진다는 것을 알 수 있습니다. 예를 들면 50% 손실, 즉 계좌가 반 토막이 나면 100원이 50원이 되었으니까 무려 두 배의 수익(100%)이 나야 본전으로 돌아올 수 있는데, 이렇게 큰 수익을 내는 건 상당히 어렵습니다. 손실이 50%보다 더 커지면 본전 만회에 필요한 수익률이 기하급수적으로 커지는 것을 볼 수 있습니다.

이것을 '손실의 비대칭성'이라고 하는데, 투자에서 손실이 발생하면 그 이상의 수익률을 달성해야만 손실을 복구할 수 있다는 것을 의미합니다.

## 2. 심리적 문제점

Section 3에서 봤듯이 손실 회피 편향의 위력은 굉장히 강합니다. 사람은 손해를 잘 못 참는 동물입니다. 어떤 수단을 통해서든 최대한 빨리 이 치욕을 만회하고 손실을 되돌리고 싶어 하죠. 그래서 평정심을 잃고 정석적인 투자 방법을 버리고 이상한 투자법에 손대게 됩니다. 많은 투자자가 처음에는 조심스럽게, 조금씩 주식에 투자하는데 손실이 생기면 이를 만회하기 위해 비우량주, 테마주 등으로 옮겨가다가 나중에는 암호화폐나 선물옵션까지 하면서 손실을 빨리 만회하려 합니다. 그러나 이런 식으로는 대부분 돈을 잃는 속도와 금액만 더 커지죠. 마이너스 통장이나 가족의 비자금, 사채까지 써서 패가망신하는 사례도 비일비재합니다. 비이성적으로, 전략 없이 오로지 '손실을 만회해야 한다'는 이유로 뛰어드는 투자가 잘 되는 사례는 매우 드물다는 것을 늘 명심하세요.

**잠깐만요**

### 선물옵션이 뭔가요?

선물옵션은 주식, 채권, 원자재 가격 등에 묶여 있는 파생상품입니다. '선물(futures)'은 만기 시점에 상품을 넘겨준다는 조건으로 현재 시점에서 가격을 정해 매매 계약을 하는 거래입니다. 예를 들어 제가 2023년 1월에 삼성전자 주식이 오를 것으로 생각하면 6만 원 주고 삼성전자 선물을 매수할 수 있죠. 만약 2023년 1월 삼성전자 가격이 10만 원이 되면 저는 6만 원 주고 주식을 받아서 당장 처분해 4만 원의 수익을 낼 수 있습니다. 만기인 1월이 되기 전에도 언제든지 선물을 다른 투자자에게 팔 수도 있습니다. 그 가격은 선물시장에서 결정됩니다.

'옵션(option)'이란 특정 자산을 만기 시점이 되면 행사가격에 사고팔 수 있는 권리를 주고 받는 계약입니다. 프리미엄을 지불하고 옵션을 사는 사람을 옵션 매수자라고 하고 프리미엄을 받고 옵션을 파는 사람을 옵션 매도자라고 합니다. 자산을 살 수 있는 권리를 콜옵션, 팔 수 있는 권리를 풋옵션이라 합니다.

예를 들어 우리가 삼성전자가 오를 것이라고 생각하면 5천 원을 주고 2023년 1월 삼성전자 행사가격 6만 원 콜옵션을 구매할 수 있습니다. 실제로 2023년 1월에 삼성전자 가격이 6만 원 이상이면 옵션을 행사해서 삼성전자 주식을 6만 원에 사고 더 비싸게 되팔 수 있습니다. 만약 2023년 1월 삼성전자 가격이 6만 원 이하라면 우리는 옵션을 행사하지 않겠죠. 대신 그 전에 지불한 옵션 가격 5천 원은 날리는 겁니다.

선물옵션이 주식과 다른 점은 매우 큰 레버리지를 사용할 수 있다는 데 있습니다. 따라서 수익과 손실의 폭이 주식시장보다 훨씬 더 큽니다.

그래서 워런 버핏의 첫 번째 투자 철칙이 "Don't Lose Money(돈을 잃지 말아라)"이고 두 번째 철칙이 "Don't forget rule No. 1(첫 번째 철칙을 잊지 말아라)"이겠지요. 버핏이 "수익을 극대화하라"라고 하지 않은 것을 기억하세요. 물론 투자하면서 손실을 완전히 피해 갈 수는 없지만 MDD를 20% 이하로 낮추는 방법은 존재합니다. 바로 '자산배분'이라는 방법을 통해서인데요, 이것은 첫째마당에서 자세히 살펴보겠습니다.

## 두 번째, 만족할 만한 수익 내기

손실을 최소화하는 것도 중요하지만 돈도 벌어야 투자의 목적을 달성했다고 볼 수 있죠. 그런데 과연 어느 정도여야 만족할 만한 수익일까요? 부자가 되어 일하지 않고도 살 수 있기를 바라거나 '경제적 자유'를 달성해서 은퇴하고 싶다는 사람은 많지만, 자신이 어느 정도의 투자 수익을 달성해야 노동하지 않고도 투자 수익만으로 먹고 살 수 있는지 아는 사람은 별로 없습니다. 몇 퍼센트의 수익률을 달성해야 경제적 자유에 도달할 수 있는지에 대한 절대적인 정답은 있을 수 없습니다. 각자의 현재 자산과 투자 가능 자산, 연 지출 규모, 은퇴 희망 시기에 따라 목표 수익률은 달라질 수밖에 없으니까요. 그럼 나만의 맞춤형 수익을 어떻게 계산하면 될까요? '낙원계산기'를 활용하면 간단하게 계산할 수 있습니다.

| 낙원계산기 첫 화면 |

### 낙원계산기 입력 방법

- **보유 자산**: 현재 보유한 순자산을 입력하면 됩니다(자가 제외).
- **저축금액**: 첫해 저축할 수 있는 금액을 입력합니다.
  - 이 금액이 매년 물가상승률인 3%만큼 증가한다고 가정합니다.
- **은퇴 시기**: 은퇴 희망 시기 또는 정년퇴직 시기를 입력합니다.
- **저축 증가율**: 물가상승률과 같은 개념, 그냥 3%로 두면 됩니다.
- **명목수익률**: 이것이 바로 우리가 계산하고 싶은 투자 수익률입니다.

# 낙원계산기를 활용해 파이어 필요 자금을 계산해 보자

퀀트 투자로 돌아선 김 대리, 강퀀트 과장이 시킨 대로 '투자 수익률 목표'를 찾아보려 합니다.

**보유 자산:** "최근 주식으로 많이 말아먹긴 했지만 3,000만 원 남았다!"

**저축금액:** "올해 연봉 상승이 있고 계속 물가상승 정도는 월급이 늘어나니까 첫해에는 월 150만 원(연 1,800만 원) 저축 가능하고, 매년 물가상승 정도는 저축률을 늘릴 수 있겠지!"

**은퇴 시기:** "내 나이가 28세이고 우리 회사 정년은 60세인데, 그때까지 일하기는 싫군. 22년 후인 50세에는 그만두고 싶다!"

**명목수익률:** "뭘 입력해야 하는 거지? 일단 8%를 입력해 보자!"

그렇게 입력하니 아래와 같은 결과가 나왔습니다.

이 화면의 의미는 현재 3,000만 원을 가진 김 대리가 매년 1,800만 원씩 저축해서 그 돈을 연 8%로 불린다면 22년 후 자산이 14.3억 원이 되고,

원금의 가치를 훼손하지 않으면서 현재 가치 월 311만 원 정도의 지출을 할 수 있다는 뜻입니다.

계산 결과를 본 김 대리는 당황했습니다.

"어? 자산이 14.3억인데 8%를 벌면 매년 1.14억이고 그럼 한 달에 953만 원인데, 왜 겨우 311만 원밖에 못 쓴다는 거죠?"라고 강퀀트 과장에게 메신저를 보냈습니다.

강퀀트 과장, 안 바쁜지 답변이 빨리 오네요.

"그건 22년 동안의 물가상승률을 고려하지 않아서 그렇습니다! 953만원의 현재 가치는 953/(1.03$^{22}$) = 498만 원 정도밖에 안 되거든요. 또 중요한 건 이 돈을 다 쓰면 안 됩니다. 물가상승률 때문에 원금의 가치를 훼손하지 않으려면 원금이 매년 3%씩은 증가해야 하거든요. 그래서 8% 수익을 내더라도 물가상승률 3%를 가정해 나머지 5%만 생활비에 지출할 수 있는 거예요. 원금이 매년 최소 3% 늘어나야 원금을 지킬 수 있으니까요. 이 모든 것을 고려한 지출 가능 금액이 월 311만 원이라는 겁니다."

"선배님, 그럼 22년 동안 매월 150만 원을 저축하고 그 돈을 8%로 불리면 은퇴 후 현재 가치로 월 311만 원을 지출할 수 있다는 거죠?"

"맞습니다! 여기서 여러 가지 시나리오가 가능합니다."

1. 만약 김 대리가 월 지출 300만 원 정도로 만족한다면?
   - 복리 수익률 8%를 목표 수익률로 잡습니다. 딱 그 정도 벌면 22년 후에 은퇴하고 월 311만 원 지출이 가능하니까요.

**명목수익률**

수익률에는 명목수익률과 실질수익률이 있는데, 명목수익률은 물가상승을 고려하지 않은 수익률, 실질수익률은 물가상승을 고려한 수익률입니다.

예를 들면 내가 1년 동안 투자를 해서 10%를 벌었는데 물가상승률이 3%라면 명목수익률은 10%, 실질수익률은 10-3 = 7% 입니다.

2. 그런데 월 지출 500만 원이 필요하다면?

– 먼저 '명목수익률'을 바꿔 보죠!

– 명목수익률을 10%로 높이면 김 대리는 은퇴 후 원금 훼손 없이 월 562만 원을 지출할 수 있습니다. 즉, 월 지출 500만 원을 원한다면 김 대리의 목표 수익률은 복리 10%!

3. 김 대리가 월 1,000만 원 지출을 목표로 한다면?

– 다시 한 번 명목수익률을 바꿔 보죠!

– 명목수익률을 13%로 높이면 김 대리는 은퇴 후 원금 훼손 없이 월 1,194만 원을 지출할 수 있습니다. 즉, 월 지출 1,000만 원을 원한다면 김 대리의 목표 수익률은 복리 13%!

김 대리는 은퇴해서 월 500만 원 정도의 지출을 하고 싶으므로 투자 수익 목표를 10%로 잡습니다.

당신의 자산 목표 금액은?

현재의 자산과 저축금액을 입력해서 은퇴시점의 자신이 어느 정도 수준인지 계산해보세요.
그리고 자산/저축/은퇴시점/수익율을 수치를 조절 하면서 재정 목표치를 정해보세요.

3,000

은퇴 1,800

22

년후 13

%3

27.45억

1,194 만원 / 10 % (명목:13%)

김 대리의 사례로 보듯이 낙원계산기를 통해서 현재 보유한 자산과 앞으로의 저축으로 어느 정도의 수익을 내야 풍요로운 노후를 보낼 수 있는지 쉽게 계산할 수 있습니다.

더 좋은 투자 방법이 있다면 굳이 퀀트 투자를 하지 않아도 됩니다. 그렇더라도 낙원계산기로 자신의 재정 목표는 꼭 설정해 볼 것을 독자들께 추천합니다. 저도 이 낙원계산기로 수많은 시뮬레이션을 돌려 봤는데, 은퇴 시기를 10~20년 정도 앞둔 직장인은 대부분 복리 8~14% 정도의 수익을 내면 충분했습니다. 8~14% 수익률은 절대로 무리한 목표가 아닙니다.

그래서 이 책에서의 목표 수익률을 복리 15% 정도에 맞췄습니다.

현재 보유 자산과 저축 가능 금액, 은퇴 시기 등 각자의 상황에 따라 다양한 시나리오가 있을 수 있는데요. 몇 가지 경우를 예로 들어 계산해 보겠습니다.

### 1. 10년 후 은퇴 시

| 시나리오 1: 보유 자산 0원, 은퇴 시기 10년 후 |

| 명목수익률(%) | 저축금액 100만 원 | 저축금액 200만 원 | 저축금액 300만 원 |
|---|---|---|---|
| 4 | 10 | 20 | 30 |
| 6 | 33 | 67 | 100 |
| 8 | 61 | 121 | 182 |
| 10 | 93 | 186 | 279 |

| | | | |
|---|---|---|---|
| 12 | 131 | 262 | 393 |
| 14 | 176 | 352 | 528 |
| 16 | 228 | 457 | 685 |
| 18 | 289 | 579 | 868 |
| 20 | 361 | 721 | 1,082 |

- 현실적으로 지금 돈이 한 푼도 없다면 10년 후 은퇴하기는 만만치 않습니다.
- 월 100만 원 저축할 여력이 된다면, 복리 15%의 수익을 내면 10년 후 월 200만 원, 복리 20%를 벌면 월 360만 원 정도의 지출이 가능합니다.
- 은퇴 후 월 500만 원을 지출하려면 월 200만 원 저축, 복리 17% 정도의 수익이 필요합니다.
- 은퇴 후 월 1,000만 원을 지출하려면 월 300만 원 저축, 복리 20% 정도의 수익이 필요합니다.

| 시나리오 2: 보유 자산 1억 원, 은퇴 시기 10년 후 |

| 명목수익률 (%) | 저축금액 0원 | 저축금액 100만 원 | 저축금액 200만 원 | 저축금액 300만 원 |
|---|---|---|---|---|
| 4 | 9 | 19 | 29 | 40 |
| 6 | 33 | 67 | 100 | 133 |
| 8 | 67 | 128 | 188 | 249 |
| 10 | 113 | 206 | 299 | 392 |
| 12 | 173 | 304 | 436 | 567 |
| 14 | 253 | 429 | 605 | 780 |
| 16 | 356 | 584 | 812 | 1,040 |
| 18 | 487 | 776 | 1,066 | 1,355 |
| 20 | 653 | 1,013 | 1,374 | 1,735 |

- 당장 1억 원만 있어도 어느 정도 투자를 하면 10년 후 은퇴는 가능합니다.
- 저축을 전혀 안 하더라도 복리 15%의 수익률을 내면 10년 후 월 300만 원, 18% 정도 벌면 월 500만 원 정도 지출이 가능합니다.
- 은퇴 후 월 500만 원을 지출하려면 100만 원 저축과 15%의 수익 또는 200만 원 저축과 13%의 수익을 내야 합니다.
- 은퇴 후 월 1,000만 원을 지출하려면 300만 원 저축과 16% 수익 정도가 현실적으로 보입니다.

| 시나리오 3: 보유 자산 3억, 5억, 10억 원, 은퇴 시기 10년 후, 저축 안 함 |

| 명목수익률(%) | 보유 자산 3억 원 | 보유 자산 5억 원 | 보유 자산 10억 원 |
|---|---|---|---|
| 4 | 28 | 46 | 92 |
| 6 | 100 | 167 | 333 |
| 8 | 201 | 335 | 669 |
| 10 | 338 | 563 | 1,126 |
| 12 | 520 | 867 | 1,733 |
| 14 | 759 | 1,264 | 2,529 |
| 16 | 1,067 | 1,778 | 3,556 |
| 18 | 1,460 | 2,434 | 4,868 |
| 20 | 1,958 | 3,263 | 6,527 |

- 현재 보유 자산이 3억 원만 있어도 투자 수익이 어느 정도 받쳐 주면 추가로 저축할 필요가 없습니다(물론 저축을 더 하면 나중 지출 가능 금액이 늘어납니다!).
- 3억 원이 있을 때 복리 12%를 달성하면 월 500만 원, 복리 16%를 달성하면 월 1,000만 원 지출이 가능합니다.
- 5억 원이 있을 때 복리 10%를 달성하면 월 500만 원, 복리 13%를 달성하면 월 1,000만 원 지출이 가능합니다.

- 10억 원이 있을 때 복리 7%를 달성하면 월 500만 원, 복리 10%를 달성하면 월 1,000만 원 지출이 가능합니다.

## 2. 20년 후 은퇴 시

| 시나리오 4: 보유 자산 0원, 은퇴 시기 20년 후 |

| 명목수익률(%) | 저축금액 100만 원 | 저축금액 200만 원 |
|:---:|:---:|:---:|
| 4 | 21 | 43 |
| 6 | 78 | 155 |
| 8 | 61 | 316 |
| 10 | 272 | 545 |
| 12 | 434 | 868 |
| 14 | 661 | 1,322 |
| 16 | 977 | 1,955 |
| 18 | 1,417 | 2,833 |
| 20 | 2,023 | 4,045 |

- 지금 모은 돈이 전혀 없더라도 20년이라는 시간이 있다면 투자 수익률이 받쳐 주면 풍족한 은퇴가 가능합니다.
- 월 100만 원 저축하고 복리 13% 정도 수익을 내면 월 500만 원 정도, 복리 16%를 벌면 월 1,000만 원 정도 지출이 가능합니다.
- 월 200만 원 저축하고 복리 10% 정도 수익을 내면 월 500만 원 정도, 복리 13%를 벌면 월 1,000만 원 정도 지출이 가능합니다.

| 시나리오 5: 보유 자산 1억 원, 은퇴 시기 20년 후 |

| 명목수익률(%) | 저축금액 0원 | 저축금액 100만 원 | 저축금액 200만 원 |
|:---:|:---:|:---:|:---:|
| 4 | 10 | 31 | 53 |
| 6 | 44 | 122 | 200 |
| 8 | 108 | 266 | 424 |

| | | | |
|---|---|---|---|
| 10 | 217 | 490 | 762 |
| 12 | 401 | 835 | 1,269 |
| 14 | 698 | 1,358 | 2,019 |
| 16 | 1,167 | 2,145 | 3,122 |
| 18 | 1,896 | 3,313 | 4,729 |
| 20 | 3,007 | 5,030 | 7,052 |

- 당장 1억 원만 있어도 어느 정도 투자를 하면 20년 후 은퇴가 가능합니다.
- 저축을 한 푼도 안 해도 복리 13% 수익을 내면 월 500만 원, 복리 16% 정도 내면 월 1,000만 원 지출이 가능합니다.
- 추가로 월 100만 원씩 저축하면 복리 10% 정도의 수익만 내더라도 월 500만 원, 복리 13% 정도 벌면 월 1,000만 원 정도 지출이 가능합니다.
- 추가로 월 200만 원씩 저축하면 복리 9% 정도의 수익만 내더라도 월 500만 원, 복리 11%를 벌면 월 1,000만 원 정도 지출이 가능합니다.

| 시나리오 6: 보유 자산 3억, 5억, 10억 원, 은퇴 시기 20년 후, 저축 안 함 |

| 명목수익률(%) | 보유 자산 3억 원 | 보유 자산 5억 원 | 보유 자산 10억 원 |
|---|---|---|---|
| 4 | 30 | 51 | 101 |
| 6 | 133 | 222 | 444 |
| 8 | 323 | 538 | 1,075 |
| 10 | 652 | 1,086 | 2,173 |
| 12 | 1,202 | 2,003 | 4,006 |
| 14 | 2.093 | 3,488 | 6,975 |
| 16 | 3,502 | 5,836 | 11,673 |
| 18 | 5,688 | 9,479 | 18,959 |
| 20 | 9,021 | 15,036 | 30,071 |

- 3억 원만 있어도 투자 수익이 어느 정도 받쳐 주면 저축할 필요가 없습니다(물론 저축을 더 하면 나중 지출 가능 금액이 늘어납니다!).
- 3억 원이 있을 때 복리 9%를 달성하면 월 500만 원, 복리 12%를 달성하면 월 1,000만 원 지출이 가능합니다.
- 5억 원이 있을 때 복리 8%를 달성하면 월 500만 원, 복리 10%를 달성하면 월 1,000만 원 지출이 가능합니다.
- 10억 원이 있을 때 복리 7%를 달성하면 월 500만 원, 복리 8%를 달성하면 월 1,000만 원 지출이 가능합니다.
- 참고로 이미 3억, 5억, 또는 10억 원이 있고 두 자릿수 넘는 수익을 낼 수 있다면 은퇴 후 지출 가능 금액이 월 몇천만 원에서 1억 원 이상으로 늘어납니다.

퀀트 투자
무작정 따라하기

005

# 퀀트 투자에 쓰는 소프트웨어

▶ 할투 758

누구나 할 수 있는 퀀트 투자지만 실제로 투자를 하려면 다음과 같은 단계를 거쳐야 합니다.

| 퀀트 투자의 4단계 |

| 순서 | 단계명 | 설명 |
|---|---|---|
| 1 | 투자 아이디어 찾기 | 레시피 찾기, 책, 유튜브 등 활용 |
| 2 | 투자 전략 수립 | 아이디어를 계량화, 규칙 기반 전략으로 전환 |
| 3 | 백테스팅 | 퀀터스 등 소프트웨어를 통해 전략의 과거 성과 검증 |
| 4 | 종목 찾기 | 전략이 좋다고 판단될 경우 퀀터스 등 소프트웨어를 통해 전략에 맞는 종목 찾기 |

## 1. 투자 아이디어 찾기

"퀀트 투자는 규칙 기반 투자이고, 모든 규칙은 수치화가 가능해야 한다"라고 했습니다. 그렇다면 어떤 규칙을 만들지 아이디어가 있어야겠죠?
개인적으로 논문에서 아이디어를 많이 얻는 편인데, 이 방법은 초·중급자들에게는 좀 어려울 겁니다. 어려운 논문 대신 '어떤 규칙을 쓸까?'에 대한 궁금증을 어느 정도 해소해 주는 책들이 시중에 많이 출간되어 있습니다. 아래에 제가 쓴 책을 포함해 몇 권을 나열해 봤습니다. 투자 아이디어를 얻을 뿐만 아니라 우리가 당장 활용할 수 있는 레시피를 알려 주는 책들이죠.

| 주요 퀀트 또는 규칙 기반 투자 서적 |

| 제목 | 저자 | 출간연도 | 특이점 | 난이도 |
|---|---|---|---|---|
| 현명한 투자자 | 그레이엄 | 1995 | 가치투자의 바이블로 알려져 있으나 퀀트 전략도 여럿 포함 | 중고급 |
| 주식시장을 이기는 작은 책 | 그린블라트 | 2006 | 마법공식 소개 | 초급 |
| 전략적 가치투자 | 신진오 | 2009 | 코스피 지수 마켓타이밍 전략 수십 개 서술 | 초급 |
| 메트릭 스튜디오 | 문병로 | 2014 | 국내 최초 퀀트 투자 서적 | 중고급 |
| 머니 | 로빈스 | 2015 | 올시즌 전략 소개 | 초급 |
| 마법의 돈 굴리기 | 김성일 | 2017 | 초보를 위한 자산배분 안내서 | 초급 |
| 할 수 있다! 퀀트 투자 | 강환국 | 2017 | 대한민국 최초 퀀트 대중서 | 중급 |
| 주식시장을 이긴 전략들 | 박상우 | 2017 | 한국 시장에서 먹힌 팩터/마켓타이밍 전략 소개 | 중고급 |
| 가상화폐 투자 마법공식 | 강환국/systrader79 | 2018 | 퀀트 전략을 암호화폐 트레이딩에 접목 | 중급 |
| 주식투자 ETF로 투자하라 | 이성규/systrader79 | 2018 | 정적/동적자산배분 입문서 | 초중급 |
| 듀얼 모멘텀 투자 전략 | 안토나치 | 2018 | 듀얼모멘텀 전략 소개 | 중급 |
| 마법의 연금 굴리기 | 김성일 | 2019 | 개인연금, 퇴직연금, ISA 절세법 + 투자법 설명 | 초급 |
| 실전 퀀트 투자 | 홍용찬 | 2019 | 한국에서 통하는 주요 퀀트팩터 소개 | 중급 |
| 퀀트로 가치투자하라 | 그레이/칼라일 | 2019 | 유망한 가치 + 우량주 팩터 소개, 마법공식 개선 | 고급 |
| 퀀트 모멘텀 투자기법 | 그레이/보겔 | 2019 | 유망한 모멘텀 팩터 소개 | 고급 |
| 절대수익 투자법칙 | 김동주 | 2020 | 올웨더 전략 소개 | 초중급 |
| 거인의 포트폴리오 | 강환국 | 2021 | 정적/동적자산배분 전략서 | 초중급 |
| 하면 된다! 퀀트 투자 | 강환국 | 2021 | 한국에서 통하는 퀀트 팩터, 전략 소개 | 중급 |
| 현명한 퀀트 주식투자 | 이종진 등 | 2021 | 유명 투자자 전략의 퀀트화 + 젠포트로 백테스트 | 중급 |
| 월가의 퀀트 투자 바이블 | 오쇼너시 | 2021 | 미국 시장에서 통하는 퀀트 팩터 분석 + 90년 백테스트 결과 공개 | 고급 |

| 주식시장을 더 이기는 마법의 멀티플 | 칼라일 | 2021 | EV/EBIT 지표를 상세하게 소개 | 중고급 |
|---|---|---|---|---|
| 우리 아이를 위한 부의 사다리 | 이영빈 | 2021 | 어린이 주식계좌 + 주요 정적/동적자산배분 운용방법 소개 | 초급 |
| 돈의 흐름에 올라타라 | 홍춘욱 | 2022 | 매크로 지표를 활용한 자산배분 투자 | 중급 |

소개한 책들 외에도 다른 주식투자서에서 아이디어를 구할 수도 있습니다. 예를 들면 피터 린치와 윌리엄 오닐은 'EPS(주당순이익)가 가파르게 성장하는 기업이 좋다'고 강조했죠. 게다가 두 사람은 대형주보다는 중소형주를 선호하는 경향이 있었습니다. 워런 버핏 같은 경우는 늘 기업의 '수익성'을 중요시합니다. 이 책에서도 뒤에 벤저민 그레이엄, 켄 피셔의 전략을 퀀트 전략으로 재해석하는 방법을 배울 겁니다.

**알아두세요**

**EPS(주당순이익)**
주당순이익(EPS) = 기업의 순이익/주식 수, 주당순이익은 투자에 기본이면서 핵심 지표이니 꼭 기억하세요.

## 2. 투자 전략 수립

책과 유튜브 등을 통해 아이디어가 생겼으면 이를 구체적인 투자 전략으로 만들어야 합니다. 예를 들면 피터 린치와 윌리엄 오닐은 EPS(주당순이익)가 가파르게 상장하는 기업이 좋다고 했고, 대형주보다는 소형주를 선호한다고 밝혔습니다.

**알아두세요**

**대형주**
저는 대형주를 한국에서는 시가총액 상위 200위, 미국에서는 시가총액 상위 500위로 정의합니다.

**소형주**
저는 소형주를 시가총액 하위 20% 기업으로 제한합니다.

1. 최근 분기와 전 분기 순이익이 전년 동기 대비 각각 최소 30% 이상 증가한 기업 20개에 투자
2. 그런 기업이 20개 이상일 경우 시가총액이 낮은 순서부터 먼저 매수
3. 분기에 한 번, 분기 보고서가 나오는 달 마지막 거래일에 1~2단계를 반복해서 종목 교체

이런 식으로 전략을 만들어 볼 수도 있겠죠.

## 3. 검증 단계(백테스트)

이렇게 우리가 레시피, 즉 계량화가 가능한 퀀트 전략을 만들어 냈으면 이 전략이 실제로 괜찮은지 검증해야 합니다.

퀀트 전략은 늘 명확하니까 이 전략으로 투자했다면 과거에 어떤 성과를 냈을지도 분석할 수 있죠. 우리가 알고 싶은 것은

- 이 전략을 썼다면 어느 정도의 수익을 낼 수 있었는가?
- 월 단위, 연 단위 승률이 어느 정도인가?
- 이 전략을 썼다면 전략이 가장 안 통했던 구간에 어느 정도의 손실이 발생했었을까?
- 이 전략의 변동성은 어느 정도인가?
- 그 손실을 만회하는 데 어느 정도 시간이 걸렸을까?
- 이 전략은 주로 어떤 종목을 사는가?

이런 내용입니다.

물론 과거의 수익이 미래에도 똑같을 것이라 기대할 수는 없지만,

- 과거에 수익이 크게 안 좋았던 전략은 처음부터 제외할 수 있으며,
- 과거에 수익이 상당히 높았던 전략은 미래에도 잘 먹힐 가능성이 꽤 있습니다.
- Section 31, 37에서 가치주, 성장주가 왜 수익이 높은지 자세히 설명할 건데, 이런 퀀트 전략들의 수익이 높은 원인은 투자자의 '심리'에 있습니다. 김 대리가 하는 실수를 다른 투자자들도 똑같이 하거든요. 그리고 전략이 알려진다고 해서 투자자들이 그 실수를 안 범하는 것은 아닙니다.

 알아두세요

**가치주**
흔히 자산이나 사업성에 비해 저평가된 기업을 말합니다. 퀀트 투자자는 어떤 기준으로 저평가된 기업을 찾는지 셋째마당(Section 18~39)에서 자세히 설명하겠습니다.

**성장주**
매출, 영업이익, 순이익 등이 가파르게 성장하는 기업입니다. 지표를 잘 보고 투자하면 높은 수익을 낼 수 있겠죠? 성장주에 대해서도 셋째마당(Section 18~39)에서 자세히 설명하겠습니다.

# 4. 종목 찾기

아이디어를 찾아서 전략을 만들고 백테스트를 통해 검증했으면 그 전략에 맞는 종목을 찾아야죠. 그리고 그 종목을 사서 천천히 부자가 되면 됩니다.

여기서 1, 2번은 책이나 유튜브를 통해 배울 수 있지만(이 책도 그런 책 중 하나죠. 당장 활용할 수 있는 아이디어와 전략을 충분히 소개하겠습니다) 3, 4번 즉 백테스트와 종목 찾기는 꽤 어렵습니다.

코딩에 능숙한 투자자는 파이썬, R 같은 코딩 언어를 통해서 데이터를 수집하고 백테스트도 직접 하고 종목도 뽑아냅니다. 물론 이 책은 초보자를 위한 책이고 초보자 중 이렇게 코딩에 능숙한 투자자는 많지 않겠죠. 저 역시 코딩을 전혀 못 합니다. 따라서 백테스트와 종목 찾기 작업이 가능한 소프트웨어를 사용하는 것이 시간을 절약하는 길입니다.

시중에 나와 있는 백테스트 및 종목 찾기가 가능한 소프트웨어는 아래와 같습니다(2022년 11월 기준).

 **알아두세요**

**파이썬, R**

파이썬(Python)은 1991년에 발표된 프로그래밍 언어입니다. 영어와 비슷해서 읽고 쓰기 쉬운 특유의 문법을 지녔고 그로 인해 전 세계의 개발자들이 수많은 패키지를 만든 덕분에 사용할 수 있는 용도가 무궁무진해졌습니다. 2010년대 중반부터 초보자가 처음 프로그래밍을 공부할 때 추천되는 언어가 되었습니다. 학습용으로 좋은 언어인 동시에 실사용률과 생산성도 높은 강력한 언어입니다. R은 1993년 뉴질랜드 오클랜드 대학교에서 개발된 통계 및 그래프 작업을 위한 프로그래밍 언어입니다. 파이썬보다 난이도가 높다고 알려져 있습니다.

▶ 할투 817

| 백테스트 및 종목 찾기가 가능한 퀀트 소프트웨어 |

| 이름 | URL |
| --- | --- |
| 퀀터스 | https://quantus.kr/ |
| 젠포트 | https://genport.newsystock.com |
| 퀀트킹 | https://cafe.naver.com/quantking |
| 올라떼 | https://allatte.com/ |
| 인텔리퀀트 | https://www.intelliquant.co.kr/ |

이 책에서는 퀀터스 소프트웨어를 사용합니다. 저는 모든 소프트웨어를 사용해보았는데 퀀터스가 초보자들이 다루기 가장 쉽게 만들어져 있었습니다. 한국과 미국 두 시장의 분석이 모두 가능하고, 투자에 활용할 수 있는 팩터가 많으며 이 책에서 자주 보게 될 10분위 분석도 가능합니다.

퀀트 투자 무작정 따라 하기

# 자산배분으로 손실 최소화!

# 투자로 돈 버는 3가지 방법

▶ 할투 539

투자로 돈을 버는 방법은 세 가지입니다. 자산배분, 마켓타이밍, 종목선정이지요. 세 가지 방법을 모두 효과적으로 실행해야 '높은 수익과 낮은 MDD'라는 두 마리의 토끼를 잡을 수 있습니다.

## 1. 자산배분

말 그대로 가진 자산을 배분하는 것인데, 저는 주로 자산군별(주식, 채권, 금, 원자재, 부동산, 암호화폐 등)로 자산을 배분하는 작업을 자산배분이라고 합니다.

저는 균형 잡힌 자산배분에는 주식, 채권, 실물 자산이 다 포함되어야 한다고 생각합니다. 자산배분의 목표는 자본시장과 비슷한 수익, 즉 높은 한 자릿수의 연복리 수익을 내면서도 MDD를 최소화하는 것입니다. 자산배분은 주로 ETF를 통해서 진행되는데, 제가 이 책에서 소개할 자산배분 전략에 포함되는 자산군 및 주요 ETF를 소개합니다.

| 이 책에 나오는 자산군 및 ETF |

| 자산군 분류 | 자산군 | 글로벌 ETF | 한국 상장 ETF |
| --- | --- | --- | --- |
| 주식 | 한국 주식 | EWY | KBSTAR 200 TR |
| | 미국 주식 | SPY | TIGER 미국 S&P500 |
| 채권/현금 | 미국 장기채 | TLT | · |
| | 미국 중기채 | IEF | TIGER 미국 10년선물 |
| | 한국 중기채 | | KOSEF 국고채10년 |
| 실물 자산 | 금 | GLD | TIGER 골드선물 |
| | 원자재 | DBC | · |

## 2. 마켓타이밍

마켓타이밍은 시장의 상황을 살펴서 단기적으로 상승할 가능성이 큰 자산군 또는 종목의 비중은 늘리고, 단기적으로 하락할 가능성이 큰 자산군 또는 종목의 비중은 낮추는 전략입니다. 마켓타이밍을 시장 예측으로 착각하는 투자자도 많은데, 꼭 그렇지는 않습니다. 최근 가격의 추세, 계절성, 경제지표, 밸류에이션 지표 등으로 마켓타이밍을 파악할 수 있는데, 이 지표를 참고해서 투자하면 매번은 아니더라도 내가 산 자산군 또는 종목이 오를 확률이 확실히 높아집니다. 다음 페이지에 마켓타이밍 전략 몇 개를 간단히 설명합니다(제가 여기서 잠깐 언급한 전략 말고도 훨씬 더 많습니다). 하나만 사용하는 것이 아니라 여러 전략을 복합적으로 사용하는 전략도 많습니다.

| 마켓타이밍 지표 | 전략 | 설명 |
| --- | --- | --- |
| 가격 | 동적자산배분 | • 최근에 많이 오른 자산을 매수<br>• 최근 대다수 자산 수익이 낮거나 음(-)이면 현금 또는 안전자산 보유<br>• 최근의 정의: 종목의 경우 3~12개월, ETF의 경우 1~12개월 |
| | 역추세 | • 단기적으로 급락한 종목 매수<br>• 단기: 1~30일 |
| 계절성 | 11~4 전략 | 주식 비중을 11~4월 확대, 5~10월 축소 |
| | 종가 베팅 | 종가 즈음에 종목/ETF를 사서 다음날 시가 즈음에 파는 단타 전략 |
| | 월말월초 효과 | 월말에 사서 다음 달 초에 파는 전략 |
| 경제지표 | OECD 선행지수 | OECD 선행지수가 개선되면 진입하는 전략 |
| | 기타 거시경제 지표 | 금리, 경제성장, 실업률 등의 지표를 보고 진입하는 전략 |
| 밸류에이션 | PER | 주가지수의 PER가 낮아졌을 때 진입 |
| | PBR | 주가지수의 PBR가 낮아졌을 때 진입 |
| 수급 | 외국인 수급 | 최근 며칠간 외국인 매수가 증가한 기업 매수 |
| | 기관 수급 | 최근 며칠간 기관 매수가 증가한 기업 매수 |
| 기타 | VIX | VIX 지표가 크게 상승한 후 매수 |
| | 거래량 | • 최근 거래량이 증가하는 기업 매수<br>• 보통 가격 전략 등과 병행 |

 **알아두세요**

**동적자산배분**

이 책에서 다루는 자산배분 전략은 정적자산배분 전략입니다. 각 자산군의 비중을 일정하게 정하면 그 비중을 바꾸지 않기 때문에 '정적'인 자산배분 전략입니다. 동적자산배분 전략은 '추세'에 기반한 전략입니다. 즉, 최근에 가격이 많이 오른 자산의 비중을 높이고 부진한 자산의 비중을 줄입니다. 그리고 최근 대부분 자산의 수익률이 부진하면 아예 주식시장을 떠나서 안전자산(채권, 현금 등)에 투자합니다. 이렇게 추세에 따라 투자하는 비중이 자주 바뀌므로 '동적'인 자산배분이라고 합니다.

주요 '동적자산배분' 전략에 대해서는 저의 책 《거인의 포트폴리오》에 자세하게 설명되어 있으며, 경제지표를 통한 마켓타이밍 전략은 홍춘욱 박사의 《돈의 흐름에 올라타라》를 참고하기 바랍니다.

이 책에서 다루는 유일한 마켓타이밍 전략은 11~4월에 주식 비중을 확대하고 5~10월에 줄이는 '핼러윈 전략'입니다.

# 3. 종목선정

자산군 내에서 유망하다고 판단되는 종목에 투자해서 수익을 극대화하는 행위입니다. 여러 방법을 통해서 주가지수보다 수익이 더 높을 것이라고 예상되는 종목을 찾아내어 사는 겁니다. 종목선정의 주요한 방법으로는 가치투자, 기술적 투자(차트 활용), 탑다운 방법, 정보 매매 등이 있는데, 이 책에서는 퀀트 투자를 통한 종목선정을 설명합니다.

주식 방송이나 책을 보면 '저평가된 기업을 사야 한다'라는 말을 많이 하고, '성장하는 기업에 투자하라'라는 말도 그에 못지않게 많이 접했을 것입니다. 저는 퀀트 투자자도 저평가된 기업, 즉 가치주와 성장하는 기업, 즉 성장주에 투자해야 한다고 생각합니다. 두 요소를 다 보유한 '성장가치주'에 투자하는 전략도 좋다고 봅니다. 우리는 오로지 계량적인 지표만을 통해 가치주와 성장주를 찾아낼 겁니다. 자세한 내용은 셋째마당과 넷째마당에서 다룹니다.

**알아두세요**

**탑다운 방식**

투자에는 탑다운(Top-Down)전략과 바텀업(Bottom-Up) 방식이 있습니다. 탑다운 방식은 일단 경제 상황을 분석하고, 투자에 유망한 국가, 산업을 먼저 발굴한 후 그중 유망한 종목을 발굴하는 방법이며, 바텀업 방식은 전망이 좋을 것 같은 기업을 먼저 분석한 후 해당 기업이 속한 산업이나 국가를 분석하고 필요할 경우 경제 상황이나 시장 흐름을 분석하는 방식입니다.

## 1) 가치주

기업의 펀더멘털 대비 저평가된 기업을 의미합니다.
PSR, PGPR, POR, PER 등 계량화가 가능한 지표로 기업의 저평가 여부를 측정할 수 있습니다.

**알아두세요**

**펀더멘털**

기업의 실적에 유의미한 지표를 의미합니다. 주로 매출액, 영업이익, 순이익 등 이익과 관련된 지표, 자산과 부채 등 재무상태 관련 지표, 성장 지표를 통틀어서 펀더멘털이라고 합니다.

## 2) 성장주

말 그대로 성장이 높은 기업입니다. 매출액, 매출총이익, 영업이익, 순이익 등이 가파르게 성장하는 기업입니다. 이 책에서는 최근 분기 지표가 지난해 같은 기간보다(YOY) 어느 정도 증가했는지 분석합니다.

### 3) 성장가치주

가파르게 성장하는 기업 중 아직 저평가된 기업도 있을 것이며, 성장성이 이미 가격에 반영되어 고평가된 기업도 있겠죠. 아마 대부분의 투자자는 전자를 더 선호할 것입니다. 성장가치주는 가치주 지표와 성장주 지표 모두가 양호한, 성장성이 좋은데 아직 저평가된 기업의 주식이라고 보면 되겠습니다.

| 이 책에서 주로 쓰이는 지표 |

| 대분류 | 지표 | 계산법 |
|---|---|---|
| 가치주 지표 | PSR | 시가총액/최근 분기 매출액 |
| | PGPR | 시가총액/최근 분기 매출총이익 |
| | POR | 시가총액/최근 분기 영업이익 |
| | PER | 시가총액/최근 분기 순이익 |
| 성장주 지표 | 매출액 성장률 | 최근 분기 매출액의 증가율 |
| | 매출총이익 성장률 | 최근 분기 매출총이익의 증가율 |
| | 영업이익 성장률 | 최근 분기 영업이익의 증가율 |
| | 순이익 성장률 | 최근 분기 순이익의 증가율 |

# 이 책의 목표

저는 이 책을 통해서 여러분에게 다음과 같은 투자 전략을 알려드리겠습니다.

**1. 일단 자산배분을 먼저 합니다.**

  – 연복리수익률과 MDD가 각각 높은 한 자릿수의 저위험·중수익 포트폴리오를 만드는 법을 배웁니다. 이것으로 우리의 첫 목표인 'MDD 15% 이하'에 도달합니다.

2. **자산배분 포트폴리오에 마켓타이밍을 적용합니다.**
   – 자산배분 포트폴리오에 주식 비중을 11~4월에 높이고 5~10월에 낮추는 핼러윈 전략을 도입해서 MDD는 엇비슷한 수준에서 유지하면서 동시에 수익을 1~2% 정도 더 높입니다.

3. **자산배분 + 마켓타이밍 포트폴리오의 주식 비중에 퀀트 투자 적용**
   – 2번 포트폴리오의 주식 비중을 퀀트 기법으로 운영해서 주가지수보다 훨씬 높은 수익이 기대되는 종목들에 투자하여 두 번째 목표인 '연복리수익률 15% 이상'에 도달합니다.

이를 도표로 표현해보겠습니다.

**Step 1: 자산배분**
연복리수익률 높은 한 자리 + MDD 10% 이하의 포트폴리오 만들기

**Step 2: 마켓타이밍**
연복리수익률 2% 정도 개선 + MDD는 비슷한 수준에서 유지

**Step 3: (퀀트투자로) 종목선정**
연복리수익률 15% 이상 달성 + MDD는 소폭 증가

퀀트 투자
무작정 따라하기

# 007

# 자산배분은 왜 할까?

▶ 할투 728

Section 6에서 투자로 수익을 내기 위해서는 자산배분, 마켓타이밍, 종목신정이 중요하다고 했습니다. 세 가지가 모두 중요한데도 투자자는 보통 종목선정을 우선으로 생각하죠. 그러나 저는 자산배분을 가장 먼저 해야 한다고 봅니다. 좋은 수익을 가져다줄 종목을 찾는 것만으로도 머리가 아픈데 자산배분까지 하라니…. 자산배분은 도대체 왜 해야 하는 걸까요?

## 1. MDD를 20% 이하로 낮추기 위해

Section 4에서 퀀트 투자의 목적을 ① 20% 이하의 MDD, ② 장기적으로 복리 15% 정도의 수익으로 정리했습니다.

그러면 어떻게 해야 MDD를 20% 이하로 낮출 수 있을까요? 여러 주식에 분산투자를 하면 될까요? 분산하지 않는 것보다는 낫지만 이걸로는 충분하지 않습니다. 왜냐면 주식시장이 급락하면 우리가 주식을 10개 갖고 있든 100개 있든 결과는 똑같기 때문입니다. 쉽게 말해서 시장이 반 토막이 나면 우리가 산 주식도 같이 반 토막이 날 가능성이 매우 큽니다.

072 퀀트 투자 무작정 따라하기

| 코스피 주요 하락장 (30% 이상 하락장) | | | | |
|---|---|---|---|---|
| 하락 시작 | 하락 끝 | 본전 만회 | 하락 및 본전 만회 구간 | 최대 하락 폭 (%) |
| 1989년 3월 | 1992년 7월 | 1994년 9월 | 5년 6개월 | -49.2 |
| 1994년 11월 | 1998년 6월 | 2005년 7월 | 10년 8개월 | -73.1 |
| 1999년 12월 | 2001년 9월 | 2005년 7월 | 5년 7개월 | -53.3 |
| 2007년 10월 | 2009년 2월 | 2011년 1월 | 3년 3개월 | -48.5 |
| 2018년 1월 | 2020년 3월 | 2020년 11월 | 2년 10개월 | -31.6 |
| 2021년 7월 | 진행 중 | 진행 중 | 진행 중 | -30.7 |

 **알아두세요**

**하락장**

보통 주가지수가 20% 이상 하락할 경우 '하락장'이라고 부르며, 10~20% 정도 하락했을 경우는 '조정장'이라고 합니다.

한국 시장은 최근 30년 동안 5번의 큰 하락장을 겪었습니다. 주식투자자는 평균 5~6년에 한 번씩은 큰 시련을 맞은 거죠.

특히 1990년대 주식시장이 매우 어려웠습니다. 1989년 3월 코스피 지수가 처음으로 1,000포인트를 넘어섰는데, 이때 이후 1992년 7월까지 쭉 떨어지더니 반 토막이 났습니다. 1994년 9월에야 겨우 1,100포인트를 달성했는데 또다시 4년 연속 빠지면서 1998년 6월엔 277포인트까지 하락합니다. 코스피 지수가 상승해서 다시 1994년 9월 수준으로 돌아온 것은 2005년 7월이니, 자그마치 11년이라는 시간이 걸렸습니다. 주식투자를 조금만 해봐도 시장이 빠지면 거의 모든 종목이 동반 하락한다는 것을 알 수 있습니다. 이런 시기에는 어떤 주식을 사더라도 큰 하락을 피하는 것이 거의 불가능합니다.

이렇듯 주식에만 투자하면 아무리 여러 종목으로 나눠서 사더라도 MDD를 50% 이하로 낮추기가 어렵습니다. 그렇지만 자산배분을 활용한다면 MDD를 20% 이하로 낮출 수 있습니다. 이것이 우리가 자산배분을 해야 하는 가장 중요한 이유입니다.

## 2. 우리는 미래를 예측할 수 없다

우리가 미래 시장을 예측할 수 있다면야 자산배분을 할 필요가 없겠죠. 그냥 가장 많이 오를 자산을 사면 됩니다. 우리는 투자하면서 수시로 예측하려 하고, 시장이나 업종, 종목의 미래를 예측하는 유튜브나 증권 방송도 무수히 많습니다. 그러나 그 예측이 실제로 맞는 경우는 별로 없습니다. 증권사별 코스피 지수 예측치와 실제 결과를 보겠습니다.

| 2020~2022년 주요 증권사의 코스피 지수 전망 |

| 2020년 | | 2021년 | | 2022년 | |
|---|---|---|---|---|---|
| 증권사 | 전망치 | 증권사 | 전망치 | 증권사 | 전망치 |
| 메리츠증권 | 2000~2500 | 흥국증권 | ~3000 | KB증권 | ~3600 |
| 케이프투자증권 | 2000~2500 | SK증권 | ~2900 | 신한금융투자 | 2850~3500 |
| 교보증권 | 2000~2400 | 삼성증권 | 2100~2850 | 메리츠증권 | 2800~3450 |
| 신한금융투자 | 2000~2400 | 메리츠증권 | 2250~2800 | 유진투자증권 | 2900~3400 |
| NH투자증권 | ~2400 | KB증권 | ~2750 | 한국투자증권 | 2800~3400 |
| KB증권 | 1950~2400 | 하이투자증권 | ~2750 | 삼성증권 | 2800~3400 |
| SK증권 | 1950~2400 | 신한금융투자 | 2100~2750 | NH투자증권 | 2800~3400 |
| KTB투자증권 | 1900~2300 | 하나금융투자. | ~2700 | 이베스트투자증권 | 2740~3150 |
| 키움증권 | 1900~2250 | 키움증권 | ~2600 | DB금융투자 | 2650~3200 |
| **실제 코스피** | **1439~2878** | **실제 코스피** | **2869~3316** | | |

※ 2022년 1~6월 실제 코스피 지수: 2,296~2,996이었음

출처: 한국거래소, 각 증권사

| 2017~2019년 주요 증권사 코스피 전망 |

| 2019년 전망 | | 2018년 전망 | | 2017년 전망 | |
|---|---|---|---|---|---|
| 증권사 | 전망치 | 증권사 | 최고 전망치 | 증권사 | 전망치 |
| 삼성증권 | 1950~2360 | 신한금융투자 | 2000 | 미래에셋대우 | 1850~2150 |
| 신한금융투자 | 1850~2350 | NH투자증권 | 2850 | 삼성증권 | 1860~2210 |
| NH투자증권 | 1950~2400 | 한국투자증권 | 2900 | KB증권 | 1882~2135 |

| KB증권 | 1900~2370 | 하나금융투자 | 2900 | NH투자증권 | 1900~2250 |
|---|---|---|---|---|---|
| 대신증권 | 1930~2300 | 메리츠증권 | 2900 | 메리츠증권 | 1950~2250 |
| 하나금융투자 | 1900~2400 | 삼성증권 | 3100 | 신한금융투자 | 1900~2350 |
| 유안타증권 | 1950~2500 | 대신증권 | 3000 | IBK투자증권 | 1850~2150 |
| SK투자증권 | 2010~2530 | 키움증권 | 3000 | 대신증권 | 1900~2300 |
| | | KB증권 | 3060 | 유안타증권 | 1920~2300 |
| | | 미래에셋대우 | 제시 안 함 | 하나금융투자 | 1950~2350 |
| | | | | 평균 | 1896~2244.5 |
| **실제 코스피** | **2032~2252** | **연말 코스피** | **2041** | **실제 코스피** | **2015~2561** |

위의 자료를 보면 알 수 있듯이 2019년을 제외하고는 증권사들이 단 한 번도 제대로 코스피 지수를 맞춘 경우가 없습니다. 2019년에는 코스피 지수가 거의 움직이지 않아서 실제 결과가 예측치 안에 들어온 것으로 추측됩니다.

예측 분야의 거장인 필립 E. 테틀록(Philip E. Tetlock) 교수는 1984년부터 2003년까지 284명이 한 28,000개의 예측을 모았는데, 과거 추세가 단순히 지속된다고 예측한 수치(**예** 2020년 경제성장률 2%, 2021년 3%라면 2022년 경제성장률을 4%로 예측)보다도 예측률이 더 떨어졌다고 합니다.

누군가가 경제 또는 주식시장을 예측하는 발언을 하면 저는 늘 여쭤봅니다. "당신은 3주 후 목요일 저녁에 누구와 어떤 음식을 먹을지 예측할 수 있나요?"라고요. 아마 실제로 맞추는 사람은 별로 없을 겁니다. 그럼 저는 또 한 번 묻죠. "그런 간단한 것도 맞추기 힘든데 경제나 주식 같은 것을 어떻게 맞출 수 있다고 생각합니까?"라고요.

그냥 우리는 예측을 할 수 없다, 예측은 불가능하다고 인정하는 것이 속 편합니다. 다행히도 자산배분을 하면 예측하지 않아도, 경제가 어떤 식으로 변하더라도 지속적으로 돈을 벌 수 있습니다. 정확한 방법은 다음 Section에서 배우겠습니다.

# 3. 투자 환경이 나빠지고 경제 위기가 와도 안전하다

독자 여러분은 자산배분의 창시자가 누군지 아시나요? 성경에 나오는 솔로몬왕이 자산배분에 대한 가장 첫 언급을 한 것으로 알려져 있습니다. 그는 전도서 11장 2절에서 "Divide your portion among seven, or even eight, for you do not know what disaster may befall the land."(너의 자산을 일곱 또는 여덟으로 나눠라, 무슨 재앙이 임할는지 네가 알지 못하리라)라고 했습니다.

요즘은 오랑캐가 쳐들어와서 내 집을 태우거나 가족을 핍박할 가능성은 거의 없으나 금융시장에는 계속 악재가 터져서 우리의 포트폴리오에 악영향을 미칩니다. 그리고 그런 악재는 대부분 예측이 거의 불가능합니다. 저는 2008년 금융위기가 터진 후에 금융위기를 예측했다고 주장하는 사람들은 여럿 봤지만 정작 위기가 오기 전에 그렇게 주장했던 사람은 극소수에 불과했습니다. 2020년 1월부터 금융시장에 매우 큰 영향을 미친 코로나19 바이러스도 2019년 말에는 이렇게 전 세계적 영향을 미칠 줄 전혀 예측하지 못했죠. 1996년에 1997~98년 한국이 외환위기를 당해 IMF의 금융구제를 받을 것이라고 예측했다는 사람이 있었나요? 있다면 모셔 와 보십시오.

자산배분의 핵심은 경기가 좋을 때 잘 나가는 자산, 경기가 나쁠 때 오히려 잘 되는 자산, 물가가 가파르게 오르면 좋은 자산, 물가가 완만하게 오르거나 내릴 때 유리한 자산, 천재지변이나 전쟁 등 대위기가 왔을 때에도 괜찮은 자산 등을 동시에 보유하기 때문에 세상이 어떻게 변해도 큰 타격을 받지 않는다는 데 있습니다.

Section 8~10에서는 자산배분의 3대 원칙에 관해 각각 설명하겠습니다.

1. 우상향하는 자산에 투자하라
2. 상관성이 낮은 자산에 투자하라
3. 자산군별 리스크를 비슷하게 유지하라

## 주식 종목 찾기보다 자산배분이 먼저라고요?

지난번 강퀀트 과장에게 투자 심리에 대해 배운 김주식 대리, 다시 선배를 찾아갑니다.

"선배님, 지난번 말씀하신 내용이 다 맞는 거 같네요. 추천하신 책도 여러 권 읽어봤는데, 역시 투자는 퀀트로 해야겠어요. 제가 했던 투자가 너무 한심해 보입니다. 그리고 낙원계산기로 분석하니까 제가 젊고 은퇴 시기가 멀어서 너무 높은 수익을 바랄 필요도 없네요. 매년 30%, 40% 수익을 못 내면 절대로 안정적인 노후를 보낼 수 없을 것이라고 생각했는데 전혀 아니더라고요. 선배님, 그럼 어떻게 종목을 찾으면 되나요?"

김주식 대리가 찾아올 것이라는 걸 이미 짐작했던 강퀀트 과장, 준비했던 내용을 말합니다.

"김 대리, 열심히 공부하셨네요. 근데 당장 종목 찾아서 큰 수익을 낼 생각보다는 손실을 최소화하는 방법을 먼저 배워야 합니다. 그걸 할 줄 알면 수익은 알아서 생겨요."

"근데 주식시장이 반 토막이 나면 어쩔 수 없이 제 종목도 떨어지겠죠. 그 정도는 버텨야 하는 것 아닙니까?"

"맞아요. 주식시장이 50% 하락하면 김 대리가 보유한 주식도 모두 하락할 겁니다. 더 떨어질 수도 있고요. 그래서 '자산배분'이라는 것을 해야 해요. 주식시장이 50% 하락하는 것을 대비해서 다른 우상향하는 자산군에도 투자하는 거죠. 그렇게 하면 손실 폭을 상당히 많이 줄일 수 있어요."

주식시장에서 큰 손실을 많이 경험한 김주식 대리, 손실 폭을 줄일 수 있다고 하니 솔깃합니다.

"그렇게 하면 주식시장의 하락을 방어할 수 있나요?"

"네, 다행히도 주식시장이 하락하는 시기에 안 떨어지거나 오히려 오르는 자산군이 있어요. 이것을 전문적으로 말하면 주식시장과 상관성이 낮다고 하죠. 주식시장은 폭락해도 다른 자산군이 잘 버텨주면 포트폴리오 전체 손실은 크지 않겠죠?"

"그런 자산군이 있나요?"

"주식과 상관성이 낮은 자산군으로는 채권과 실물 자산(금, 원자재, 부동산 등)이 있죠."

손실은 줄이고 싶고 그렇다고 해서 수익도 놓치고 싶지 않은 김주식 대리, 재빨리 궁금한 것을 묻습니다.

"그런데 그런 자산군은 주식보다 수익률이 낮지 않나요?"

"맞아요. 자산배분 포트폴리오의 성과는 자산 전체를 주가지수에 투자하는 것보다는 수익이 좀 떨어져요. 하지만 주가지수는 몇 년에 한 번은 30% 이상 폭락하는데, 자산배분 포트폴리오는 50년 동안 투자해도 최악의 순간에 손실을 15% 미만으로 방어할 수 있어요. 지난번 제가 투자심리 얘기했잖아요? 대부분 투자자는 손실이 적으면 평정심을 유지할 수 있는데, 손실이 커지면 이성이 사라지고 본전을 만회하고 싶다는 오기에 사로잡혀 바보 같은 짓을 하게 되죠."

"어떤 바보 같은 짓일까요?"

"혹시 '잡주에 투자하고 손실 본 후 물타기 해서 대주주 된 후 상장폐지 당했다'라는 농담 들어보셨나요? 대부분 투자자는 처음에는 '안전한 우량주'에 투자했다가 손실이 나면 빨리 만회하고 싶어서 변동성이 심한 '잡주'에 투자하거나 암호화폐나 선물옵션까지 가고, 나중에는 가족 돈까지 끌어다 쓰거나 신용대출까지 받아서 패가망신하는 경우가 많죠."

김 대리, 본인의 과거를 돌이켜보니 너무 섬뜩합니다.

"소름 끼쳤습니다, 제 얘기를 하시는 것 같아서요! 저도 처음에는 우량주에 투자하다가 성과가 별로라서 테마주 들어가서 만회하려고 하다가 오히려 더 크게 물렸습니다. 안 그래도 암호화폐 쪽도 알아보고 있었는데."

"투자했다가 망하는 패턴은 사실 다 비슷해요. 지금이라도 저에게 오셔서 다행입니다. 이 모든 것을 원천 봉쇄하는 방법은 처음부터 손실을 최소화하는 겁니다. 대부분 투자자는 포트폴리오 10% 손실 정도는 버틸 수 있죠. 손실이 10%를 넘어가면 초조해지기 시작하고, 위에 말했던 바보짓을 하게 됩니다.

세계 경제에 어떤 일이 터져도, 어떤 악재가 생겨도 전체 포트폴리오가 10% 이상 깨지지 않는 자산배분 전략이 있어요. 일단 그것부터 배워봅시다. 먼저 안 잃는 방법을 배우고, 그다음에 수익을 극대화하는 방법을 알려드릴게요."

김주식 대리, 믿을 수 없어서 다시 질문합니다.

"그게 정말 가능해요? 전쟁이 나도, 경제공황이 와도 금융위기가 터져도 10% 이상은 잃지 않는다고요?"

"그렇다니까요. 일단 자산배분의 3대 원칙을 배우고, 당장 사용할 수 있는 자산배분 방법을 배우고, 그 후에 차차 마켓타이밍과 퀀트 투자로 더 수익을 내는 종목을 뽑는 노하우도 전수해 드릴게요."

# 자산배분의 첫 번째 핵심: 장기적으로 우상향하는 자산군 매수

가장 당연하지만 중요한 원칙입니다. 단기적으로는 자산이 어떻게 움직일지 알 수 없지만, 당연히 장기적으로 우상향하는 자산군을 사야겠죠. 장기적으로 우상향하는 자산은 무엇이 있을까요? 장기적으로 물가상승률보다 높은 수익률을 달성할 수 있는 자산은 주식, 부동산, 채권, 금, 원자재 정도가 아닐까 생각합니다. 현금은 장기적으로 물가상승률 정도의 수익을 냅니다. 왜 그럴까요?

주식은 기업의 지분이고 기업의 목적은 이익 창출에 있습니다. 실제로 수십억 명이 기업에서 일하면서 하루 8시간 동안, 때로는 야근까지 하면서 어떻게 하면 기업의 이윤을 극대화할지 고민하거나 온몸을 바쳐서 노동합니다. 이러니까 기업의 생산성과 이익이 장기적으로 늘어날 수밖에 없죠. 기업의 이익은 배당과 기업가치 상승으로 주주에게 전달됩니다. 최근 몇백 년 동안은 그 이익이 물가상승률을 월등히 능가했습니다.

부동산은 실물 자산이니까 장기적으로 최소한 물가상승률 정도로 가치가 상승할 것으로 전망할 수 있습니다. 그 부동산이 사람과 자본이 계속 유입되는 좋은 위치에 있다면 물가상승률 이상으로 상승할 수도 있습니다. 게다가 부동산은 임대해서 추가로 수익을 창출할 수 있습니다. 따라서 부동산이 있으면 물가상승률 또는 그 이상의 시세차익과 임대료를 받을 수 있습니다.

채권을 사는 채권자는 채권을 파는 채무자에게 돈을 빌려주는 겁니다. 채권자는 당연히 나중 돌려받을 이자와 원금을 합한 실질 가치(물가상승을 제한 가치)가 빌려준 원금의 가치보다 커야만 채권을 매수할 겁니다. 남에게 100원을 빌려주고 95원을 돌려받고 싶은 사람은 없겠죠? 따라서 채권도 장기적으로 물가상승률을 상회하는 수익을 낼 수밖에 없습니다.

금은 수천 년 전부터 화폐로 인정되었던 귀금속입니다. 1973년 이전에는 금본위제가 있어서 금이 곧 돈이었습니다. 금본위제 폐지 후 미국 달러는 금의 보유와 관계없는 불환지폐(不換紙幣, Fiat Money)가 되었습니다. 금의 가치는 장기적으로 화폐량과 반비례한다고 볼 수 있는데, 미국 달러의 통화량(M2)은 끊임없이 늘어나고 있습니다.

**알아두세요**

**금본위제**

과거에는 화폐가 귀금속(주로 금, 은)의 양에 연동되었던 경우가 많습니다. 19세기 중반부터 강대국들은 자국의 법정화폐를 금에 연동했습니다. 즉, 어떤 사람이 법정화폐를 들고 중앙은행에 찾아오면 중앙은행은 그 화폐를 금으로 바꿔줄 의무가 있었습니다. 따라서 '금 = 법정화폐'였고, 이 체제가 '금본위제(Gold Standard)'입니다.

**불환지폐**

1960년부터 미국이 베트남 전쟁, 사회복지 확대 등으로 보유한 금보다 더 많은 달러를 찍어내기 시작했습니다. 그러니 다른 나라들이 미국을 의심하면서 미국 중앙은행에 달러를 주면서 금을 빼가기 시작했습니다. 1971년 금 비축량이 거의 떨어지던 미국은 "오늘부터는 달러는 신용화폐! 더 이상 달러를 가져와도 금으로 바꿔주지 않겠다"고 일방적으로 선언해 버립니다. 우방국들은 못마땅했지만 미국이 최강국이니 토를 달 수 없었습니다. 이때부터 달러화는 금으로 바꿀 수 없는 '불환지폐'가 되었습니다.

**잠깐만요**

## 통화량, M2

통화량은 한 나라의 경제 내에 유통되는 통화의 양을 의미하는데, 이 통화의 개념을 정리하는 방법이 3가지가 있습니다.

**M1(협의통화):** 현금과 은행 당좌예금, 보통예금 등 요구불예금(수표)을 합친 것입니다. 곧바로 현금화가 가능해서 유동성이 매우 높습니다.

**M2(광의통화):** M1에 만기 2년 미만 금융상품을 더한 것입니다. M1을 제외한 정기예·적금 등은 예금자가 현금화하고자 할 때 약간의 손실을 감수하여야 하므로, M1에 비해서는 유동성이 떨어지는 편입니다.

**M3(협의유동성 또는 금융기관유동성):** M2에 보험회사 등의 기타예금취급기관의 만기 2년 이상의 정기예·적금, 및 금융채, 예수금 등을 더한 것입니다. 현금화하기 어려운 통화, 즉 유동성이 낮은 통화까지를 포함하고 있으며 M1, M2보다 액수가 많습니다.

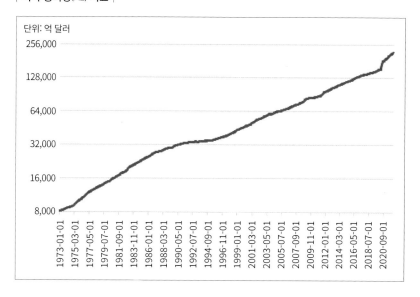

| 미국 통화량(M2) 지표 |

단위: 억 달러

1973년 8,000억 달러 정도였던 통화량은 2021년 12월 21.8조 달러로 27배가량 증가했는데, 같은 기간에 금 가격도 28배 오른 것은 우연이 아닐 것입니다. 참고로 통화량 상승률은 물가상승률보다 높습니다. 1973년부터 2021년까지 통화량은 연평균 복리 7% 정도로 증가했지만, 동구간 물가상승률은 연평균 3.9%에 불과했습니다.

원자재도 금과 비슷한 논리로 통화량 정도의 장기수익이 기대됩니다. 1톤의 은, 원유, 천연가스, 납, 알루미늄, 니켈 등의 가치는 같은데 통화량은 점점 늘어나니까요. 실제로 가장 대표적인 원자재인 원유 가격도 1973년부터 2021년까지 26배 증가했습니다.

현금의 경우 장기적으로 물가상승률 정도의 수익이 났습니다. 평균적으로 은행에서 딱 그 정도의 예금이자를 주거든요.

여기서 주의할 점! 장기적으로 상승하는 자산군이 단기적으로는 횡보하거나 폭락할 수도 있고, 그 '단기' 구간이 10년, 아니 20년 이상 지속되기도 합니다.

가끔 투자자들이 한 자산에 매료되어서 그 자산의 가격을 지나치게 올리는 '버블'이 형성되는 경우가 있는데, 투자자들이 정신을 차리고 버블이 깨지면 그 자산이 다시 신고가를 회복할 때까지 수십 년이 걸리기도 합니다. 예를 들면 일본 주가지수인 니케이 지수는 아직도 1989년 형성한 최고점을 갱신하지 못하고 있으며, 중국 상해 지수도 2007년의 최고점에 못 미치고 있습니다. 나스닥 지수도 2000년 최고점을 다시 탈환하는 데 14년 걸렸습니다.

지금 우리가 알아야 할 것은 일반적인 상황, 즉 버블이 심하지 않으면 주식, 채권, 부동산, 금, 원자재는 장기적으로 우상향할 경제적인 근거가 충분히 있다는 사실입니다.

# 자산배분의 두 번째 핵심: 상관성이 낮은 자산군에 투자

Section 8에서 우리는 주식, 채권, 부동산, 금, 원자재가 장기적으로 우상향할 수 있는 경제적인 근거가 있다고 배웠습니다. 그럼 각각의 자산에 구체적으로 어떤 식으로 투자하면 될까요?

이런 의문에 해답을 제시한 사람은 해리 마코비츠(Harry Markowitz)입니다. 저는 투자업계의 대천재로 두 명을 꼽는데, 마코비츠가 그중 한 명입니다. 1927년생인 마코비츠는 학자가 되고 싶었던 시카고 대학 학생이었는데, 박사 논문 주제를 정하기 위해 지도 교수를 기다리던 중 우연히 주식 중개인을 만나게 됩니다. 그 중개인은 마코비츠에게 주식에 대해서 논문을 쓰면 어떠냐고 제안했고, 별다른 아이디어가 없었던 마코비츠는 그렇게 교수에게 제안했습니다. 마침 교수도 주식에 관심이 많아서 일사천리로 논문 주제가 정해졌습니다. 몇 년이 지난 1954년, 마코비츠는 논문을 완성하고 박사 학위를 받게 되는데, 그 논문의 파급 효과가 매우 커서 1990년 노벨경제학상을 수상했습니다. 저는 마코비츠가 돌아가신 줄 알았는데, 2021년에도 다른 학자들과 함께 논문을 발표하는 등 94세 나이에도 열정적으로 금융시장을 연구하고 있습니다.

논문의 핵심은 딱 한 문장으로 요약할 수 있는데, 그것이 바로 "상관성이 낮은 자산군에 투자하라"입니다. 자산배분에서 가장 중요한 핵심 콘셉트라고 할 수 있죠.

이것이 중요한 이유는 상관성이 낮은 자산군에 투자하면 전체 포트폴리오의 MDD를 대폭 줄일 수 있기 때문입니다. 상관성이 무엇인지 이해를 돕기 위해 예를 들어 설명하겠습니다.

어떤 휴양지 섬나라에 상장기업이 3개가 있다고 합시다. 한 기업은 우산을 만들고, 두 번째 기업은 아이스크림, 세 번째 기업은 수영복을 만든다고 가정하겠습니다. 이 나라의 날씨는 전혀 예측할 수 없는데, 평소보다 비가 많이 오면 우산 기업의 주식이 40% 오르고 아이스크림과 수영복 기업의 주식은 20% 하락합니다. 반대로 평균보다 비가 적게 오면 우산 기업의 주식이 20% 하락하고 아이스크림, 수영복 기업의 주식이 40% 오릅니다.

이 섬나라에 투자할 수 있는 대상이 딱 저 세 개 기업의 주식밖에 없다고 하면 우리는 어떻게 투자해야 MDD를 최소화할 수 있을까요?

**정답 1**: 우산 기업 50%, 아이스크림 기업 50%
**정답 2**: 우산 기업 50%, 수영복 기업 50%
**정답 3**: 우산 기업 50%, 수영복 기업 25%, 아이스크림 기업 25%

왜 저게 정답인지 살펴보기 전, 우산 기업의 주식에 전 재산 1억 원을 투자했다면 어떤 결과가 있었을지 살펴보죠.

| 우산 기업 100% 포트폴리오 |

|  | 날씨 안 좋은 해 수익 | 날씨 좋은 해 수익 |
| --- | --- | --- |
| 우산 | 40% | -20% |
| 전체 포트폴리오 | 40% | -20% |

날씨를 잘 맞히면 우산 주식으로 40%를 벌 수 있었지만 못 맞혔다면 20% 손실이 발생합니다. 만약 5년 연속으로 날씨를 못 맞히면? 1억 원

이 3,277만 원이 됩니다. 운 나쁘게 11번 연속으로 못 맞추면 1억 원이 859만 원으로 쪼그라듭니다. 이 집중투자 전략의 MDD는 90%가 넘어갈 수도 있네요.

참고로 아이스크림 기업, 수영복 기업 두 기업에 분산했어도 결과는 똑같습니다. 두 기업은 날씨가 좋으면 둘 다 40% 수익을 내고 날씨가 나쁘면 20% 손실이 나므로 분산투자의 효과가 전혀 없습니다. 아이스크림과 수영복 기업이 완전 똑같이, 즉 상관성이 +1이기 때문에 그런 겁니다.

자, 그럼 첫 번째 정답대로 투자하면 어떤 성과가 있을지 살펴보겠습니다.

| 우산 기업 50%, 아이스크림 기업 50% 포트폴리오의 수익률 |

|  | 날씨 안 좋은 해 수익 | 날씨 좋은 해 수익 |
| --- | --- | --- |
| 우산 | 40% | -20% |
| 아이스크림 | -20% | 40% |
| 전체 포트폴리오 | 10% | 10% |

자산이 1억 원으로 우산, 아이스크림 주식에 각각 5천만 원을 투자하면 날씨가 안 좋은 해에는 우산 주식이 5,000 × 1.4 = 7,000만 원이 되고 아이스크림 주식은 5,000 × 0.8 = 4,000만 원이 되어 전체 포트폴리오 가치는 1억 1,000만 원이 됩니다.

날씨가 좋은 해에는? 이번엔 우산 주식이 4,000만 원이 되지만 아이스크림 주식이 7,000만 원이 되어서 포트폴리오 가치는 또 1억 1,000만 원이 됩니다! 이건 우산과 아이스크림 주식이 완전 반대로, 즉 상관성이 −1이기 때문에 가능한 겁니다.

즉, 우리는 날씨가 좋든 나쁘든 상관없이 매년 안전하게 10%의 수익을 낼 수 있습니다. MDD는 0%입니다! 한 개 주식에 몰빵했다면 MDD 90%도 가능했는데, 상관성이 낮은 두 개 주식에 분산투자를 하니까 MDD가 0으로 줄어든 것입니다.

놀라운 것은 이게 전부가 아닙니다.

우리가 우산 50%, 아이스크림 50% 포트폴리오에 10년간 투자하면 우리의 1억은 무조건, 날씨와 상관없이 2억 5,937만 원이 됩니다($1.1^{10}$ = 1.1 × 1.1 × 1.1…을 10번).

그런데 우산 포트폴리오는 어떨까요? 10년 연속으로 날씨가 나쁘다면 1억이 무려 28.9억 원이 될 수도 있습니다($1.4^{10}$). 반대로 10년 연속 날씨가 좋다면 1억이 1,073만 원($0.8^{10}$)으로 줄어들 수도 있죠. 이런 일이 일어나기보다는 5년은 날씨가 좋고 5년은 안 좋을 것을 기대하는 것이 합리적이겠죠? 이 경우 우리 자산은 1억 7,623만 원이 됩니다($1.4^5 \times 0.8^5$). 10년 중에 5년은 스트레스를 받았을 텐데 기대 성과는 오히려 우산과 아이스크림에 각각 투자한 포트폴리오보다도 더 낮습니다.

여기에서 우리는 몇 가지 결론을 내릴 수 있습니다.

> **1. 상관성이 낮은 자산에 자산배분을 하면 MDD를 획기적으로 줄일 수 있다**
> **2. 상관성이 낮은 자산에 자산배분을 하면 스트레스를 훨씬 덜 받는다**
> **3. 상관성이 낮은 자산에 자산배분을 하면 기대수익도 높아진다**

상관성은 +1에서 −1까지 있는데, 상관성이 +1이면 아이스크림과 수영복 주식처럼 두 자산이 정확히 같이 움직인다는 것을 의미하며, −1은 조금 전 우산과 아이스크림 주식처럼 정반대로 움직이는 것을 의미합니다.

아쉽게도 현실 세계에는 정확히 반대로 움직이는, 즉 상관성이 −1인 자산은 없습니다. 인버스 ETF는 주가지수와 정반대로 움직이기는 하나 자산배분의 첫 번째 핵심 원칙인 '장기적으로 우상향하는 자산에 속하지 않습니다. 그러나 실망하지 마세요. 자산군의 상관성이 0.5 정도만 돼도 분산투자 효과가 생기며 상관성이 −0.5 정도인 자산군은 종종 있습니다.

상관성은 이렇게 해석하면 됩니다.

| 상관성 | 해석 | MDD 축소 효과 |
|---|---|---|
| 1 | 동일하게 움직임 | 없음 |
| 0.5~0.99 | 상관성 높음 | 적음 |
| 0.2~0.5 | 상관성 어느 정도 높음 | 유의미함 |
| 0~0.2 | 상관성 낮음 | 높음 |
| -0.5~0 | 상관성 매우 낮음 | 매우 높음 |
| -0.99~-0.5 | 반대로 움직이는 경향 | |
| -1 | 정반대로 움직임 | MDD가 사라짐 |

우리는 Section 8에서 투자 대상은 주식, 부동산, 채권, 금, 원자재, 현금이라고 배웠습니다. 이 중에서 상관성이 낮은 자산군에 분산투자하면 자산배분이 이루어지는 겁니다.

**결론부터 말하면**
**1. 주식 자산, 채권 자산, 실물 자산에 골고루 투자하는 것이 좋습니다.**
**2. 원화 자산과 외화 자산에 분산하는 것도 좋습니다.**

주식 여러 종목에 분산투자하는 것도 자산배분이라고 할 수는 있으나, 2008년이나 2020년 같은 대하락장이 오면 모든 종목이 다 같이 하락합니다. 주식 종목 간의 상관성은 원래 높은데 하락장에서는 더 높아져서 1에 근접하는 경향이 강합니다.

따라서 MDD를 줄이는 자산배분을 위해서는 주식과 상관성이 낮은 채권과 실물자산에도 같이 투자할 필요가 있는 겁니다. 그리고 이런 자산에 투자할 때 일부는 원화로, 일부는 달러로 투자하면 MDD 축소 효과를 극대화할 수 있습니다.

왜 그런지 같이 알아보죠.

# 경제에도 사계절이 있다

주식, 채권, 실물 자산은 왜 상관성이 낮은 걸까요? 주식, 채권, 실물의 수익은 경제와 밀접한 관련이 있습니다. 셋 다 매우 장기적으로 보면 우상향하는 것은 맞는데, 특정 경제 구간에는 수익이 높다가 다른 구간에는 수익이 매우 안 좋아지기도 합니다.

구체적으로 말하면 경제도 날씨처럼 사계절을 따르고, 계절마다 잘 나가는 자산군과 못 나가는 자산군이 있습니다. 각 경제 계절과 계절별 각 자산군의 미래 수익률은 아래와 같습니다.

| 경제 계절과 자산군 수익 |

| 경제 계절 | 주식 | 채권 | 실물자산(금, 원자재) |
|---|---|---|---|
| 물가상승 높음, 경제성장률 높음 | ○ | × | ○ |
| 물가상승 높음, 경제성장률 낮음 | × | × | ○ |
| 물가상승 낮음, 경제성장률 높음 | ○ | ○ | × |
| 물가상승 낮음, 경제성장률 낮음 | ×(○) | ○ | ×(○) |

**잠깐만요**

## 경제에도 계절이 있나요?

세계 최대 규모 헤지펀드인 브리지워터(Bridgewater)의 창시자 레이 달리오(Ray Dalio)는 요즘은 갑부이자 베스트셀러 작가로 활약하고 있으나 1980년대 초반 주식을 공매도하다가 큰 손실을 본 적이 있습니다. 그때 회사 직원들도 다 내보내고 거의 재기불능 상태에 빠지기도 했습니다. 그 후에 '어떻게 하면 어떤 경제 상황이 와도 큰 손실을 피해갈 수 있을까'를 고민하게 됐다고 합니다. 그는 '경제성장률'과 '물가상승'이 자산군의 수익을 움직인다는 사실을 알게 되었으며, 이 두 지표를 예측하는 것은 불가능하나 두 지표의 강약에 따라 경제를 4개의 계절로 나눌 수 있다는 사실을 깨달았고 계절마다 수익이 좋고 나쁜 자산군이 있다는 사실도 알게 되었습니다. 그래서 어떤 경제 계절이 와도 돈을 벌 수 있는, 모든 자산군을 포함한 올웨더(All-Weather) 전략을 개발하게 되었습니다.

일단 물가상승 높음/낮음과 경제성장률 높음/낮음을 설명해야 합니다. 경제성장률로 설명하겠습니다. 경제학자들이 예상하는 평균 경제성장률이 있죠. 컨센서스라고도 합니다. 뉴스나 신문에서 '2022년은 2.5% 경제성장이 예상된다.' 같은 기사를 접할 수 있죠. 그런데 일반적으로 실제 성장률은 예측한 수치와 다릅니다. 실제 수치가 예측 수치보다 높으면 '경제성장률이 높다'라고 하고 실제 수치가 예측 수치보다 낮으면 '경제성장률이 낮다'라고 봅니다.

**알아두세요**

**컨센서스(Consensus)**

컨센서스란 사전적 의미로는 합의, 공통된 생각을 뜻하며 대중에게 공통적으로 널리 퍼져있는 생각, 즉 '여론'이라 할 수 있습니다. 그러나 경제 분석이나 주식시장에서 쓰일 때는 관련 전문가들이 종합분석한 실적 예상 범위, 실적 예상치를 뜻합니다.

## 1. 주식

주식은 전반적으로 경제성장률이 높으면 수익이 높습니다. 경제가 성장하면 기업 생산과 이익이 증가하기 때문입니다. 물가상승은 전반적으로 주식시장에 좋지 않습니다. 대부분 기업은 물가상승 때문에 비용이 상승하는데 그 비용을 소비자에게 전가하는 것은 쉽지 않거든요.

그래서 경제성장률이 높고 물가상승률이 낮은 계절이 주식에는 가장 좋고, 경제성장률이 높고 물가상승률이 높은 계절이 두 번째로 좋으며, 경제성장률이 낮은 두 계절은 주식에 별로 좋지 않습니다.

## 2. 채권

채권은 금리가 하락할 때 가격이 오르는 자산인데, 중앙은행은 물가상승률이 높으면 금리를 올려서 물가상승을 잡으려 하고, 물가상승이 낮으면 금리를 낮춰서 경기를 부양하려는 경향이 있습니다. 따라서 물가상승률이 낮은 두 계절은 채권에 유리하고, 물가상승률이 높은 두 계절은 채권에 불리합니다.

## 3. 금

금은 채권과 반대로 물가상승률이 높을 때 오릅니다. 화폐량이 증가해서 물가가 상승하면 화폐가치는 떨어지고 금 같은 실물 자산이 부각이 되죠.

따라서 물가상승률이 높은 두 계절에 금의 수익은 높습니다. 그런데 놀랍게도 '물가상승률 낮고, 경제성장률 낮은' 계절에도 금이 선방합니다. 그 이유는 이런 시기에 중앙은행이 경기를 부양하기 위해서 많은 돈을 찍어내는 경향이 있기 때문입니다. 그래서 화폐가치가 하락하면서 금이 오르는 효과가 생길 수 있습니다. 또한, 큰 하락장이 오면 금이 안전자산 역할도 합니다. 화폐량이 많이 늘어나지 않는 '물가상승이 낮고 경제성 장률이 높은' 계절에는 금의 수익률이 상대적으로 낮습니다.

### 4. 원자재

금과 거의 비슷한 논리로 움직인다고 보면 됩니다. 조금 다른 점은 큰 하락장에서 안전자산 역할은 못 한다는 겁니다.

마지막으로, '물가상승 낮음, 경제성장률 낮음' 시나리오를 보면 주식, 실물자산 쪽에 (◎)라는 표기가 있습니다.

2008년 금융위기 후 세계는 '물가상승 낮음, 경제성장률 낮음' 상태에 들어섰습니다. 당시 연준 등 대부분의 세계 중앙은행들이 경기부양을 위해 천문학적인 금액의 돈을 쏟아부었습니다. 그 당시에는 그렇게 해도 경기가 안 좋고 재화/서비스 수요가 적어서 물가가 크게 상승하지 않았거든요. 그 돈은 자산시장으로 흘러들어가서 주식, 채권, 실물자산 등 모든 자산의 수익을 높였습니다.

따라서 (◎)는 '물가상승 낮음, 경제성장률 낮음' 시나리오에서 중앙은행이 돈을 많이 풀 경우 생길 수 있는 시나리오를 설명한 것입니다. 자세한 내용은 오건영 부부장의 《인플레이션에서 살아남기》를 참고하기 바랍니다.

이와 같이 경제 사계절 논리를 이해하면 왜 주식류, 채권류, 실물 자산의 상관성이 낮을 수밖에 없는지가 보입니다. 계절마다 자산군의 수익 패턴이 다르고 강한 자산과 약한 자산으로 나눠지기 때문이죠.

"그럼 물가가 상승하고 경제성장률이 높을 때 금, 원자재를 사고 채권을 팔고, 물가가 하락하고 경제성장률도 유지되면 주식, 채권을 사고 금, 원자재를 팔면 되는 거 아닌가?"라고 생각할 수 있습니다.

아쉽게도 우리는 지금 어떤 경제 계절에 도달했는지 파악하기 어렵습니다. 그것보다 더 중요한 것은 미래에 어떤 계절이 올지 예측하는 것입니다. 그래야 그 계절에 유리한 자산군으로 갈아탈 수 있으니까요. 아쉽게도 위에서도 언급한 것과 같이 우리는 그런 예측을 할 수 있는 능력이 전혀 없습니다. 일단 컨센서스라는 것이 수많은 경제학자가 내놓은 평균이기 때문에 실제 경제성장률, 물가상승률이 컨센서스보다 높을지 낮을지 예측하는 것이 거의 불가능합니다. 어떤 경제 계절이 올지 예측하는 것이 불가능하다면 우리는 어떤 식으로 투자해야 할까요?

정답은, 모든 자산군을 다 사는 겁니다.

우리는 어떤 계절이 올지는 모르지만 계절마다 잘 나가는 자산군이 무엇인지는 압니다. 그래서 그걸 다 사버리는 겁니다. 물론 계절마다 잘 못 나가는 자산군도 있습니다. 그러나 주식, 채권, 금, 원자재는 전반적으로 우상향하는 자산이라 상승하는 자산군의 상승 폭이 하락하는 자산군의 하락 폭보다 평균적으로 큽니다.

이렇게 여러 자산군에 투자함으로써 어떤 경제 계절이 오든 수익을 낼 수 있는 포트폴리오 중에 가장 간단하고 유명한 것으로 '영구 포트폴리오'가 있습니다. 해리 브라운(Harry Browne)이라는 사람이 1981년 개발했죠.

# 자산배분 전략 1: 영구 포트폴리오

- **포함 자산**: 4개 ETF
  - 미국 주식(SPY), 미국 장기국채(TLT), 금(GLD), 현금
- **매수 전략**: 4개 ETF에 자산을 4등분
- **매도 전략**: 연 1회 리밸런싱

매우 간단하죠. 주식, 국채, 금, 현금에 자산을 4등분하는 전략입니다. 영구 포트폴리오에는 어떤 계절이 와도 잘 나가는 자산이 모두 포함돼 있습니다. 물가상승률이 높은 계절에는 금이 수익이 높을 것이고, 물가가 하락하는 계절에는 전반적으로 채권이 강세이고 거기에다 경제성장률까지 높으면 주식 수익률도 좋을 겁니다. 이렇게 투자했으면 어떤 성과가 있었을까요?

| 영구 포트폴리오의 주요 지표(1970.1~2022.4) |

| 포트폴리오 | 초기자산<br>(달러) | 최종자산<br>(달러) | 연복리수<br>익률(%) | 수익 난 월<br>(%) | MDD(%) |
|---|---|---|---|---|---|
| 영구 포트폴리오 | 10,000 | 727,896 | 8.5 | 64.6 | -12.7 |

| 영구 포트폴리오의 수익(1970~2022) |

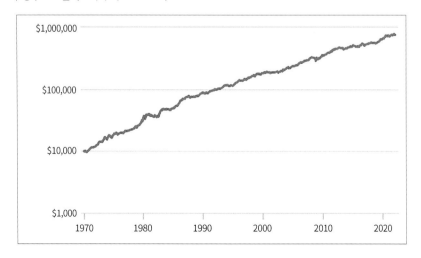

간단한 전략이지만 결과는 상당히 위력적이었습니다.

일단, MDD가 12.7%, 즉 20% 미만이니까 우리의 첫 번째 목표는 달성했습니다. 50년 동안 투자하면서 가장 컸던 손실이 12.7%라는 것은 정말 대단한 거죠. 수익도 준수했습니다. 복리 8.5% 정도의 수익이 났는데, 우리의 두 번째 목표인 복리 15%은 미달했지만 이렇게만 해도 원금이 52년 만에 약 73배가 됩니다.

이렇게 영구 포트폴리오처럼 간단한 자산배분도 엄청난 위력을 보여주네요. 4개 자산, 즉 주식, 채권, 실물에 골고루 투자함으로써 엄청난 MDD 축소 효과가 생기기 때문입니다.

| 영구 포트폴리오의 손실 폭(1970~2022) |

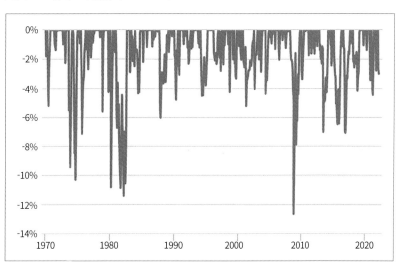

잠깐만요

### 자산배분에서 부동산은 왜 빠졌지?

여기서 "뭐가 좀 이상한데?" 하신 독자가 계실 겁니다. 금과 원자재는 비슷하게 움직여서 그렇다고 쳐도 부동산에 대해서는 전혀 언급이 없었죠? 그 이유를 알아보겠습니다.

1. 부동산은 상당히 비싼 재화라서 자산 일부를 부동산에 투자하고 나머지를 주식, 채권, 금 등에 분산투자할 수 있는 투자자는 극소수입니다. 대부분의 사람은 순자산 100%는 물론이고 대출까지 받아야 부동산을 소유할 수 있습니다. 저는 자산이 수백만 원 정도인 소액투자자도 투자할 수 있는 전략을 소개하려는 것이므로 취지에 맞지 않습니다.
   - 물론 자산이 수십억 원이 넘는다면 자산배분 차원에서 부동산에 투자할 수 있습니다. 실제로 '원조' 영구 포트폴리오는 15세기 말 독일 갑부인 야콥 푸거(Jakob Fugger)가 만들었는데 그는 자산을 주식, 부동산, 채권, 금에 4등분 할 것을 권했습니다.
2. 부동산, 특히 자가는 안정적인 삶을 살기 위해 필요하며 실제 거주한다는 큰 효용도 있고, 투자자 본인과 가족의 생활 및 라이프스타일과도 밀접하게 연관되어 있어서 완전히 투자 관점에서만 접근할 수 있는 자산이 아닙니다.
3. 그렇다면 리츠(REITs, Real Estate Investment Trusts, 부동산에 투자해서 임차료와 시세차익을 주주들에게 배당하는 기업)에는 소액 금액도 투자할 수 있으니까 부동산 대체제로 투자하면 어떻겠냐고 생각할 수 있으니, 리츠는 엄밀히 말하면 부동산이 아니고 부동산에 투자하는 기업이라 주식시장과의 상관관계가 매우 높습니다. 따라서 자산배분의 효과가 반감됩니다.
이러한 이유로 부동산은 투자 대상에서 제외할 것입니다. 물론 부동산은 훌륭한 투자처이며 특히 가족이 있는 경우에는 자가 소유를 강력히 권장합니다.

 **알아두세요**

**위험자산**
위험하지만 고수익을 낼 수 있는 잠재력이 있는 자산을 말하며. 주식, 금, 암호화폐 등이 있습니다.

**안전자산**
수익은 높지 않지만 큰 손실이 날 가능성이 적은 자산을 말합니다. 현금, 채권을 꼽습니다

그렇다면 원화와 달러화로 분산투자하는 것은 무엇을 의미하는 걸까요? 세상에는 '위험자산'과 '안전자산'이 있는데, 이 두 자산의 상관성은 매우 적습니다. 위험자산은 투자자들이 위험을 짊어지더라도 더 많은 수익을 내고 싶을 때 매수하는 자산이고, 대표적 자산군으로는 주식이 있으며 그중에서도 '개발도상국 주식'이 가장 위험이 큰 축에 속합니다. 그런데 한국 주식은 글로벌 투자자에게는 개발도상국 주식으로 평가받고 있죠. 실제로 한국은 2022년 6월 MSCI 선진국 지수 승격 관찰 대상국 리스트(워치리스트) 등재에 실패했습니다. 이는 2025년까지 한국 증시가 선진국 지수에 진입할 수 없음을 의미합니다.

잠깐만요

## 선진국 지수에 진입하는 게 어떤 의미가 있나요? 선진국 지수에 들어가면 뭐가 달라지나요?

한국이 MSCI 선진국 지수에 포함된다면 선진국 주식에 투자하고 싶은 글로벌 투자자가 한국 주식도 같이 살 가능성이 큽니다. 왜냐면 선진국 주식에 투자하는 가장 간단한 방법은 MSCI 선진국 지수에 연계된 ETF를 구매하는 것인데, 그걸 사면 자동으로 한국도 같이 투자하게 되니까요. 그만큼 투자금이 많이 들어와 한국 주식시장 규모가 커지고 탄탄해지게 됩니다.

한국 채권과 원화도 마찬가지입니다. 글로벌 투자자들은 세계 경제의 전망이 밝아 보이면 수익을 내기 위해 원화를 구매하고 그 원화로 한국 주식과 채권을 사들입니다.

그런데 위험자산은 높은 수익을 낼 수도 있지만 크게 하락할 수 있는 위험도 있습니다. 그것이 위험의 양면이죠. 이런 상황이 오면 글로벌 투자자들은 한국 원화, 주식, 채권을 팔고 안전자산으로 피신합니다. 글로벌 안전자산은 선진국 화폐(달러화, 유로화, 스위스프랑 등), 선진국 국채, 금 등이 꼽힙니다.

실제로 원화 자산과 주요 글로벌 자산의 상관관계는 아래와 같습니다.

| 2000~2021년 주요 자산의 상관계수 |

|  | 한국 코스피 | 한국 국공채 | 미국 S&P500 | 미국 국채 | 신흥국 주식 | 금 |
|---|---|---|---|---|---|---|
| 한국 코스피 | × | -0.32 | -0.14 | -0.61 | 0.68 | -0.14 |
| 한국 국공채 | -0.32 | × | -0.20 | 0.26 | -0.32 | -0.05 |
| 미국S&P500 | -0.14 | -0.20 | × | -0.24 | 0.17 | -0.46 |
| 미국 국채 | -0.61 | 0.26 | -0.24 | × | -0.42 | 0.66 |
| 신흥국 주식 | 0.68 | -0.32 | 0.17 | -0.42 | × | 0.06 |
| 금 | -0.14 | -0.05 | -0.46 | 0.66 | 0.06 | × |

출처: 리치고 인베스트먼트

앞의 표에서 알 수 있는 것은 상당히 많습니다.

## 1. 한국 주식은 개발도상국으로 구분된다

– 개발도상국 주식과 상관성이 0.68이나 되고, 미국 주식과의 상관성
  은 −0.14입니다.

## 2. 주식도 한국 주식과 미국 주식을 분산투자 하면 상당한 효과가 있다

| 1970~2010년대 미국 및 한국 주식의 실질 수익 (%) |

| 시기 | 1970년대 | 1980년대 | 1990년대 | 2000년대 | 2010년대 |
|---|---|---|---|---|---|
| 미국 주식 | -17 | 96 | 217 | -27 | 235 |
| 한국 주식 | 456 | 354 | -66 | 22 | 33 |

실질 수익: 물가상승률을 제외한 수익률

최근 10년간 미국 주식이 한국 주식의 수익을 압도했는데, 늘 그런 것은
아닙니다. 한국 주식은 미국 주식보다 1970년대, 1980년대와 2000년대
수익이 더 높았고, 1990년대와 2010년대만 미국 주식이 한국 주식보다
수익이 높았습니다.

| 선진국 주가지수 대비 개발도상국 주가지수, 1988~2022년 |

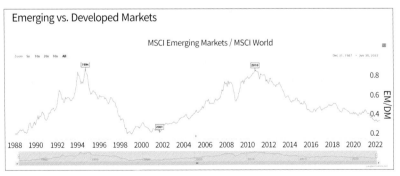

출처: Longtermtrends

위의 그래프를 보면 1988~1994년, 2001~2010년은 개도국(EM) 주식이 더 우세했고, 1994~2001, 2010~2021년은 선진국(DM) 주식이 상대적으로 우세했습니다. 보통 한쪽이 우위를 접하면 그 흐름이 수년간 지속되었습니다. 그런데 향후 선진국 또는 개도국 주식이 더 우세할지는 전혀 예측할 수 없기에 미국 주식과 한국 주식에 동시에 투자하는 것을 추천합니다.

### 3. 한국 주식과 미국 채권의 상관성은 매우 낮다

이건 위에 설명한 바와 같이 한국 주식은 전형적인 리스크 자산이고 미국 채권은 전형적인 안전자산이기 때문입니다. 한국 주식에서 돈이 빠지면 안전자산인 미국 채권으로 흘러가고 반대로 리스크를 원하는 투자자가 한국 주식을 사고 싶으면 미국 채권을 팔겠죠.

### 4. 한국 채권과 미국 채권 분산투자도 효과가 있다

한국과 미국 채권의 상관성은 한국 주식/미국 채권처럼 상관성이 극적으로 낮지는 않지만 0.26 정도로도 유의미한 분산투자 효과를 제공합니다.

### 5. 한국 주식, 채권은 금과도 상관성이 낮다

한국 주식과 금, 한국 채권과 금의 상관성은 각각 −0.14, −0.05라서 상당한 분산투자 효과가 생깁니다.

결론적으로는 자산을 배분할 때 한국 주식과 한국 채권, 미국 주식과 미국 채권, 금에 골고루 분산하는 것이 좋다는 결론이 나왔습니다. 그럼 구체적으로 비중을 어떻게 해야 할까요? 영구 포트폴리오처럼 다 같은 비중으로 투자하면 될까요?

# 자산배분 리밸런싱 따라하기

영구 포트폴리오는 '1년 1회 리밸런싱' 전략입니다.

영구 포트폴리오를 시작할 때는 자산을 4등분 해서 주식, 채권, 금, 현금에 각각 1/4을 투자할 겁니다. 그런데 4개 자산의 수익률이 각각 다르므로 시간이 지나면 비중이 달라질 가능성이 매우 크죠.

예를 들면 1년 후에는 1억 원이었던 포트폴리오가 이렇게 변해 있을 수 있습니다.

| 초기 포트폴리오 | 금액(단위: 만 원) | 1년 후 포트폴리오 | 금액(단위: 만 원) |
|---|---|---|---|
| 주식 | 2,500 | 주식 | 5,500 |
| 채권 | 2,500 | 채권 | 2,000 |
| 금 | 2,500 | 금 | 2,000 |
| 현금 | 2,500 | 현금 | 2,500 |
| 총액 | 10,000 | 총액 | 12,000 |

1년 동안 주식이 2배 이상 상승해서 5,500만 원이 되었고, 채권, 금은 둘 다 하락해서 각각 2,000만 원, 현금은 그대로입니다. 총자산은 1억 원에서 1.2억 원으로 20% 증가했습니다. 그럼 주식, 채권, 금 비중이 우리의 목표 비중인 25%와 크게 벗어난 상태죠? 따라서 아래와 같이 리밸런싱을 실시합니다.

| 리밸런싱 전 | 금액(단위: 만 원) | 리밸런싱 후 | 금액(단위: 만 원) |
|---|---|---|---|
| 주식 | 5,500 | 주식 | 3,000 |
| 채권 | 2,000 | 채권 | 3,000 |
| 금 | 2,000 | 금 | 3,000 |
| 현금 | 2,500 | 현금 | 3,000 |
| 총액 | 12,000 | 총액 | 12,000 |

주식 2,500만 원을 팔아서 채권, 금을 각각 1,000만 원 매수하고 현금 보유를 500만 원 늘리면 리밸런싱이 완료되고 각 자산의 비중이 다시 25%로 돌아왔습니다.

1년 후에 이미 투자한 자산을 리밸런싱 하는 방법은 알겠는데, 매월 월급 등을 아껴서 추가 금액이 생겼을 때는 어떻게 투자해야 하는지, 혹시 1년 후 리밸런싱 시기까지 기다렸다가 그때 투자해야 해야 하는지 질문하는 투자자도 많았습니다.

| 초기 포트폴리오 | 금액(단위: 만 원) | 한 달 후 포트폴리오 | 금액(단위: 만 원) |
|---|---|---|---|
| 주식 | 2,500 | 주식 | 2,700 |
| 채권 | 2,500 | 채권 | 2,300 |
| 금 | 2,500 | 금 | 2,600 |
| 현금 | 2,500 | 현금 | 2,500 |
| 총액 | 10,000 | 총액 | 10,100 |

최초에 1억을 투자했는데 한 달 후 주식과 금은 상승하고 채권은 하락해서 전체 포트폴리오가 100만 원 상승한 모습입니다. 이때 월급에서 생활비를 제하고도 200만 원을 추가 투자할 수 있게 되었습니다. 이 경우엔 비중이 가장 작은 채권에 200만 원을 투자해서 최대한 4개 자산의 균형을 맞춰 가는 것이 좋습니다.

| 한 달 후 포트폴리오 추가금액 투입 전 | 금액(단위: 만 원) | 추가금액 투입 후 | 금액(단위: 만 원) |
|---|---|---|---|
| 주식 | 2,700 | 주식 | 2,700 |
| 채권 | 2,300 | **채권** | **2,500** |
| 금 | 2,600 | 금 | 2,600 |
| 현금 | 2,500 | 현금 | 2,500 |
| 총액 | 10,100 | **총액** | **10,300** |

저에게 리밸런싱을 언제 하는 게 좋은지 묻는 사람들이 많습니다. 연간 전략을 쓰고 있다면 10월 말이 좋다고 생각합니다. 아무래도 11-4월 효과 때문에(Section 14부터 자세히 다룸) 10월 말에 바로 오를 가능성이 높기 때문입니다. 샀는데 바로 오르면 기분이 좋겠지요?

분기 리밸런싱을 해야 한다면 3월 말, 5월 말, 8월 말, 11월 말이 좋습니다. 그때쯤 기업들의 분기 보고서가 퀀트 소프트웨어에 반영되므로 최신 데이터가 반영된 채로 종목을 뽑을 수 있거든요.

11-4월에 주식 비중을 높게, 5-10월에 낮게 가져가는 투자자라면 10월 말, 4월 말에 리밸런싱을 하는 것이 가장 간편합니다.

# 자산배분의 세 번째 핵심: 자산군별 변동성 비슷하게 유지

지금까지 배운 내용을 다시 한 번 정리하겠습니다.

**1. 자산배분의 목적은 포트폴리오의 MDD를 20% 이하로 낮추기 위함이다**
 – 자산배분은 예측이 필요하지 않습니다.
 – 갑자기 경제적·정치적 악재가 터져도 큰 손실이 발생할 확률이 매우 작습니다.

**2. 장기적으로 우상향하는 자산에 투자한다**
 – 장기적으로 우상향하는 자산은 주식, 채권, 부동산, 금, 원자재가 있습니다.
 – 현금은 물가상승률과 유사한 수익을 제공합니다.

**3. 상관성이 낮은 자산에 투자한다**
 – 주식, 채권, 실물은 상관성이 낮은 편입니다. 경제는 4계절로 나눌 수 있는데 계절마다 수익이 높은 자산군이 있고 수익이 낮은 자산군이 있습니다.
 – 따라서 주식, 채권, 금, 현금에 자산을 4등분 하는 '영구 포트폴리오'가 수익도 준수하고 MDD도 낮았습니다.
 – 원화와 외화도 서로 상관성이 낮습니다.
 – 부동산은 투자 대상에서 제외했습니다.

이제는 어떤 비중으로 자산을 배분할지 고민해야 하는데요.

1,000억 달러 이상의 자산을 운용하는 헤지펀드 브리지워터의 창업자인 레이 달리오(Ray Dalio)가 방법을 제안합니다. 조금 전 살펴본 영구 포

트폴리오는 주식, 채권, 금, 현금에 동일한 금액을 투자했는데, 레이 달리오는 그보다는 자산군별 변동성에 따라 적절히 배분해야 자산배분의 효과가 극대화된다고 주장했습니다. 조금 추상적인 얘기니까 구체적인 예를 들어 설명하겠습니다.

자산이 1억 원이 있는 사람이 주식, 채권에 각각 5,000만 원을 투자했다고 가정하겠습니다. 우리가 원하는 것은 주식이 폭락하면 채권이 반등해서 포트폴리오 손실이 낮아지는 것이죠. 그런데 주식은 채권보다 태생적으로 변동성이 훨씬 높습니다. 주식은 휴지조각이 될 수 있는 반면 채권은 채권자가 파산하지만 않으면 이자와 원금을 돌려받을 수 있기 때문이죠. 반대로 주식은 기업이 경영을 잘해서 수익을 잘 내면 거의 무한대로 오를 수 있으나 채권은 채권자의 재무 상태와 상관없이 매년 동일한 금액의 이자와 채권 만기 시 원금만 돌려받습니다. 전반적으로 채권의 현금흐름이 주식보다 훨씬 예측이 쉽기 때문에 채권의 변동성은 주식보다 작습니다. 그래서 주식이 50% 하락했을 때 채권이 오르더라도 50%까지 반등하는 시나리오는 일어나기 어렵습니다. 기껏해야 20~30% 반등에 그칠 겁니다(실제로 미국 장기국채 ETF인 TLT는 금융위기인 2008년 11~12월 29.94% 상승했으며 2020년 1~3월 코로나 위기에 24.2% 상승했습니다).

그래서 만약 주식, 채권에 각각 5,000만 원을 투자하고 주식이 50% 하락하고 채권이 25% 반등하면 전체 포트폴리오는 12.5% 하락하게 되겠죠(주식이 2,500만 원이 되고 채권이 6,250만 원, 총자산은 8,750만 원이 됩니다).

만약 처음부터 주식에 3,333만 원, 채권에 6,666만 원을 투자했다면? 주식은 반 토막이 되어서 1,667만 원이 되었겠지만, 채권은 6,666만 원×1.25 = 8,333만 원이 되어 전체 포트폴리오는 1억을 유지해서 우리는 손실을 보지 않습니다. 이것이 바로 주식과 채권의 변동성을 고려한 자산배분의 결과입니다.

우리가 투자를 고려하는 자산 중에서는 금, 원자재가 변동성이 가장 높고, 주식이 그다음이며, 채권이 가장 낮습니다.

그렇다면 자산배분을 할 때 변동성이 가장 높은 금·원자재 비중을 가장 낮게, 주식을 중간 정도, 채권 비중을 가장 높게 가져가면 되겠네요. 이런 식으로 운영되는 포트폴리오를 '올웨더'라고 합니다. 레이 달리오가 이 명칭을 만들었죠.

다행히도 우리도 어느 정도의 배분으로 포트폴리오를 운영하는지 알 수 있는데요. 자세한 내용은 다음 Section에서 설명하겠습니다.

자, 이제 드디어 사전 설명은 끝났습니다. 우리는 드디어 구체적인 자산배분 포트폴리오를 만들 준비가 되었습니다!

## 한국형 올웨더

퀀트 투자
무작정 따라하기

011

▶ 할투 727

여기까지 오는 데 꽤 오래 걸렸네요.

지금까지 배운 내용을 종합해 보면 우리의 자산배분은 아래의 방법으로
진행된다는 것을 알 수 있습니다.

> 1. 주식, 채권, 실물에 투자한다.
> 2. 원화, 외화에 투자한다.
> 3. 채권 비중이 제일 크며, 주식이 그다음이고, 실물 자산 비중이 가장 작다.

이 논리를 바탕으로 만들어진 전략이 바로 '한국형 올웨더' 전략입니다.
제가 만든 전략은 아니고 김성일 저자가 《ETF 처음공부》에서 공개한
전략을 소폭 변경한 것입니다. 김성일 저자는 저에게 한국형 올웨더 전
략의 백테스트에 필요한 데이터도 제공해 주셨습니다. 저는 이 전략이
자산배분 전략 중 가장 논리적이고 성과도 좋다고 판단하여 사용하게
되었습니다.

지금 바로 투자하는 자산과 비중을 공개하겠습니다!

# 자산배분 전략 2: 한국형 올웨더

| 한국형 올웨더 포함 ETF 및 비중 |

| 구분 | | ETF 상품 | 투자 비중(%) |
|---|---|---|---|
| 위험자산 | 미국주식 | TIGER S&P500 | 17.5 |
| | 한국주식 | KOSEF 200TR | 17.5 |
| | 금 | KODEX 골드 선물(H) | 15 |
| 안전자산 | 한국 중기채 | KOSEF 국고채 10년 | 25 |
| | 미국 중기채 | TIGER 미국채 10년 선물 | 25 |

이렇게 하면 어떤 결과가 나왔을지 궁금하시죠?

| 한국형 올웨더 포트폴리오의 주요 지표(2000.1~2022.4) |

| 포트폴리오 | 초기자산 (억 원) | 최종자산 (억 원) | 연복리수익 률(%) | 수익 난 월 (%) | MDD(%) |
|---|---|---|---|---|---|
| 한국형 올웨더 | 1 | 5.43 | 7.9 | 67.2 | −7.2 |

알아두세요

**레이 달리오의 올웨더와 한국형 올웨더의 차이는?**

레이 달리오의 올웨더는 달러 자산에만 투자하는 반면, 한국형 올웨더는 원화, 달러화 자산에 함께 투자해서 추가로 분산투자 효과를 거두면서 레이 달리오의 올웨더보다 MDD를 더 낮춥니다.

- **포함 자산:** 5개 ETF
  - ETF: '한국형 올웨더 포함 ETF 및 비중' 표 참조
- **매수 전략:** '한국형 올웨더 포함 ETF 및 비중' 표대로 매수
- **매도 전략:** 연 1회 리밸런싱

| 한국형 올웨더 포트폴리오의 수익(2000.1~2022.4) |

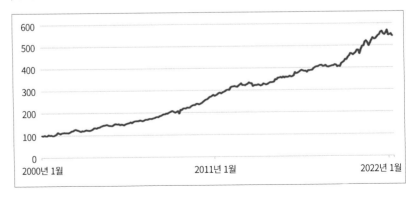

| 한국형 올웨더 포트폴리오의 손실폭(2000.1~2022.4) |

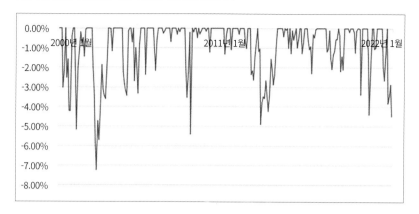

보시다시피 한국형 올웨더 포트폴리오는 Section 9에서 소개한 영구 포트폴리오보다 수익은 더 높고 MDD도 더 작습니다. 연복리수익률은 7.9%인데 MDD가 7%대로 축소되었습니다. 참고로 영구 포트폴리오는 같은 기간(2000.1~2022.4)에 연복리수익률 6.5%, MDD 12.7%를 기록했습니다.

영구 포트폴리오와 비교해서 한국형 올웨더의 연복리수익률이 더 높고 MDD가 더 낮은 이유는 아래와 같습니다.

1. 한국형 올웨더는 수익이 낮은 현금자산이 없음. 영구 포트폴리오는 현금 비중이 25%
2. 한국형 올웨더는 원화·달러화에 투자해서 MDD 축소. 영구 포트폴리오는 달러화 자산에만 투자
3. 한국형 올웨더는 변동성이 낮은 채권 비중 확대해서 MDD 축소, 변동성이 높은 금 비중 축소. 영구 포트폴리오는 주식·채권·금에 동일한 금액을 투자

주식시장에는 2000년 이후에도 악재가 상당히 많았는데, 그런데도 MDD를 7%대로 유지했다는 것은 대단한 성과입니다. 아래의 표에서 볼 수 있듯 한국형 올웨더의 성과를 미국, 선진국, 개도국 주식의 성과에

비교해도 낮은 MDD가 눈에 띕니다. 세 시장 모두 금융위기 때 50% 이상의 손실을 기록했고 20% 이상의 하락을 본 사례는 매우 잦았습니다.

| 2000~2022년 한국형 올웨더와 미국, 선진국, 개도국 주식시장 성과 비교 |

| 포트폴리오 | 초기자산(억 원) | 최종자산(억 원) | 연복리수익률(%) | MDD(%) |
|---|---|---|---|---|
| 한국형 올웨더 | 1 | 5.48 | 7.9 | -7.2 |
| 미국 주식 | 1 | 4.71 | 7.2 | -50.9 |
| 선진국 주식 | 1 | 2.27 | 3.8 | -57.1 |
| 개도국 주식 | 1 | 3.93 | 6.4 | -62.7 |

| 미국 시장 하락장(S&P500을 추종하는 ETF인 SPY 기준) |

| 구간 | 설명 | 하락 폭(%) | 본전 만회 기간(월) |
|---|---|---|---|
| 2000.3~2002.9 | 인터넷 버블 터짐 | -44.7 | 75 |
| 2007.11~2009.2 | 글로벌 금융위기 | -50.8 | 41 |
| 2011.4~2011.9 | 유럽 재정위기 | -15.4 | 10 |
| 2018.9~2018.12 | 미국 테이퍼링 | -13.5 | 7 |
| 2020.1~2020.3 | 코로나19 | -19.4 | 4 |

| 선진국 시장 하락장(MSCI EAFE를 추종하는 ETF인 EFA 기준) |

| 구간 | 설명 | 하락 폭(%) | 본전 만회 기간(월) |
|---|---|---|---|
| 2000.3~2003.3 | 인터넷 버블 터짐 | | |
| 2007.11~2009.2 | 글로벌 금융위기 | -57.4 | 80 |
| 2011.4~2011.9 | 유럽 재정위기 | -23.2 | 24 |
| 2014.6~2016.2 | | -18.8 | 34 |
| 2018.1~2018.12 | 미국 테이퍼링 | -17.9 | 24 |
| 2019.12~2020.3 | 코로나19 | -23.0 | 11 |

| 개발도상국 시장 하락장(MSCI Emerging Market를 추종하는 ETF인 EEM 기준) |

| 구간 | 설명 | 하락 폭(%) | 본전 만회 기간(월) |
|---|---|---|---|
| 2000.3~2003.3 | 인터넷 버블 터짐 | | |
| 2007.11~2009.2 | 글로벌 금융위기 | -60.4 | 121 |
| 2011.4~2011.9 | 유럽 재정위기 | -29.1 | 24 |
| 2014.8~2016.2 | | -30.2 | 35 |
| 2018.1~2018.12 | 미국 테이퍼링 | -22.8 | 34 |
| 2019.12~2020.3 | 코로나19 | -23.9 | 11 |
| 2021.6~ | 러-우 전쟁,<br>미국 인플레이션 | -22.0 | 진행중 |

물론 한국형 올웨더 포트폴리오에도 아쉬운 점이 있습니다. MDD가 낮아서 방어력은 매우 뛰어나지만 수익이 높지 않다는 것이죠. 수익률을 올리는 방법에 대해서는 다음 Section에서 마켓타이밍과 종목선정을 통해 알려드리겠습니다.

그 전에 저 비중을 '꼭 따라야 하는 황금 비율인가?'라고 생각할 필요는 없다고 강조하고 싶습니다. 비중을 좀 바꿔도 됩니다. 투자자의 성향에 따라 자산배분의 비중을 달리 한 성과를 아래 표에서 살펴볼 수 있는데요. 왼쪽으로 갈수록 보수적(안전 지향), 오른쪽으로 갈수록 공격적(수익 지향)인 포트폴리오라고 보면 됩니다.

| 투자 성향별 각 자산군의 비중 변화와 성과, 2000.1~2022.4 |

| 자산군 | 보수 | 중도 보수 | 중도 | 중도 공격 | 가장 공격 |
|---|---|---|---|---|---|
| 한국 주식 | 10 | 13.75 | **17.5** | 21.25 | 25 |
| 미국 주식 | 10 | 13.75 | **17.5** | 21.25 | 25 |
| 금 | 10 | 12.5 | **15** | 17.5 | 20 |
| 한국 중기채 | 35 | 30 | **25** | 20 | 15 |
| 미국 중기채 | 35 | 30 | **25** | 20 | 15 |
| **성과** | | | | | |
| 연복리수익률 | 7.4 | 7.7 | **7.9** | 8.3 | 8.6 |
| MDD | -5.0 | -5.0 | **-7.2** | -9.4 | -12.9 |

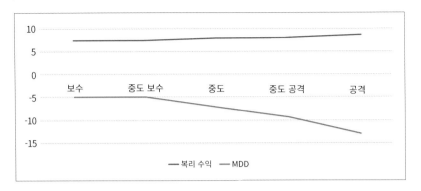

이 수치를 보면 "아니! 안전자산 비중이 60%인 포트폴리오인데 MDD 가 5%밖에 안 되잖아?"라고 생각할 수 있습니다. 제 개인적인 의견은 21 세기 초반에 금리가 지속적으로 하락하면서 채권 수익률이 높은 편이었 는데, 현재는 금리가 낮은 편이라 더 이상 저 정도의 수익을 기대하기 어 려워서 채권 비중을 너무 높이 가져가기에는 어려운 상황입니다. 그렇 다고 해서 미래에 무조건 금리가 오를 것으로 생각하지도 않습니다. 저 금리 기조가 계속될 가능성도 당연히 있고, 심지어 마이너스 금리 도입 도 유럽, 일본에서는 이미 실행한 바 있어 한국, 미국이라고 불가능한 것 은 아닙니다. 금리 예측은 쉽지 않으니까 간단하게 생각해서 '위험자산 50%, 안전자산 50%'를 추천하는 겁니다. '잘 모르면 반반!'인 거죠.

# 퇴직연금용
# 한국형 올웨더 만들기

절세 혹은 연말정산 때문에 개인연금, 퇴직연금, ISA 계좌를 보유한 투자자도 많습니다. 연금을 위해 장기적으로 투자하는 계좌이니만큼 자산배분 투자를 할 수 있다면 더 좋을 텐데요. Section 11에서 배운 내용을 기반으로 개인연금과 퇴직연금, ISA 계좌에서 자산배분을 하는 방법을 설명하겠습니다. Section 12에서는 퇴직연금 계좌에서 한국형 올웨더를 구현하는 방법과 해외 ETF를 통해 올웨더 전략을 만드는 방법을 다룹니다. 연금에 관심이 없거나 해당이 되지 않는 독자분은 이 Section을 건너뛰어도 됩니다.

## 퇴직연금 계좌에서 한국형 올웨더 만들기

퇴직연금은 어떻게 포트폴리오를 짜야 할까요? 퇴직연금 계좌에서는 '선물'이 포함된 ETF를 살 수 없습니다. 그래서 앞서 살펴본 한국형 올웨더 포트폴리오 중 미국 중기채에 투자하는 TIGER 미국채 10년 선물, 금에 투자하는 KODEX 골드 선물(H)에 투자할 수 없습니다(왜 이런 이상한 규제가 있는지 정말 궁금합니다!).
대신 다음과 같이 하면 유사한 포트폴리오를 만들 수 있습니다.

**| 퇴직연금형 한국형 올웨더 비중 |**

| 구분 | | ETF 상품 | 투자 비중(%) |
|---|---|---|---|
| 위험자산 | 미국주식 | TIGER S&P500 | 17.5 |
| | 한국주식 | KOSEF 200TR | 0.83 |
| | 금 | **KINDEX KRX 금현물** | 15 |
| 안전자산 | 한국 중기채 | KOSEF 국고채 10년 | 25 |
| 위험·안전 혼합자산 | 한국주식·미국채권 | **KODEX200 미국채혼합** | 41.67<br>– 한국 주식 16.67<br>– 미국 국고채 10년 25 |

연금 계좌에서는 골드선물 ETF에 투자를 못하므로 금 현물에 투자하는 KINDEX KRX 금현물 ETF로 갈아탔습니다. 두 상품의 차이는 다음과 같습니다.

**| 골드선물 vs. 금현물 ETF |**

| 운용사 | 삼성자산운용 | 한국투자탁운용 |
|---|---|---|
| ETF명 | KODEX 골드선물(H) | KINDEX KRX 금현물 |
| 기초지수 | **S&P GSCI Gold Index(Total Return)**: 뉴욕 상품거래소에서 거래되는 금선물 | **KRX 금현물 지수**: KRX 금시장에서 거래되는 금현물(1kg) 가격의 수익률에서 실물 보관에 따른 비용을 차감하는 순수익률 방식으로 산출한 지수 |
| 퇴직연금 투자 | **불가능** | **가능** |
| 개인연금 투자 | 가능 | 가능 |
| 특징 | **환헷지형** | **환노출형** |
| 보수 | 0.39% | 0.5% |
| 상장일 | 2010.10.1 | 2021.12.15 |

퇴직연금 계좌에서의 투자 가능 여부와 환헷지 또는 환노출 여부가 가장 큰 차이입니다.

## 환헷지는 뭐고 환노출은 뭔가요?

국내 상장 ETF 중 해외 자산에 투자하는 ETF를 보면 (H)라는 기호가 붙은 것도 있고 없는 것도 있습니다. (H)가 붙은 ETF는 '환헷지가 된다'고 보시면 됩니다.

예를 들면 오늘 미국 선물시장에서 금 가격이 2% 올랐고, 외환시장에서 달러화는 원화 대비 1% 내렸다고 가정해 보죠. 이 경우 환헷지형 ETF는 외환 차익을 제외하고 상승한 금 가격만큼의 2% 수익을 내고, 환노출 ETF는 금 투자로는 2%를 벌었으나 달러화가 1% 하락해서 2%-1% = 1% 수익을 내는 겁니다. 물론 달러화가 이날 1% 상승했다면 2%+1% = 3% 수익을 냈겠죠.

이처럼 환헷지 ETF는 자산 자체의 수익만 버는 것이고, 환헷지가 안 된(환노출) ETF는 자산 자체 수익과 환 수익을 함께 노립니다.

한국 투자자는 주식과 채권에 투자하는 것도 중요하지만 달러화 투자를 통해 분산투자 효과를 얻는 것도 중요합니다. 따라서 저는 환노출 ETF를 선호하는 편입니다. 따라서 같거나 비슷하게 운용되는 상품이라면 (H)가 붙지 않은 것을 선택합니다.

그럼 '위험·안전 혼합자산'이라고 분류되어 있는 KODEX200 미국채 혼합은 어떤 상품일까요? 한국 코스피200 지수에 40%, 미국 국채 10년 선물에 60%를 투자하는 상품입니다. 그래서 이 상품에 총 자산 중 41.67%를 투자하면 한국 주식에 41.67%×0.4 = 16.67%, 미국 중기채에 41.67%×0.6 = 25% 투자하는 효과가 있습니다.

그럼 미국 중기채 목표 비중인 25%를 충당할 수 있고, 한국 주식 목표 비중인 17.5%에서는 17.5%-16.67% = 0.83%가 모자라니까 기존 상품 중 KOSEF 200TR 상품을 조금 더 사서 충당하면 됩니다.

# 국내 상장 ETF vs. 미국 상장 ETF 비교

지금까지는 국내 상장 ETF로만 자산배분을 했는데, 글로벌 ETF를 통해서도 올웨더 전략을 만들 수 있습니다.

둘은 무슨 차이가 있을까요? 한국에 상장된 ETF도 있는데 굳이 미국에 상장된 ETF에 대해서도 알아야 하나요?

### 1. 상품의 다양성 및 유동성

미국에 상장된 ETF는 수천 개가 넘고, 매우 다양한 자산군과 전략에 투자할 수 있습니다. 예를 들면 한국에는 물가연동채나 신흥국 채권에 투자할 수 있는 ETF가 아직 출시되지 않습니다. 그리고 미국 상장 ETF의 자본 규모가 커서 동일 자산에 투자하는 한국 상장 ETF보다 유동성이 훨씬 큽니다.

### 2. 증권사 수수료

한국 증권사에서 미국 상장 ETF를 거래하면 그 ETF의 수수료와 별도로 증권사에서 0.25%의 수수료를 받습니다. 단, 대부분 증권사는 우수고객 또는 신규고객에게 그 수수료를 할인하는 이벤트를 진행 중이므로 거래할 증권사를 아직 알아보지 않았다면 잘 검색해서 선택하기 바랍니다. 한국 상장 ETF의 경우 ETF 자체 수수료를 제외하면 증권사에서 0.015%의 수수료를 받으며, 우수고객 또는 신규고객에게 그 수수료를 할인하거나 면제하는 증권사도 꽤 있습니다.

### 3. 세금

ETF 관련 세금 자체만 보면 미국 상장 ETF가 더 유리합니다.

| ETF 관련 세금 – 한국 상장 vs. 미국 상장 |

| | 한국 상장 ETF | | 미국 상장 ETF |
|---|---|---|---|
| | 한국 주식형 ETF | 기타 ETF | |
| ETF 예 | KOSEF 200TR | TIGER 미국채 10년 선물 | SPY, IEF 등 |
| 세금 | 과세 없음 | 시세차익에 대해 15.4%, 선취 손실 상계 불가 | 양도소득세(22%) 250만 원 기본공제손실 상계 가능 |
| 금융종합과세 여부 | 해당 사항 없음 | 금융소득 2,000만 원 이상 | 해당 사항 없음 |

### 얼핏 보면 한국 상장 ETF의 세금이 더 낮아 보입니다.

① 손실 상계 없이 수익금의 15.4%를 세금으로 내야 되어서 다른 ETF에 손해가 나더라도 세금이 줄지 않습니다.

② 연 2,000만 원이 넘어가면 다른 소득과 합산해 종합소득세를 내야 합니다. 이 경우 소득 구간에 따라 세율이 46.2%까지 올라갈 수 있습니다.

### 반대로 미국 상장 ETF는

① 손실 상계가 됩니다. 하나의 ETF에서 수익이 나도 다른 ETF에서 손실이 나면 이를 상계해 줍니다.

② 250만 원 기본공제가 있습니다.

③ 아무리 많이 벌어도 금융종합과세 대상이 아니며 최대 22%만 세금으로 냅니다.

 **알아두세요**

**이연**

이연(carry over)은 증권 용어로 신용거래 시 기한이 도래했지만 결제하지 않고 납입 기한을 연장하는 것을 말합니다. 실생활에서는 '과세이연'이라는 의미로 많이 쓰이며 연금을 수령하는 시기까지 세금 납부 시점을 미뤄주는 것을 뜻합니다.

그러나 개인연금, 퇴직연금, ISA 계좌를 통해서 한국 상장 ETF에 투자하면 세금은 퇴직금 또는 연금을 받는 순간까지 이연할 수 있으며 세금 자체도 급감합니다. 참고로 개인연금, 퇴직연금, ISA 계좌로는 미국 상장 ETF에 투자할 수 없습니다.

1. **개인연금에 납입하면 연 400만 원까지 세액공제를 받을 수 있습니다.**
   - 총급여액이 1억 2,000만 원이 넘을 경우는 연 300만 원까지
2. **퇴직연금에 납입하면 연 700만 원까지 세액공제를 받을 수 있습니다.**
   - 단, 개인연금과 퇴직연금 금액을 합산해서 연 700만 원입니다. 즉 개인연금에 이미 400만 원을 납입했으면 퇴직연금은 300만 원의 세액공제를 받습니다.

이를 표로 정리하면 아래와 같습니다.

| 개인연금, 퇴직연금 - 소득 구간별 세액공제 가능 금액 |

| 연간 소득 구간(만 원) | | 세액공제 한도(만 원) | | | 세액공제 비율(%) | 연말정산 공제금액 (만 원) |
|---|---|---|---|---|---|---|
| 총급여액 | 종합소득금액 | 합계 | 개인연금 | 퇴직연금 | | |
| 5,500 이하 | 4,000 이하 | 700 | 400 | 300 | 16.5 | 115.5 |
| 5,500~12,000 | 4,000~10,000 | 700 | 400 | 300 | 13.2 | 92.4 |
| 12,000 초과 | 10,000 이상 | 700 | 300 | 400 | 13.2 | 92.4 |

3. **추가로 개인연금 또는 퇴직연금에 최고 연 1,100만 원까지 납입할 수 있습니다.**
   - 이 금액에 대해서는 세액공제는 없으나, 투자 소득에 대한 과세가 이 자금을 연금으로 받을 때까지 이연됩니다.
   - 연금은 최소 5년 이상 납입해야 하고, 55세부터 10년 이상 연금으로 받아야 연금소득으로 과세하는데, 과세율이 3.3~5.5%라서 세율이 매우 낮은 편입니다.
   - 퇴직연금에 낸 원금은 55세 전이라도 언제든지 빼서 쓸 수 있습니다. 단, 투자 수익까지 쓰려고 하면 페널티가 부과됩니다. 그러나 투자 수익을 담보로 담보 대출을 받을 수는 있습니다.
   - 1,100만 원은 개인연금에 내는 것을 추천합니다. 퇴직연금은 선물이 포함된 ETF에 투자할 수 없는 등 몇 가지 제약이 있기 때문입니다.

4. **이렇게 연 1,800만 원을 절세 효과가 높은 개인연금, 퇴직연금으로 투자한 후에도 투자할 돈이 남으면 ISA 계좌를 활용할 수 있습니다.**
   - 납입 한도는 연 2,000만 원, 5년간 최대 1억이며 한국 상장 ETF와 개별 주식에 투자가 가능합니다.

– 발생한 수익은 200만 원까지 비과세이며, 200만 원 초과 금액은 9.8%로 분리과세를 합니다.
– ISA 계좌에 1억 원을 납입하면 더 이상 입금할 수 없는지 궁금하실 텐데, ISA 계좌는 최소 3년 만기 상품이며(해지하지 않으면 무한대로 유지 가능), 만기 후 전액을 개인연금 또는 퇴직연금 계좌로 이월하고 다시 빈 ISA 계좌에 자금을 납입할 수 있습니다.

5. 연 3,800만 원을 개인연금, 퇴직연금, ISA 계좌에 입금했는데도 투자할 돈이 남아있다면? 또는 개인연금, 퇴직연금, ISA에 55세까지 돈을 묶이기 싫거나 귀찮다면?

이때는 개인 계좌에서 투자해야 합니다. 각자의 상황에 따라 다르지만 미국 상장 ETF 투자가 유리할 수 있습니다.

| 한국 ETF인가, 미국 ETF인가? |

| 상황 | 한국 상장 ETF | 미국 상장 ETF |
|---|---|---|
| 다양한 자산군에 자산배분<br>- ETF의 다양성 | 불리 | 유리 |
| 한국형 올웨더 전략 가능 | 유리 | 불리 |
| 투자자금이 많음<br>- 유동성이 중요, 세금 중요 | 불리 | 유리 |
| 투자자금이 적음<br>- 증권사 수수료 저렴 | 유리 | 불리 |

## 자산배분 전략 3: 올시즌 포트폴리오

서론이 길었는데, 개인연금, 퇴직연금, ISA 등을 통해 절세할 수 있다면 한국 상장 ETF가 좋으나 나머지 투자 자산에 대해서는 미국 상장 ETF가 더 유리할 수 있습니다.

올웨더의 아버지 레이 달리오는 토니 로빈스의 책《머니》에서 다음과 같은 올웨더 전략을 공개했습니다.

- **포함 자산**: 5개 ETF
  - ETF: 미국주식(SPY), 미국 장기채(TLT), 미국 중기채(IEF), 금(GLD), 원자재(DBC)
- **매수 전략**: SPY 30%, TLT 40%, IEF 15%, GLD 7.5%, DBC 7.5%
- **매도 전략**: 연 1회 리밸런싱

│ 올시즌 포트폴리오의 주요 지표(1970.1~2022.4) │

| 포트폴리오 | 초기자산<br>(달러) | 최종자산<br>(달러) | 연복리수<br>익률(%) | 수익 난<br>월(%) | MDD(%) |
|---|---|---|---|---|---|
| 올시즌 포트폴리오 | 10,000 | 1,054,684 | 9.2 | 66.3 | -13.1 |

이 전략도 50년 백테스트 결과가 있어서 한번 살펴보겠습니다.

| 올시즌 포트폴리오의 수익(1970.1~2022.4)) |

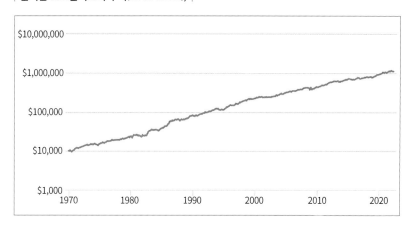

| 올시즌 포트폴리오의 손실 폭(1970.1~2022.4) |

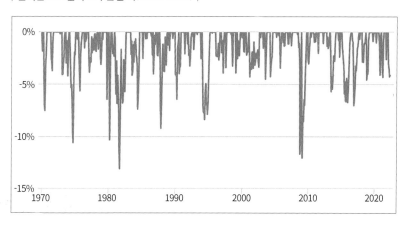

이 포트폴리오도 상당히 위력적인 것을 볼 수 있는데, 영구 포트폴리오 와 마찬가지로 원화·외화 분산이 없어서 MDD가 한국형 올웨더 전략 보다 더 높은 것을 볼 수 있습니다.

# 마켓타이밍

퀀트 투자
무작정 따라하기

# 013

# 마켓타이밍은 무엇인가?

마켓타이밍은 조만간 오를 확률이 높은 자산을 사고 조만간 내릴 확률이 높은 자산을 파는 행위입니다. 여기서 중요한 단어는 '확률'입니다. 이것을 '미래 예측'과 혼동하는 투자자가 많습니다. 앞서 자산배분에 대해 설명하면서 계속 강조했지만 경제 또는 금융시장 예측은 불가능에 가깝습니다. 어쩌다 몇 번은 맞춘다 해도 지속적으로 시장의 흐름을 맞춘 사람은 극소수에 불과합니다.

그러나 금융시장은 완전히 랜덤(random)하게 움직이는 시장도 아닙니다. 오를 확률이 높은 타이밍도 분명히 존재하고, 반대로 내릴 확률이 높은 타이밍도 존재합니다. 수익을 높이고 싶다면 오를 확률이 높은 시기에 투자 비중을 높게 가져가고 내릴 확률이 높은 시기에는 투자 비중을 낮춰야겠죠. 주요 마켓타이밍 전략은 아래와 같습니다.

## 1. 가격을 사용한 마켓타이밍

수많은 학자와 투자자가 이 방법을 분석했습니다. 그들의 결론은 다음과 같습니다.

 알아두세요 ─────

**랜덤워크 이론**

유진 파마(Eugene Fama) 등 많은 경제학 교수는 금융시장 가격에는 모든 정보가 이미 반영되어 있어서 새로운 정보, 즉 '뉴스'만이 가격을 움직인다고 주장했습니다. 그리고 새로운 정보는 긍정적일지, 부정적일지 알 수 없기 때문에 '랜덤'이며, 따라서 금융시장은 랜덤하게 움직인다는 주장을 펼쳤습니다. 만약 그의 이론이 맞는다면 우리는 퀀트 투자, 가치 투자, 기술적 투자 등으로 돈을 벌 수 없고 오로지 주가지수를 매수하고 보유하는 전략밖에 쓸 수 없겠죠. 저를 비롯해서 투자를 통해 초과수익을 얻겠다는 목표가 있는 투자자는 랜덤워크 이론을 믿지 않습니다.

1. 개별 주식은 최근 1주~1개월 동안 많이 상승한 종목이 다시 하락할 가능성이 크고, 반대로 많이 하락한 종목은 반등할 가능성이 크다.
2. 개별 주식은 최근 3~12개월 동안 많이 상승한 종목이 계속 상승할 가능성이 크고, 반대로 많이 하락한 종목이 계속 하락할 가능성이 크다.
3. 개별 주식은 최근 3~5년간 많이 상승한 종목이 다시 하락할 가능성이 크고, 반대로 많이 하락한 종목이 반등할 가능성이 크다.

위의 내용을 표로 정리하면 다음과 같습니다.

| 개별 주식의 추세·역추세 패턴 |

| 1주~1개월 | 3~12개월 | 3년~5년 |
|---|---|---|
| 역추세 | 추세 | 역추세 |

**잠깐만요**

## 확률과 예측은 다른 건가요?

예측하는 사람은 많습니다. 올해 3분기 주식시장은 꺾이고 4분기는 다시 오르다가 내년엔 경제 위기가 와서 대폭락한다… 이런 식의 예측을 우리는 자주 접합니다. 그러나 주가에는 변수가 너무 많고 어느 정도 랜덤하게 움직이는 경향도 있어서 개인이 예측하기는 불가능합니다. 그러나 평상시 주식이 오르고 내릴 확률은 거의 반반이고, 특정 주식을 특정 타이밍에 산다면 그보다 오를(또는 내릴) 확률이 그보다 조금 더 높을 수 있습니다. 이렇게 조금 더 높은 확률을 찾아내는 것은 주식시장에서 충분히 가능하며, 이렇게 조금 더 높은 확률에 지속적으로 베팅하는 것이 시장에서 돈을 장기적으로 벌 수 있는 유일한 방법입니다.

물론 확률은 확률일 뿐이니, 실제로 미래에 확률이 높은 시나리오가 현실화되지 않는 경우도 많습니다. 그런데 사례가 많아지면 많아질수록 확률대로 실제 사례가 분포될 가능성이 커지고, 이를 '큰 수의 법칙'이라고 합니다.

예를 들면 한국과 브라질이 축구를 하는데 브라질이 이길 확률이 80%라고 가정해 볼게요. 그렇다면 단판 승부를 할 경우 한국이 이길 확률은 20%입니다. 그런데 100번 승부를 한다면? 브라질이 70~90판 정도를 이길 확률이 매우 크며 100번 승부에서 한국을 이길 가능성은 거의 100%에 수렴하겠죠.

투자도 마찬가지입니다. 초과수익이 날 수 있는 확률이 55%인 법칙을 찾아내고 이 법칙으로 수년에서 수십 년 동안 지속적으로 베팅하면 주가지수보다 더 높은 수익을 낼 확률이 매우 커집니다. 이 책이 바로 그런 55%의 법칙을 찾아내어 알려드리고 있죠.

ETF의 추세 · 역추세 패턴은 좀 더 간단합니다.

**4. ETF는 최근 1개월~3년 동안 많이 상승한 종목이 계속 상승할 가능성이 크고,
반대로 많이 하락한 종목이 계속 하락할 가능성이 크다.**

그래서 최근 1개월 동안 많이 하락한 종목을 사거나, 최근 1년 동안 많이 오른 종목이나 ETF를 사는 마켓타이밍 전략이 가능합니다. 이런 마켓타이밍 전략을 ETF에 적용한 상세한 내용은 저의 책《거인의 포트폴리오》를 참고하시기 바랍니다.

## 2. 계절성을 사용한 마켓타이밍

주식시장이 랜덤하게 움직이는 게 맞다면 장기적으로 봤을 때 1월부터 12월까지 매월 수익이 비슷하고, 월요일부터 금요일까지의 수익도 비슷하고, 장이 열려 있는 9시부터 3시 반까지의 주식 수익의 패턴도 당연히 비슷해야 합니다.

그런데 결과를 보면 그렇지 않습니다. 특정 시간, 일, 요일, 월, 연의 수익이 다른 시간, 일, 요일, 월, 연보다 평균적으로 높고, 그 패턴이 최소한 수십 년, 길면 수백 년 동안 유지되고 있습니다. 몇 개 예를 들어보겠습니다. 예로 든 아래 패턴들은 매월, 매년 반복되는 패턴이 아니라는 것을 유념하시고, '주식시장은 전반적으로 이렇게 움직인다'는 사례로만 알아두면 좋겠습니다.

시장에는 다양한 계절성이 존재하는데, 이 계절성의 통계적 패턴을 보고 우연이나 데이터 마이닝으로 치부하는 투자자도 있습니다. 저는 개

**알아두세요**

**데이터 마이닝**

데이터 마이닝(data mining)은 대규모로 수집·저장된 데이터를 분석하여 상관관계나 규칙, 짜임 등을 알아내어 그 속에서 가치 있는 정보를 빼내는 과정입니다. 그런데 데이터마이닝을 하면서 과거 데이터에 너무 의존해서 백테스트에서 매우 성과가 좋았으나 실전 투자에서는 돈을 잃는 '과최적화'된 전략을 만드는 사례도 있습니다.

인적으로 계절성이 규칙적으로 나타나는 이유는 대중의 군집된 사고방식이나 행동 때문이라고 생각합니다. 따라서 대부분 계절성에는 분명한 근거가 있다고 여겨집니다.

몇 가지 예를 설명하겠습니다(한국 시장의 예입니다).

| 계절과 시간을 사용한 마켓타이밍 |

| 마켓타이밍 | 설명 |
|---|---|
| 장중 효과☒ 오버나잇 효과 | • 대부분 종목은 시초가(9시)의 가격이 제일 높고, 13~14시 구간까지 하락하기 시작합니다. 그 후 가격이 반등하기 시작해 종가까지 반등하는데, 대부분 종가는 시가보다 낮게 형성됩니다.<br>• 대부분 종목은 종가 후 다음 날 시가가 상승합니다. 즉, 다음날의 시가가 평균적으로 오늘 종가보다 높게 형성됩니다.<br>• 이 효과를 노리고 종가에 종목을 매수해 다음날 시가에 파는 '종가베팅'을 하는 투자자도 꽤 많습니다. |
| 주중 효과 | 주식시장은 목, 금요일 수익이 높고 월, 화 수익이 낮은 편입니다. |
| 월말☒월초 효과 | 주식시장은 월말(월 마지막 4개 거래일), 월초(월 처음 3개 거래일) 수익이 월중보다 훨씬 높은 편입니다. |
| 핼러윈 효과 | 주식시장은 대부분 11~4월 수익이 압도적으로 높고 5~10월 수익이 매우 낮습니다. |
| 연말 효과 | 주식시장은 크리스마스와 신정 전후에 수익률이 높습니다. |
| 특정 월 효과 | 대부분 종목은 '잘 나가는 월'이 있는데 그 패턴이 지속될 가능성이 큽니다. 평균적으로 3월에 잘 나가는 종목이 있다면 그 종목은 내년, 내후년에도 3월 수익이 높을 가능성이 큽니다. |

이러한 계절성을 이용해서 마켓타이밍을 해서 수익을 확대할 수 있으며, 우리는 11~4월에 주식 비중을 높이고 5~10월에 줄이는 핼러윈 전략을 이 책에서 적용할 겁니다.

## 3. 경제지표를 사용한 마켓타이밍

주식시장과 금융시장은 경제와 밀접한 관계가 있습니다. 실제로 금리, 환율, 무역수지, 물가상승률, 소비판매 지수, OECD 선행지수 등으로 마켓타이밍을 할 수 있습니다. 이 책에서는 그런 전략을 다루지 않으며, 이런 전략을 상세하게 설명하는 홍춘욱 박사의 책《돈의 흐름에 올라타라》를 추천합니다.

## 4. 밸류에이션을 사용한 마켓타이밍

주식시장의 PER, PBR, CAPE 등 밸류에이션 지표가 낮을 때 투자하고 높아지면 매도하는 마켓타이밍 전략입니다. 여기서 유의해야 할 점은 주식시장의 밸류에이션이 낮으면 향후 10년 수익이 평균적으로 높다는 연구 결과가 있습니다. 그러나 밸류에이션이 낮은 것은 향후 3개월, 6개월, 1년 등 장기 수익에는 별다른 영향을 미치지 않습니다. 따라서 주식시장의 밸류에이션 지표는 10년 정도를 보는 초장기 마켓타이밍에는 적합하지만, 몇년이나 몇개월을 보는 중단기 마켓타이밍에는 적합하지 않습니다.

## 5. 기타 전략

이 외에도 외국인·기관 수급, 거래량, 기술적 보조지표(RSI, MACD, 스토캐스틱 등)와 같은 지표를 활용한 마켓타이밍 전략도 매우 많습니다. 너무 많아서 저도 모두 다 서술하기 어렵지만 주요 전략을 다음에 간략히 정리했습니다.

| 금융에서 통하는 주요 마켓타이밍 전략 |

| 마켓타이밍 지표 | 전략 | 설명 |
| --- | --- | --- |
| 가격 | 동적자산배분 | • 최근 많이 오른 주식형 ETF 매수<br>• 최근 주식시장의 수익이 0 이하일 경우 주식형 ETF 매도, 현금/안전자산 보유<br>• 최근: 주로 1~12개월 |
| | 역추세 | • 단기적으로 급락한 종목 매수<br>• 단기: 1~30일 |
| | 상대모멘텀 | 최근 3~12개월 동안 가장 많이 오른 개별 종목 매수 |
| 계절성 | 핼러윈 전략 | 주식 비중을 11~4월 확대, 5~10월 축소 |
| | 종가 베팅 | 종가 즈음에 종목/ETF를 사서 다음날 시가 즈음에 파는 단타 전략 |
| | 요일 효과 전략 | 수익이 우수한 요일 전 주식을 사서 그 요일이 지난 후 매도하는 전략 |
| | 월말월초효과 전략 | 월말에 사서 다음 달 초에 파는 전략 |
| | 연말연초 전략 | 연말이 되기 전 주식을 사서 연초에 파는 전략 |
| | 특정 월 전략 | 특정 월에 수익률이 높은 종목 또는 ETF를 사는 전략 |
| 경제지표 | OECD 선행지수 | OECD 선행지수가 개선되면 진입하는 전략 |
| | 기타 거시경제 지표 | 환율, 무역수지, 금리, 경제성장률 등을 마켓타이밍 지표로 활용하는 전략 |
| 밸류에이션 | PER | 주가지수의 PER가 낮아졌을 때 진입 |
| | PBR | 주가지수의 PBR가 낮아졌을 때 진입 |

퀀트 투자
무작정 따라하기

**014**

# 핼러윈 전략은 무엇인가?

▶ 할투 110

Section 13에서 언급한 바와 같이 주식시장에는 강력한 계절성 (Seasonality)이 존재합니다. 이 중 꽤 중요하게 입증된 효과로 '핼러윈 효과'가 있습니다. 이는 11~4월 주식시장 수익이 평균적으로 높고, 5~10월 수익이 평균적으로 낮은 현상을 말합니다. 미국 명절인 핼러윈 (Halloween)이 10월 31일이고, 이날 주식을 사서 6개월 보유하는 전략이라 핼러윈 전략이라는 이름이 붙었습니다.

이 전략은 한국뿐만 아니라 전 세계에서 통하는 전략입니다. 이와 관련해 여러 논문이 발표되었는데, 가장 오랜 구간을 연구한 장(Zhang)과 야콥슨(Jacobsen) 교수는 핼러윈 효과가 존재하는지 분석하기 위해 무려 1693년부터 2017년까지 300년이 넘는 기간 65개국의 데이터를 분석했습니다. 주식 수익을 11~4월과 5~10월 수익으로 나눠서 분석했는데요. 결과가 놀라웠습니다. 이 기간에 1년 평균 수익은 10.6%였는데 이 중 11~4월 수익이 8.5%, 5~10월 수익이 2.1%로 크게 차이 났습니다. 65개국 중 45개국에서는 5~10월 주식투자 수익률이 예금보다도 낮았습니다. 특히 1960년대부터는 11~4월 투자와 5~10월 투자 수익률의 차이가 5% 이상으로 벌어졌습니다.

| 65개국 1861~2017년 구간별 11~4월 수익률과 5~10월 수익률 비교 분석 |

| 시기(년) | 11~4월 수익률(%) | 5~10월 수익률(%) | 차이 |
|---|---|---|---|
| 1861~1870 | 3.6 | 2.3 | 1.2 |
| 1871~1880 | 1.1 | 0.0 | 1.1 |
| 1881~1890 | -0.4 | 1.9 | -2.3 |
| 1891~1900 | 2.2 | 0.1 | 2.1 |
| 1901~1910 | 1.9 | 0.6 | 1.3 |
| 1911~1920 | -1.0 | -0.7 | -0.3 |
| 1921~1930 | 2.3 | 0.2 | 2.1 |
| 1931~1940 | 1.6 | 0.1 | 1.5 |
| 1941~1950 | 2.9 | 3.6 | -0.7 |
| 1951~1960 | 4.2 | 5.2 | -1.0 |
| 1961~1970 | 5.0 | -0.8 | 5.8 |
| 1971~1980 | 9.1 | 3.8 | 5.3 |
| 1981~1990 | 14.4 | 9.4 | 5.0 |
| 1991~2000 | 11.1 | 2.8 | 8.3 |
| 2001~2010 | 6.9 | 2.4 | 4.5 |
| 2011~2017 | 4.8 | -1.0 | 5.8 |

사실 야콥슨 교수에겐 이 논문이 첫 연구가 아니었습니다. 그는 1970~1998년 사이 주요 37개국의 11~4월과 5~10월 수익을 분석한 논문을 쓴 적이 있었죠. 그때도 11~4월 수익이 5~10월보다 유의미하게 높다는 결론에 도달했습니다. 그 후 약 20년의 세월이 흐른 뒤 본인이 첫 논문에 분석한 37개국의 11~4월, 5~10월 수익을 다시 한번 분석했죠. 결과는 다음과 같습니다.

| 국가 | 11~4월과 5~10월 수익 차이 | | 국가 | 11~4월과 5~10월 수익 차이 | |
|------|-----------|-----------|------|-----------|-----------|
| | 1970~1998 | 1998~2017 | | 1970~1998 | 1998~2017 |
| 아르헨티나 | 2.6 | 4.8 | 말레이시아 | 12.6 | 3.6 |
| 호주 | 6.5 | 3.8 | 멕시코 | 3.6 | 5.3 |
| 오스트리아 | 7.2 | 13.0 | 네덜란드 | 10.9 | 9.4 |
| 벨기에 | 12.5 | 6.5 | 뉴질랜드 | 1.6 | 3.5 |
| 브라질 | 34.8 | 8.4 | 노르웨이 | 5.6 | 8.2 |
| 캐나다 | 6.3 | 6.5 | 필리핀 | 12.9 | 5.3 |
| 칠레 | -7.9 | 2.4 | 포르투갈 | 3.7 | 10.3 |
| 덴마크 | 3.6 | 7.6 | 러시아 | -24.7 | 5.0 |
| 핀란드 | 9.2 | 8.4 | 싱가포르 | 8.6 | 4.7 |
| 프랑스 | 13.7 | 9.3 | 남아공 | 7.7 | 2.1 |
| 독일 | 8.5 | 10.5 | 스페인 | 10.8 | 4.7 |
| 그리스 | 10.9 | 4.6 | 스웨덴 | 12.3 | 12.2 |
| 홍콩 | 5.8 | 1.1 | 스위스 | 8.1 | 5.0 |
| 인도네시아 | 14.3 | 14.4 | 대만 | 20.0 | 11.0 |
| 아일랜드 | 11.4 | 12.6 | 태국 | -0.7 | 6.5 |
| 이태리 | 15.1 | 12.3 | 터키 | 9.4 | 12.1 |
| 일본 | 9.2 | 10.8 | 영국 | 12.4 | 5.5 |
| 요르단 | 4.5 | 3.7 | **미국** | **4.9** | **6.2** |
| **한국** | **1.3** | **8.5** | **평균** | **7.8** | **7.3** |

보다시피 1970~1997년 구간을 살펴보면 37개 시장 중 세 나라만 5~10월 수익이 11~4월보다 더 높았습니다(칠레, 러시아, 태국). 그런데 1998~2017년 데이터를 살펴보면 37개 시장 중 단 한 곳에서도 5~10월 수익이 11~4월 수익을 능가하지 못했다는 것을 알 수 있습니다. 37개 국가의 단순평균을 내 보았더니 11~4월과 5~10월 수익 차이는 7%가 넘었습니다.

거의 반세기 동안 전 세계에서 이렇게 11~4월 수익이 지속적으로 5~10월 수익을 압도했다면 이걸 우연의 일치라고 치부하기는 어렵겠죠?

# 주식시장은 11~4월은 천국, 5~10월은 지옥?

이번엔 주식을 제대로 배우리라 결심한 김주식 씨, 다시 강퀀트 과장을 찾아왔습니다.

"선배님이 말씀하신대로 자산배분을 제대로 공부하고 왔습니다. 정말 놀랍더라고요. 주식, 채권, 실물 자산을 섞고, 원화와 외화 자산을 섞으니까 MDD가 7%로 떨어지더라고요! 몇십 년 동안 투자해도 가장 손실을 크게 보는 게 7%니까요. 그런데…."

"그런데 아쉬운 게 있었죠?"

"어떻게 아셨어요? MDD가 7%밖에 안 나오는 건 정말 놀라운데, 수익도 썩 높지 않더라고요…."

"맞아요. 그런데 수익 높이기 연구를 하는 것보다 일단 손실을 최소화하는 연구가 훨씬 더 중요하기 때문에 자산배분을 먼저 배우라고 한 거예요. 수익률은 마켓타이밍과 종목선정으로 높일 수 있어요."

1년 전만 해도 이런 얘기는 한 귀로 듣고 한 귀로 흘렸을 김주식 대리, 뼈아픈 손실을 본 뒤라 이제 저 내용이 와닿습니다.

"일단 안 잃는 것이 중요하더라고요. 그래도 수익도 좀 내야죠!"

"그렇죠. 그래서 이제부터 마켓타이밍을 배울 거예요."

"좋아요! 근데 뭐가 오르고 내릴지 예측하는 것이 가능한 건가요? 경제 방송이나 유튜브에서 많이 하긴 하던데요."

조금 언짢은 표정을 지은 강퀀트 과장이 답합니다.

"당연히 예측이라는 건 불가능하죠. 그런 영상에서 전문가들이 말한 내용을 적어놨다가 3개월이나 6개월 후에 다시 보세요. 예측 중 맞은 내용이 별로 없을 겁니다. 그래서 우리가 자산배분을 배운 거예요. 예측이 가능하다면 가장 많이 오를 자산에 몰빵하면 되지 굳이 여러 자산군에 분산투자 할 필요가 없겠죠?"

"아… 그렇네요. 그런데 마켓타이밍이란 것도 예측 아닌가요?"

강퀀트 과장, 사례를 만들면서 설명을 이어갑니다.

"전혀 아닙니다. 미래 가격의 흐름은 절대 예측이 불가능해요. 그렇다고 해서 자산을 어떤 시기에 사든 올라갈 확률이 50%, 내려갈 확률이 50%는 아닙니다. '언제 사느냐'에 따라서 확률 차이가 꽤 날 수 있어요. 이건 예측이랑은 매우 다르죠. 예를 들면, 제가 김주식 씨에게 주사위 게임을 제안하는데, 1~4가 나오면 제가 만 원을 드리고, 5~6이 나오면 김주식 씨가 저에게 만 원을 주는 게임이에요. 그럼 하겠어요?"

"당연하죠! 제가 이길 확률이 4/6, 즉 66.7%인데요!"

"이 게임은 주식 씨에게 확률적으로 유리한 게임이니까 당연히 참여하는 것이 유리하죠. 그러나 '다음 게임에서는 내가 이긴다'라고 예측할 수 있나요?"

"그건 아니죠. 확률적으로는 제가 유리하지만 다음 주사위를 던질 때는 5나 6이 나올 수도 있는 거잖아요?"

김주식 대리, 슬슬 '확률'과 '예측'이 다른 분야라는 것을 이해하기 시작합니다.

"맞아요. 아무리 유리한 확률이더라도 예측은 불가능하죠. 저런 게임에서도 확률은 낮겠지만 3연패, 5연패, 10연패를 당할 수도 있어요. 마켓타이밍도 마찬가지예요. 마켓타이밍은 제가 수익이 날 확률을 50%에서 55%, 60% 정도로 높일 수 있는 작업이에요. 그러나 확률이 유리하다고 해서 당장 내일, 다음 달, 또는 올해 제가 수익이 날 것이라고 '예측'할 수는 없는 거죠. 그러나 확률이 높은 투자를 계속하다 보면 시간이 가면 갈수록 이길 확률이 점점 더 높아지겠죠?"

고등학교 때 공부를 열심히 했던 김주식 대리, 금방 이해합니다.

"예, 학교에서 '큰 수의 법칙'을 배운 것 같네요. 저 주사위 게임을 1번, 또는 3번만 하면 확률이 유리해도 제가 돈을 잃을 가능성이 꽤 있지만, 저 게임을 100번, 1000번 하면 잃을 가능성이 거의 제로에 가깝죠."

"맞아요. 바로 그겁니다. 우리가 투자하면서 할 수 있는 것은 수익이 날 확률을 몇 퍼센트라도 높이고 그 확률 높은 투자를 최대한 오래 하는 거죠. 투자는 예측의 영향이 아니라 확률의 영역이라는 것을 명심, 또 명심해야 합니다."

"이제 이해했습니다. 그렇다면 수익이 날 확률을 높일 방법은 어떤 것이 있을까요?"

"제가 가장 강조하고 싶은 마켓타이밍 패턴은 '핼러윈 전략'이고요. 그 외에도 계절성, 가격, 경제지표, 밸류에이션을 기준으로 하는 마켓타이밍도 있어요."

다시 혼란에 빠지는 김주식 대리.

"뭐가 뭔지 잘 모르겠네요."

"당연히 그렇겠죠. 일단 핼러윈 전략을 자세히 설명해 드리죠. 결론부터 말씀드리면, '11~4 천국, 5~10 지옥'으로 요약이 가능합니다. 전 세계적으로 11~4월 주식시장의 수익이 매우 높고, 5~10월은 매우 저조한 것을 말해요."

# 한국과 미국 시장에서의 핼러윈 전략

우리가 지금까지 분석한 한국형 올웨더 포트폴리오는 한국 주식과 미국 주식에 투자하기 때문에 우리는 특히 이 두 시장에 관심이 더 많습니다. 한국 시장부터 먼저 분석해 볼까요? 1980년부터 2022년까지 11~4월과 5~10월의 수익률은 얼마나 차이가 났는지 그래프로 먼저 살펴보겠습니다.

| 1980~2022년 코스피 지수의 11~4월 및 5~10월 수익 분석(배당수익은 제외) |

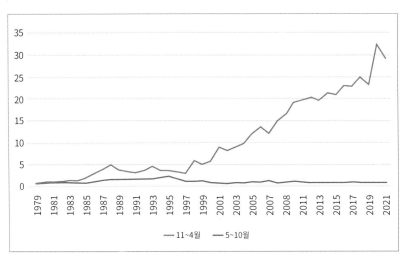

보시다시피 수익이 압도적인 차이가 나네요. 흥미로운 것은 야콥슨 교수가 지적한 것처럼 1995년까지는 그 차이가 매우 크지 않았습니다.

1980~1995년 11~4월 연복리수익률은 9.9%, 5~10월은 5.4% 정도였는데, 1995~2022년 11~4월 연복리수익률은 9.9%로 동일했으나 5~10월 연복리수익률은 -4.1%로 급감했습니다!

| 1980~2022년 코스피 지수 수익률, 11~4월 vs. 5~10월 |

(배당수익 포함, 배당수익률을 매년 연 1.5%로 가정)

| 기간 | 코스피 지수11~4월 연복리수익률(%) | 코스피 지수5~10월 연복리수익률(%) | 코스피 지수1년 전체 연복리수익률 |
|---|---|---|---|
| 1980~1995 | 9.9 | 5.4 | 16.1 |
| 1996~2022 | 9.9 | -4.1 | 5.9 |
| **1980~2022** | **9.9** | **-0.5** | **9.6** |

이를 정리한 표를 보세요. 놀랍습니다. 1980년부터 코스피 지수에 11~4월에는 투자를 하고 5~10월에는 아예 투자를 안 한 사람이 1년 내내 투자한 사람보다 더 많은 수익을 냈습니다. 반대로 40년 넘게 5~10월에만 투자하고 11~4월 투자를 안 했다면 수익은커녕 오히려 원금 손실이 발생했을 것입니다.

이것이 전부가 아닙니다. 한국 기업은 통상적으로 배당을 12월 말에 주식을 보유한 사람에게 주는데, 우리가 11~4월만 투자했다면 그 배당수익까지 추가로 챙길 수 있었고, 투자하지 않은 5~10월에는 자금을 예금하거나 단기채권에서 투자해서 무위험 이익을 얻을 수 있었습니다. 따라서 한국 시장에서는 11~4월에는 주식 비중을 확대하고 5~10월에는 주식 비중을 축소하는 전략이 매우 현명해 보입니다.

물론 11~4월 코스피 지수가 매년 수익을 내는 것은 아니고, 5~10월에 코스피 지수가 매년 하락하는 것도 아닙니다. 연도별 데이터는 어땠는지 한번 볼까요.

**| 1980~2022년 코스피 지수 연별 11~4월 수익(배당수익은 제외) |**

(손실이 난 해는 굵은 글씨)

| 연도 | 수익률 | 연도 | 수익률 | 연도 | 수익률 |
|---|---|---|---|---|---|
| 1981 | 15.79% | 1995 | **-18.87%** | 2009 | 23.03% |
| 1982 | -1.30% | 1996 | -0.95% | 2010 | 10.18% |
| 1983 | 7.82% | 1997 | **-7.18%** | 2011 | 16.43% |
| 1984 | 11.68% | 1998 | **-10.53%** | 2012 | 3.82% |
| 1985 | 3.34% | 1999 | 95.60% | 2013 | 2.71% |
| 1986 | 44.02% | 2000 | **-12.97%** | 2014 | **-3.36%** |
| 1987 | 48.94% | 2001 | 12.22% | 2015 | 8.28% |
| 1988 | 27.13% | 2002 | 56.62% | 2016 | -1.74% |
| 1989 | 28.88% | 2003 | **-9.04%** | 2017 | 9.82% |
| 1990 | **-22.97%** | 2004 | 10.29% | 2018 | -0.32% |
| 1991 | **-6.46%** | 2005 | 9.16% | 2019 | 8.57% |
| 1992 | **-11.49%** | 2006 | 22.59% | 2020 | **-6.52%** |
| 1993 | 17.22% | 2007 | 13.02% | 2021 | 38.85% |
| 1994 | 21.05% | 2008 | **-11.59%** | 2022 | **-9.28%** |

**| 1980~2022년 코스피 지수 연별 5~10월 수익(배당수익은 제외) |**

(수익이 난 해는 굵은 글씨)

| 연도 | 수익률 | 연도 | 수익률 | 연도 | 수익률 |
|---|---|---|---|---|---|
| 1981 | -8.94% | 1994 | **21.67%** | 2008 | -39.03% |
| 1981 | **0.49%** | 1995 | **10.40%** | 2009 | **15.43%** |
| 1982 | **0.42%** | 1996 | -22.77% | 2010 | **8.12%** |
| 1983 | -7.62% | 1997 | -33.05% | 2011 | -12.92% |
| 1984 | -4.26% | 1998 | -8.66% | 2012 | -3.53% |
| 1985 | **5.02%** | 1999 | **10.75%** | 2013 | **3.37%** |
| 1986 | **18.67%** | 2000 | -29.08% | 2014 | **0.13%** |
| 1987 | **41.94%** | 2001 | -6.85% | 2015 | -4.59% |
| 1988 | **12.76%** | 2002 | -21.78% | 2016 | **0.70%** |
| 1989 | -4.95% | 2003 | **30.53%** | 2017 | **14.42%** |
| 1990 | **0.22%** | 2004 | -3.25% | 2018 | -19.31% |

| 1991 | **7.80%** | 2005 | **27.08%** | 2019 | -5.45% |
| 1992 | -0.06% | 2006 | -3.89% | 2020 | **16.41%** |
| 1993 | **4.04%** | 2007 | **33.89%** | 2021 | -5.63% |

보시다시피 11~4월에도 손실이 난 해가 꽤 있습니다. 특히 한국 주식이 전반적으로 안 좋았던 1990~2000년 구간에는 11~4월에도 11년 동안 8번이나 하락했습니다.

반대로 5~10월 수익률을 보면 1995년까지는 전반적으로 나쁘지 않았고, 그 후에도 2003, 2005, 2007년 등을 포함해 10% 이상 수익이 나는 해가 여러 차례가 있습니다.

전체 통계를 조합해 보면 아래와 같은 결론에 도달하죠.

| 1980~2022년 코스피 지수 연별 11~4월 수익 분석(배당수익 포함, 배당수익률 매년 연 1.5% 가정) |

| 구간 | 연복리 수익률 | 오른 해 | 내린 해 | 승률 | 오른 해 평균수익 | 내린 해 평균수익 | 손익비 |
|---|---|---|---|---|---|---|---|
| 월 | % | 횟수 | 횟수 | % | % | % | 배수 |
| 11~4월 | 9.9 | 30 | 12 | 71.4 | **19.0** | **-10.8** | 1.75 |
| 5~10월 | -0.5 | 22 | 20 | 52.4 | **12.9** | **-12.3** | 1.05 |

최근 42년간 11~4월에 수익이 난 경우는 30번, 약 71.4%이고, 5~10월 수익이 난 경우도 22번, 약 52.4%의 승률입니다. 물론 무시 못 할 정도의 차이이긴 하지만 이 정도로 그렇게 큰 차이가 나는지 의아할 수 있습니다. 그런데 위 표의 핵심은 '오른 해 평균 수익'과 '내린 해 평균 수익'입니다.

11~4월에는 수익이 30번 났는데 그때 평균 19%의 수익이 났고, 손실은 12번 발생했는데 그때 평균 10.8% 손실이 났습니다. 수익이 난 해의 수익이 손실이 난 해의 손실보다 평균 1.75배나 높다는 것을 볼 수 있죠.

참깐만요

## 손익비는 무엇을 뜻하나요?

앞에서 설명한 수익이 난 해의 평균 수익/손실이 난 해의 평균 손실을 '손익비'라고 합니다. 우리가 코스피 지수에 1980년부터 계속 투자를 했다면, 그중 29년은 돈을 벌었을 겁니다. 번 해에는 평균 27.68% 수익이 났습니다. 13년은 손실이 발생했는데 평균 20.0% 손실이 났죠. 그렇다면 코스피에 42년 연속 투자한 투자자의 연간 손익비는 27.68/20 = 1.38 정도 됩니다.

손익비는 투자자의 실력과 정확히 비례합니다. 하수는 벌 때 조금 벌고 깨질 때는 크게 깨져서 손익비가 낮은 편이고, 고수는 벌 때 많이 벌고 깨질 때는 작게 깨져서 손익비가 높은 편이죠.

| 손익비 | 투자 실력 |
|---|---|
| 0.33 이하 | 최하수, 마이너스의 손 |
| 0.33~0.66 | 하수(그러나 중고수라고 착가가는 경우가 많음) |
| 0.66~1 | 본전을 유지하거나 조금씩 잃는다(상위 10%, 초고수인줄 대착각) |
| 1~1.5 | 본전을 유지하거나 조금씩 번다(상위 3%) |
| 1.5~2 | 고수, 지속적 수익(상위 1%) |
| 2~3 | 초고수(최상위 0.3%) |
| 3 이상 | 투자의 신 |

여러분도 손익비를 두 가지 방법으로 측정해 보세요!
1. 돈을 번 해의 평균 수익/손실이 난 해의 평균 손실
2. 돈을 번 거래의 평균 수익/손실이 난 거래의 평균 손실
   – 보유 종목이 있다면 오늘 가격에 팔았다고 가정하고 계산

반대로 5~10월에는 수익이 22번 났는데 그때 수익은 평균 12.9% 정도이고, 손실은 20번 발생했는데 그때 평균 12.3% 손실이 발생했습니다. 따라서 수익이 난 해의 수익이 손실이 난 해의 손실보다 평균 1.05배밖에 높지 않다는 것을 볼 수 있죠.

요약하면 11~4월은 승률도 높고, 수익이 나면 크게 나고 손실이 나면 작게 나는 반면, 5~10월은 승률과 수익과 손실 분포가 '거의 반반 게임'이라고 볼 수 있습니다. 투자라는 것은 승률, 손익비가 투자자에게 상당

히 유리할 때 하는 것이지 승률이 반반일 때는 하는 것이 아닙니다.

미국 시장은 얼마나 다를까요? 한국과 동일하게 분석하기 위해 S&P500 지수의 1980~2022년 데이터를 가져왔습니다.

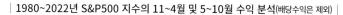

| 1980~2022년 S&P500 지수의 11~4월 및 5~10월 수익 분석(배당수익은 제외) |

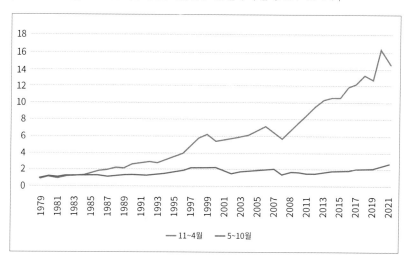

미국도 11~4월과 5~10월 수익이 압도적으로 차이가 납니다. 미국은 1980~1995년과 1995~2022년 수익이 크게 차이 난 한국과 달리 전체 42년 동안 11~4월 수익이 5~10월 수익을 고르게 압도했습니다(약 4~5% 차이).

| S&P500 지수, 11~4월 vs. 5~10월 |

| 기간 | S&P500 지수 11~4월<br>연복리수익률(%) | S&P500 지수 5~10월<br>연복리수익률(%) | S&P500 지수 1년<br>연복리수익률 |
|---|---|---|---|
| 1980~2000 | 8.4 | 3.8 | 12.7 |
| 2001~2022 | 5.3 | 1.0 | 6.0 |
| 1980~2022 | 6.8 | 2.4 | 9.2 |

미국의 경우는 한국과 다르게 5~10월 구간에 수익이 발생했습니다. 그런데 그 수익이 저 구간의 예금 수익률보다 낮은 수준이었습니다. 따라서 미국 시장에서도 11~4월 주식 비중을 확대하고 5~10월 주식 비중을 축소하는 전략이 매우 현명해 보입니다.

그러나 S&P500 지수 역시 11~4월 매년 수익을 내는 것은 아니고, 5~10월에 매년 하락하는 것도 아닙니다. 연도별 데이터를 같이 보시죠.

| 1980~2022년 S&P500 지수 연별 11~4월 수익(손실이 난 해는 굵은 글씨) |

| 연도 | 수익률 | 연도 | 수익률 | 연도 | 수익률 |
|---|---|---|---|---|---|
| 1981 | 4.19% | 1995 | 8.97% | 2009 | **-9.90%** |
| 1982 | **-4.47%** | 1996 | 12.50% | 2010 | 14.52% |
| 1983 | 22.97% | 1997 | 13.62% | 2011 | 15.24% |
| 1984 | **-2.14%** | 1998 | 21.55% | 2012 | 11.54% |
| 1985 | 8.27% | 1999 | 21.53% | 2013 | 13.13% |
| 1986 | 24.08% | 2000 | 6.57% | 2014 | 7.25% |
| 1987 | 18.19% | 2001 | **-12.59%** | 2015 | 3.34% |
| 1988 | 3.79% | 2002 | 1.69% | 2016 | **-0.68%** |
| 1989 | 10.99% | 2003 | 3.52% | 2017 | 12.14% |
| 1990 | **-2.81%** | 2004 | 5.39% | 2018 | 2.83% |
| 1991 | 23.47% | 2005 | 2.36% | 2019 | 8.63% |
| 1992 | 5.73% | 2006 | 8.58% | 2020 | **-4.12%** |
| 1993 | 5.14% | 2007 | 7.58% | 2021 | 27.87% |
| 1994 | **-3.62%** | 2008 | **-10.57%** | 2022 | **-10.28%** |

| 1980~2022년 S&P500 지수 연별 5~10월 수익(수익이 난 해는 굵은 글씨) |

| 연도 | 수익률 | 연도 | 수익률 | 연도 | 수익률 |
|---|---|---|---|---|---|
| 1981 | **19.93%** | 1994 | **4.75%** | 2008 | -30.08% |
| 1981 | -8.22% | 1995 | **12.98%** | 2009 | **18.72%** |
| 1982 | **14.84%** | 1996 | **7.81%** | 2010 | -0.29% |
| 1983 | -0.54% | 1997 | **14.14%** | 2011 | -8.09% |

| 1984 | 3.77% | 1998 | -1.18% | 2012 | 1.02% |
|------|-------|------|--------|------|-------|
| 1985 | 5.56% | 1999 | 2.08% | 2013 | 9.95% |
| 1986 | 3.59% | 2000 | -1.59% | 2014 | 7.12% |
| 1987 | -12.68% | 2001 | -15.24% | 2015 | -0.29% |
| 1988 | 6.75% | 2002 | -17.75% | 2016 | 2.95% |
| 1989 | 9.92% | 2003 | 14.59% | 2017 | 8.01% |
| 1990 | -8.10% | 2004 | 2.07% | 2018 | 2.41% |
| 1991 | 4.56% | 2005 | 4.34% | 2019 | 3.11% |
| 1992 | 0.90% | 2006 | 5.14% | 2020 | 12.28% |
| 1993 | 6.28% | 2007 | 4.52% | 2021 | 10.15% |

보시다시피 11~4월에도 손실이 난 해가 꽤 있고, 미국 주식은 5~10월에 수익이 나는 경우가 한국보다 훨씬 더 잦습니다.

그러나 전체 통계를 조합해 보면 아래와 같은 결론에 도달하죠.

| S&P500 지수, 11~4월 및 5~10월 수익 성과 분석 |

| 구간 | 연복리 수익률 | 오른 해 | 내린 해 | 승률 | 오른 해 평균수익 | 내린 해 평균수익 | 손익비 |
|------|------|------|------|------|------|------|------|
| 단위 | % | 횟수 | 횟수 | % | % | % | 배수 |
| 11~4월 | 6.8 | 32 | 10 | 76.2 | 11.1 | -5.3 | 2.11 |
| 5~10월 | 2.4 | 30 | 12 | 71.4 | 7.5 | -8.6 | 0.86 |

최근 42년간 11~4월에 수익이 난 경우는 32번, 76.2% 수준입니다. 한국보다 승률이 더 높죠. 그런데 5~10월 수익이 난 경우도 30번, 71.4%의 승률입니다. 약 5% 정도 차이인데 미국도 '오른 해 평균 수익'과 '내린 해 평균 수익'이 11~4월과 5~10월이 크게 다릅니다.

11~4월에는 수익이 32번 났는데, 그때 평균 11.1% 정도의 수익이 났고, 손실은 10번 발생했는데 그때 평균 5.3% 손실이 발생했습니다. 따라서 수익이 난 해의 수익이 손실이 난 해의 손실보다 평균 2.1배 높다는 것을 볼 수

있죠. 미국은 11~4월에 큰 하락이 발생한 사례가 거의 없습니다.

반대로 5~10월에는 수익이 30번 났는데, 그때 수익은 평균 7.5% 정도 밖에 안 되었고, 손실은 12번 발생했는데 그때 평균 8.6% 손실이 발생했습니다. 따라서 수익이 난 해의 수익이 손실이 난 해의 손실보다 평균적으로 0.86배밖에 되지 않는다는 것을 볼 수 있죠. 미국에서는 5~10월에 전반적으로 수익을 발생하긴 하는데, 사건 사고도 5~10월에 집중되는 경향이 있습니다(예 1987년 10월 블랙 먼데이, 2001년 9.11 테러, 2008년 10월 금융위기 등).

# 한국형 올웨더와
# 핼러윈 전략 결합하기

수십 년 동안의 글로벌 시장, 한국 시장, 미국 시장을 분석하면서 얻은 결론은 11~4월 주식 비중 확대, 5~10월 주식 비중 축소였습니다. 그러면 이 결론에 근거하여 우리가 만든 한국형 올웨더 포트폴리오를 수정해 보겠습니다.

예를 들면, 아래 표와 같이 비중을 조정할 수 있겠죠. 주식 비중을 11~4월에는 35%에서 45%로 올리고 5~10월에는 25%로 낮추고, 그에 맞게 나머지 자산 비중을 조정하는 것입니다.

| 예시: 한국형 올웨더, 주식 비중 11~4월 45%, 5~10월 25%일 경우 |

| 자산군 | 기존 배분 | 11~4월 | 5~10월 |
|---|---|---|---|
| 한국 주식 | 17.5 | 22.5 | 12.5 |
| 미국 주식 | 17.5 | 22.5 | 12.5 |
| 금 | 15 | 15 | 15 |
| 한국 중기채 | 25 | 20 | 30 |
| 미국 중기채 | 25 | 20 | 30 |

11~4월과 5~10월에 주식 비중을 조정한 4개 포트폴리오의 자산별 비중과 각각의 성과를 분석해 보았습니다.

| 한국형 올웨더 + 마켓타이밍 포트폴리오 1: 주식 비중 ±5% |

| 자산군 | 11~4월 | 5~10월 |
|---|---|---|
| 한국 주식 | 20 | 15 |
| 미국 주식 | 20 | 15 |
| 금 | 15 | 15 |
| 한국 중기채 | 22.5 | 27.5 |
| 미국 중기채 | 22.5 | 27.5 |
| 연복리수익률 | 8.3 ||
| MDD | 6.5 ||

| 한국형 올웨더 + 마켓타이밍 포트폴리오 2: 주식 비중 ±10% |

| 자산군 | 11~4월 | 5~10월 |
|---|---|---|
| 한국 주식 | 22.5 | 12.5 |
| 미국 주식 | 22.5 | 12.5 |
| 금 | 15 | 15 |
| 한국 중기채 | 20 | 30 |
| 미국 중기채 | 20 | 30 |
| 연복리수익률 | 8.7 ||
| MDD | 6.7 ||

| 한국형 올웨더 + 마켓타이밍 포트폴리오 3: 주식 비중 ±15% |

| 자산군 | 11~4월 | 5~10월 |
|---|---|---|
| 한국 주식 | 25 | 10 |
| 미국 주식 | 25 | 10 |
| 금 | 15 | 15 |
| 한국 중기채 | 17.5 | 32.5 |
| 미국 중기채 | 17.5 | 32.5 |
| 연복리수익률 | 9.1 ||
| MDD | 7.5 ||

**| 한국형 올웨더 + 마켓타이밍 포트폴리오 4: 주식 비중 ±20% |**

| 자산군 | 11~4월 | 5~10월 |
|---|---|---|
| 한국 주식 | 27.5 | 7.5 |
| 미국 주식 | 27.5 | 7.5 |
| 금 | 15 | 15 |
| 한국 중기채 | 15 | 35 |
| 미국 중기채 | 15 | 35 |
| 연복리수익률 | 9.5 | |
| MDD | 8.3 | |

이 성과를 종합해 보면 아래와 같습니다.

**| 각 한국형 올웨더 + 마켓타이밍 전략의 성과, 2000.1~2022.2 |**

| 자산군 | 마켓타이밍<br>없음 | 각각<br>±5% | 각각<br>±10% | 각각<br>±15% | 각각<br>±20% |
|---|---|---|---|---|---|
| 연복리수익률 | 7.9 | 8.3 | 8.7 | 9.1 | 9.5 |
| MDD | 7.2 | 6.5 | 6.7 | 7.5 | 8.3 |

11~4월 주식 비중 확대 및 채권 비중 축소와 5~10월 주식 비중 축소 및 채권 비중 확대를 통해 수익은 개선되고 MDD는 줄어들거나 소폭 상승한 것을 볼 수 있습니다. 그렇다면 이 중에서 어떤 버전이 투자자에게 가장 좋을까요? 투자 성향에 따라 선택이 갈리겠지만, 개인적으로는 MDD가 기존 한국형 올웨더와 비슷한 수준이면서도 연복리수익률을 1.3% 정도 개선할 수 있는 ±15% 버전이 좋아 보입니다.

지금까지 살펴본 결과를 종합하면 다음의 표와 같습니다.

1. 우리는 주식, 채권, 실물 자산을 결합한 한국형 올웨더 전략을 만들어서 MDD를 한 자릿수로 줄였습니다. 각 자산의 비중은 다음과 같습니다.

| 자산군 | ETF | 기존 배분(%) |
|---|---|---|
| 한국 주식 | KOSEF 200TR | 17.5 |
| 미국 주식 | TIGER S&P500 | 17.5 |
| 금 | KODEX 골드선물(H) | 15 |
| 한국 중기채 | KOSEF 국고채 10년 | 25 |
| 미국 중기채 | TIGER 미국채 10년 선물 | 25 |
| 연복리수익률 | 7.9 | |
| MDD | 7.2 | |

2. 수익을 더 높이기 위해 11~4월, 5~10월 주식 및 채권 비중을 변경해봅니다. 각 자산의 비중은 아래와 같습니다.

| 자산군 | 11~4월 | 5~10월 |
|---|---|---|
| 한국 주식 | 25 | 10 |
| 미국 주식 | 25 | 10 |
| 금 | 15 | 15 |
| 한국 중기채 | 17.5 | 32.5 |
| 미국 중기채 | 17.5 | 32.5 |
| 연복리수익률 | 9.3 | |
| MDD | 7.5 | |

MDD는 기존과 비슷하지만 수익률은 개선되었죠. 어떤 것을 선택하든 꾸준히 투자해서 연복리 효과를 누리기를 바랍니다.

자산배분 비중은 결정되었으니 마지막으로 한국과 미국 주식에서 퀀트 투자를 통해 수익을 좀 더 올릴 궁리를 해야겠네요. 그전에 핼러윈 전략이 왜 생기는지, 왜 통하는지 그 이유를 알아보겠습니다.

# 핼러윈 전략이 통하는 이유

결론부터 말하면 정확한 이유는 저도 잘 모릅니다. 주식시장을 좌지우지하는 글로벌 투자은행이나 기관투자자들에게 일일이 "너는 왜 11월에 샀니? 왜 4월에 팔았니?"를 물어야 확실한 이유를 알 수 있는데 현실적으로 그건 불가능하겠죠. 설사 그들을 인터뷰할 수 있다고 쳐도 그들이 진실한 답을 줄지도 의문입니다. 또한 거액을 운용하는 개인투자자에게 물으면 "미국 매크로 환경이 어쩌고, 금리 전망이 저쩌고" 식으로 답할 수도 있겠지요. 그러나 주식을 판 진짜 이유는 "오늘 머리가 아프고 날씨도 나빠서 짜증 나서 팔았다" 또는 "부인이 하도 주식 하지 말라고 짜증 내서 어쩔 수 없이 팔고 부동산 사려고"와 같은 개인적인 이유일 수도 있습니다. 그렇게 말하면 부끄러우니까 거시경제나 지표 핑계를 대는 거죠. 왜 주식을 사고팔았는지 명확하게 설명할 수 있는 투자자가 매우 드문 것도 사실입니다.

그래도 왜 핼러윈 전략이 통하는지에 대한 몇 가지 아이디어는 찾을 수 있습니다.

### ① 투자자의 기분

투자자들이 기분이 좋으면 세상을 낙관적으로 봐서 주식을 사서 주식이 오른다는 설이 있습니다. 어떤 계절에 투자자들이 전반적으로 기분이 좋을까요? 자본을 많이 보유한 미국, 유럽 투자자의 경우 12월, 1월, 3~4월에 기분이 좋을 가능성이 큽니다. 반대로 9~10월에는 기분이 덜 좋을 가능성이 크죠.

한국의 경우 여름이 무덥고 불쾌 지수가 높고 가을이 시원하지만 미국, 유럽은 여름이 그렇게 덥지 않고 휴가도 길어서 선호하는 계절인데 가을은 날씨가 추워지고 해가 짧아지고 야외에서 활동하기가 어려워져서 사람들이 전반적으로 우울해지는 경향이 있습니다.

그런데 12월에는 크리스마스 분위기, 1월에는 신년 분위기 때문에 사람들 기분이 좋아지고, 3~4월에는 지긋지긋한 겨울이 끝나고 봄이 오기 때문에 기분이 좋아집니다.

### ② 여름휴가 시즌

그렇다면 여름에는 기분이 좋은데 왜 주식은 크게 오르지 않을까요? 7~8월에 대부분의 투자자가 휴가를 가서 매수 세력이 약해진다는 이론이 있습니다. 또한 휴가를 마음 편히 보내기 위해 매도한다는 설도 있습니다.

### ③ 절세

대부분의 국가는 주식 수익에 양도세를 부여하고 한국도 대주주에게 그렇게 합니다. 따라서 연말 전 손실이 난 주식을 팔아서 양도세를 줄이려고 노력하게 되는데, 이 주식을 12월 마지막 주, 1월 초에 다시 되사는 세력이 있어서 이때 수익이 전반적으로 높아진다는 이론이 있습니다.

### ④ 배당 재투자

한국 상장기업은 대부분 12월 말 기준으로 주식을 보유한 투자자에게 3~4월에 배당을 지급합니다. 배당금을 받은 투자자는 배당금 일부를 재투자하는데 이것이 주식 가격을 올립니다. 실제로 한국은 배당금이 많이 쌓이는 3월 15일~4월 23일의 수익이 다른 구간보다 월등히 높습니다.

### ⑤ 주주친화적 정책

한국 기업은 2~3월에 주주총회를 주로 개최하는데, 분쟁을 피하기 위해 주주친화적 정책을 1/4분기에 내놓는 사례가 많습니다.

### ⑥ 기업 수익의 계절성

미국, 한국 기업 모두 1분기 수익이 상대적으로 높고 3분기 수익이 낮다는 통계가 있습니다.

### ⑦ 통화정책

미국 연준이 크리스마스 시즌을 앞두고 4분기부터 금리를 인하하거나 통화공급을 확대해서 경기를 부양하는 경우가 많습니다.

# 한국 주식
# 종목선정

# 018 > 어떤 주식을 사야 하는가?

지금까지 자산배분과 마켓타이밍에 대해 알아봤고, 셋째마당에서는 좋은 종목에 투자해서 수익을 극대화하는 종목선정을 분석하는 방법을 알아보겠습니다. 한국 시장부터 시작하죠.

보통 투자서, 방송, 유튜브 등을 보면 전문가들이 무엇을 강조하던가요?

> "저평가된 기업의 주식을 사야 한다(가치주)" 또는
> "성장성이 좋은 기업의 주식을 사야 한다(성장주)" 또는
> "성장성이 좋은데 아직은 저평가된 기업의 주식을 사야 한다(성장가치주)"라는 말을 자주 할 겁니다.

저도 이 내용에 100% 동의합니다. 저뿐만 아니라 대다수 투자자가 동의할 겁니다. 셋째마당에서는 퀀트 방식으로 가치주, 성장주, 성장가치주를 선별하는 방법을 배울 겁니다.

그 방식은 구체적으로 아래와 같습니다.

> 1. 가치주, 성장주, 성장가치주 여부를 판가름하며 수치화가 가능한 지표 발굴
> 2. 그 지표가 우수한 기업에 투자했다면 어떤 성과가 있었는지 백테스트
> 3. 백테스트 성과가 좋다면, 그 전략에 맞는 기업 발굴

첫 순서는 가치주, 성장주, 성장가치주를 발굴하는 지표를 알아내는 겁니다. 이를 위해서는 재무제표 지식이 필수입니다. 물론 회계사처럼 전문지식을 연마할 필요는 없지만, 퀀트 투자에 필요한 지표를 이해하기 위해서는 어느 정도의 재무제표 지식은 필수입니다.

참고로 아래 표는 제가 이 책에서 사용할 주요 지표입니다. 이 지표들이 각각 무엇을 의미하며 어떻게 계산하는지 모두 알고 있다면 Section 19~21은 건너뛰셔도 됩니다.

| 이 책에서 한국 종목선정에 쓰는 주요 지표 |

| 지표 카테고리 | 지표 이름 | 계산법 |
|---|---|---|
| 가치주 지표 | PSR | 시가총액/최근 분기 매출액 |
| | PGPR | 시가총액/최근 분기 매출총이익 |
| | POR | 시가총액/최근 분기 영업이익 |
| | PER | 시가총액/최근 분기 순이익 |
| 성장주 지표 | 매출액 성장률 | (최근 분기 매출액 -전년 동기대비 매출액)/시가총액 |
| | 매출총이익 성장률 | (최근 분기 매출총이익-전년 동기대비 매출총이익)/시가총액 |
| | 영업이익 성장률 | (최근 분기 영업이익 - 전년 동기대비 영업이익)/시가총액 |
| | 순이익 성장률 | (최근 분기 순이익 - 전년 동기대비 순이익)/순이익 |

## 가치주, 성장주, 성장가치주… 어떻게 다르고 어떻게 구분하죠?

자산배분과 핼러윈 전략을 깨우친 김주식 대리, 다시 강퀀트 과장을 찾아갑니다.

"선배님, 11~4월 주식 수익률이 5~10월보다 높다는 것이 정말 신기하네요."

"그렇죠? 저도 처음 알게 됐을 때 믿기지 않았어요. 사실 저 역시 11~4월에는 벌고 5~10월에는 깨지는 투자를 반복하다가 이 패턴을 알게 된 거예요. 이제 마지막 한 관문이 남았네요. 자산배분에서 주식 비중을 ETF로 투자할 수도 있지만 주가지수보다 더 수익이 날 만한 개별 주식을 사면 수익을 훨씬 올릴 수 있죠."

"그 방법을 정말 알고 싶네요!"

"한국 시장에서는 '저평가된 주식'과 '성장하는 주식'의 수익이 주가지수보다 월등히 높아요. 저평가된 주식을 '가치주'라고 부르기도 하죠. 그리고 '소형주'의 수익이 '대형주'보다 훨씬 높아요."

"저도 나름대로 책도 보고 유튜브도 보는데, '성장성이 좋고 아직 저평가된 주식을 찾아라'라는 말을 많이 들은 것 같아요."

"그렇죠. 기업이 성장하면 당연히 그 기업의 주가가 오르는 건데, 미래 성장성이 가격에 이미 다 반영되어서 주가가 너무 비싼 경우가 많아요. 그래서 성장주 중에서도 저평가된 기업을 사는 것이 중요한 거죠. 구체적으로 이런 기업을 어떻게 찾아내느냐가 문제겠죠?"

"네, 그걸 꼭 알고 싶네요."

"이런 기업들을 정량적으로 찾아내는 방법이 있고, 정성적으로 찾는 방법이 있죠. 후자는 상당히 복잡하고 많은 경험과 지식이 필요해요. 우리는 저평가주와 성장주를 정량적으로, 즉 특정 지표만 보고 찾아내는 방법을 배울 거예요. 이렇게 기업을 찾아서 투자하는 방법을 퀀트 투자라고 하죠."

강퀀트 과장은 계속 말을 이어갑니다.

"저평가 주식, 또는 가치주는 기업의 시가총액을 기업 경영에 중요한 재무제표 항목과 비교해서 찾습니다. PER라는 지표 들어봤죠? 그건 시가총액을 순이익으로 나눈 지표예요. 100억 원의 순이익을 버는 두 기업이 있는데, 첫 번째 기업의 시가총액은 500억 원이고 두 번째 기업의 시가총액은 2,000억 원이죠. 그렇다면 첫 번째 기업의 PER는 5이고 두 번째 기업의 PER는 20이겠죠. 나머지 모든 조건이 다 같다면 두 기업 중 첫 번째 기업이 저평가되었다고 볼 수 있어요. 이런 식으로 시가총액을 매출액으로 나눈 지표는 PSR, 매출총이익으로 나눈 지표는 PGPR, 영업이익으로 나눈 지표는 POR, 순자산으로 나눈 지표는 PBR 등으로 부르는데, 이런 지표를 통해 저평가되었다고 추정되는 기업을 뽑아낼 수 있죠."

"어우, 생각보다 복잡하네요. 그렇다면 성장주는 무엇이죠?"

"기업의 목적은 돈을 버는 거잖아요? 그렇다면 더 많은 물건을 팔아서 더 많은 돈을 버는 기업이 훌륭한 기업이겠죠. 즉, 매출액, 매출총이익, 영업이익, 순이익 등이 과거보다 성장하는 기업이 성장주입니다."

"처음 들어본 개념이라 머리가 핑핑 도네요. 회계와 재무제표를 제대로 공부한 적이 없어서 혼란스럽습니다. 아무튼 저런 지표들이 우수한 기업이 저평가주와 성장주이고, 그런 기업에 투자하라는 거죠?"

"그렇죠. 그리고 성장도 곧잘 하는데 저평가된 성장가치주도 수익이 높아요. 이런 주식을 사면 주가지수보다 훨씬 더 높은 수익을 낼 수 있어요. 그런데 투자를 하는 사람이 재무제표를 모르다니! 제가 기초 교육을 좀 시켜드려야겠네요."

# 기초 회계 - 손익계산서

▶ 할투 478

종목선정을 위한 퀀트 투자를 하려면, 즉 가치주, 성장주, 성장가치주를 발굴하기 위해서는 상당한 회계 지식이 필요합니다. 그래야 어떤 지표가 무슨 의미인지 알 수 있고, 그 지표들을 해석할 수 있으니까요. 꽤 어려운 일일 것 같죠? 아닙니다. 그걸 알기 위해 회계사나 회계 전문가가 될 필요는 없습니다. 투자에 필요한 정도의 회계 지식만 익히면 충분하답니다.

재무제표는 재무상태표, 손익계산서, 현금흐름표 등으로 구성되어 있는데 그중 제일 중요한 항목으로는 '손익계산서'를 꼽습니다. 손익계산서는 간단히 말하면 판매를 해서 벌어온 돈(매출)과 판매를 위해 쓴 돈(비용)과 매출과 비용의 차이(이익)를 기간 단위로 정리한 재무제표입니다.

손익계산서의 구조는 다음 페이지의 도식과 같습니다.

**매출액**
− 매출원가

⬇

**= 매출총이익**
− 판매비와 관리비

⬇

**= 영업이익**
± 금융수익 / 금융비용
± 기타수익 / 비용
− 법인세

⬇

**= 당기순이익**

하나하나의 요소를 살펴보면 우리가 어떻게 Section 18에 나온 주요 지표를 택했는지, 왜 그 지표가 중요한지를 알 수 있습니다. 우리가 치킨집을 운영한다고 가정하고 손익계산서를 설명해 보겠습니다. 아래의 치킨집 사례는 유흥관 회계사의 《읽으면 진짜 재무제표 보이는 책》에서 발췌했습니다. 재무제표를 처음 공부하는 분들께 강력하게 추천합니다.

## 1. 매출액

기업은 제품 또는 서비스를 팔아야 기업을 계속 운영할 수 있습니다. 치킨집도 치킨을 잘 팔아야 생존할 수 있습니다. 여기서 우리는 퀀트 투자에서 활용할 수 있는 지표를 뽑아낼 수 있습니다.

① 매출액이 증가하는 기업은 좋은 기업입니다. 그래서 '매출액 증가율'이라는 성장주 지표가 있죠. 특히 한국은 최근 분기 매출액이 전년 동기 대비 또는 전 분기 대비 많이 증가하는 기업의 주식이 많이 오르는 경향을 보입니다.

② 또한, **시가총액 대비 매출액이 많은 기업은 저평가**되었다고 볼 수 있죠. 그 시가총액을 매출액으로 나눈 가치주 지표를 PSR(Price-Sales Ratio)이라고 부릅니다.

➔ **돈 되는 지표**: 매출액 증가율, PSR

## 2. 매출총이익

우리가 하는 치킨집에서 1년에 1만 마리를 튀겨서 각 2만 원에 팔았다고 가정하겠습니다. 그렇다면 매출액은 2억 원이겠죠. 아쉽게도 매출액을 다 가질 수는 없습니다. 매출을 만들어 내려면 비용이 지출되죠. 치킨을 만들려면 닭, 기름, 소스 등 재료가 필요합니다. 이렇게 물건이나 서비스를 제공하는 데 직접 소요된 경비를 매출원가라고 합니다. 구매가 또는 제조원가로 계산합니다. 치킨 한 마리당 5,000원이라고 하겠습니다. 생산에 필요한 노동력도 매출원가에 포함됩니다. 예를 들면 아르바이트생이 하루 10만 원을 받고 50마리를 튀기면 치킨 한 마리당 비용 2,000원이 발생합니다. 또한 치킨을 만들기 위해 튀김기계를 샀을 텐데, 이 기계 가격이 2,000만 원이고 고장 날 때까지 2만 마리의 치킨을 튀길 수 있다면 치킨 한 마리당 비용 1,000원이 발생합니다. 치킨 1마리당 8,000원, 총 8,000만 원이라고 계산해 보죠.

그렇다면 **매출총이익 = 매출액−매출총비용**이므로

이 치킨집의 매출총이익은 2억 원−8,000만 원 = 1억 2,000만 원입니다.

여기서도 퀀트 투자에 활용할 수 있는 지표들이 몇 개 있는데요.

① 매출총이익이 증가하는 기업은 좋은 기업입니다. 그래서 '매출총이익 증가율'이라는 성장주 지표가 있죠. 특히 한국은 최근 분기의 매출총이익이 전년 동기 대비 또는 전 분기 대비 많이 증가하는 기업의 주식이 많이 오르는 경향을 보입니다.

② 또한, **시가총액 대비 매출총이익이 높은 기업은 저평가**되었다고 볼 수 있죠. 그 시가총액을 매출총이익으로 나눈 가치주 지표를 PGPR(Price-Gross Profits Ratio)이라고 부릅니다.

→ **돈 되는 지표:** 매출총이익 증가율, PGPR

## 3. 영업이익

그렇다면 치킨집 사장이 매출총이익인 1억 2,000만 원을 고스란히 가져갈 수 있을까요? 아쉽게도 그렇지 않습니다. 닭, 기름, 소스 같은 재료와 알바생 및 튀김 기계만 있으면 일단 치킨은 만들어 낼 수 있지만, 판매할 장소도 필요하고 마케팅도 해야 하고 필요하면 배달도 해야 하고 전화 받거나 서빙, 배달하는 알바생도 필요합니다. 또 가끔 거래처 접대도 필요할 수 있고, 경쟁 치킨집보다 더 맛있는 치킨을 만들기 위해 연구개발도 해야 합니다. 이런 식으로 물건 판매와 관리 활동을 위해 상당히 큰 비용이 지급됩니다. 이것을 '판매비와 관리비' 비용이라고 합니다. 매출총이익에서 판매관리비까지 다 뺀 이익을 영업이익이라고 합니다. 판매비와 관리비가 7천만 원이 들었고 영업이익이 5천만 원이라고 가정해 보죠.

여기서도 퀀트 투자에 활용할 수 있는 지표들이 몇 개 있는데요.

① 영업이익이 증가하는 기업은 좋은 기업입니다. 그래서 '영업이익 증가율'이라는 성장주 지표가 있죠. 특히 한국은 최근 분기의 영업이익이 전년 동기 대비 또는 전 분기 대비 많이 증가하는 기업의 주식이 많이 오르는 경향을 보입니다.

② 또한, **시가총액 대비 영업이익이 높은 기업은 저평가**되었다고 볼 수 있죠. 그 시가총액을 영업이익으로 나눈 가치주 지표를 POR(Price-Operating Earnings Ratio)이라고 부릅니다.

➜ **돈 되는 지표:** 영업이익 증가율, POR

---

잠깐만요

## PRR, PLR도 배워봅시다

판매비와 관리비 중 여러 품목이 있는데, 그중 주식 수익률에 영향을 주는 지표가 있습니다. 연구개발비와 인건비입니다.

- **연구개발비**: 기업이 연구개발에 투자를 많이 하면 나중에 좋은 상품과 서비스가 출시되서 기업의 매출액, 매출총이익, 영업이익, 순이익에 기여할 가능성이 큽니다. 따라서 연구개발을 많이 하는 기업은 좋은 기업이라 볼 수 있죠.
  **PRR(Price-R&D Ratio)라는 지표가 있는데, 시가총액을 연구개발로 나눈 지표**입니다. 이 지표가 작을수록 시가총액 대비 연구개발을 많이 한다는 것이죠. 이 지표가 낮은 주식의 미래 수익률이 높습니다.

- **인건비**: 인건비를 많이 지급하는 기업은 유능한 인재에 많이 투자한다는 거죠. 이 인재들이 나중 좋은 상품과 서비스를 만들거나 판매를 잘 해서 기업의 매출액, 매출총이익, 영업이익, 순이익에 기여할 가능성이 큽니다. 따라서 인건비를 많이 지출하는 기업은 좋은 기업이라 볼 수 있죠.
  **PLR(Price- Labor Cost Ratio)라는 지표가 있는데, 시가총액을 인건비로 나눈 지표**입니다. 이 지표가 작을수록 시가총액 대비 인건비 지출이 높다는 뜻이죠. 이 지표가 낮은 주식의 미래 수익률이 높습니다.

이 지표들은 이 책에서 소개한 주요 전략에 쓰이지는 않으나 알아두어도 나쁘지 않습니다 (미국 대형주 전략에는 PRR이 사용됩니다).

➡ **돈 되는 지표**: PRR, PLR

# 4. 순이익

그럼 영업이익 5천만 원은 사장님이 다 가져갈 수 있을까요? 아직 아닙니다.

**금융 수입 또는 비용**: 치킨집이 창업할 때 자금이 모자라서 대출을 받았으면 이자 비용이 생기고, 반대로 돈이 남아서 예금을 들면 이자 수입이 생깁니다.

**기타수익 또는 비용**: 치킨집을 하다 보니 이 동네에 사람이 줄어들어서 장사가 안돼서 옆 동네로 이사하려고 합니다. 그래서 개업할 때 2억 원에 산 건물을 내놨는데 부동산 가격이 많이 올라서 10억이 되었네요. 그럼 8억 원의 수익이 발생하는데, 이 수익은 치킨집 영업과는 관계가 없어서 '기타수익'으로 처리가 됩니다. 반대로 치킨집 사장님이 치킨집 자금으로 주식투자를 했는데 손실이 발생하면 이 역시 치킨집 영업과는 관계가 없어서 '기타비용'으로 처리가 됩니다.

그리고 영업이익에서 기타수익/비용과 기타수익/비용을 합산한 금액에서 법인세를 내야 합니다. 그 후 남는 돈이 순이익입니다.

이제 어떤 순이익과 관계된 퀀트 지표가 나올지 감이 잡히죠?

① 순이익이 증가하는 기업은 좋은 기업입니다. 그래서 '순이익 증가율'이라는 성장주 지표가 있죠. 특히 한국은 최근 분기의 순이익이 전년 동기 대비 또는 전 분기 대비 많이 증가하는 기업의 주식이 많이 오르는 경향을 보입니다.

② 또한, **시가총액 대비 순이익이 많은 기업은 저평가**되었다고 볼 수 있죠. 그 시가총액을 순이익으로 나눈 가치주 지표를 PER(Price-Earnings Ratio)라고 부릅니다.

지금까지 살펴본 지표들을 종합해 볼까요?

1. 손익계산서에서는 매출액, 매출총이익, 영업이익, 순이익이 핵심 지표입니다.
2. 최근 분기에 이 4개의 지표가 전년 동기 대비 크게 성장한 기업은 좋은 기업입니다. '성장주'라고 볼 수 있습니다.
3. 4개 지표가 시가총액 대비 높으면 그 기업은 저평가된 '가치주'라고 볼 수 있습니다.

**중요:** 이 책에서 종목선정 전략을 사용할 때 이 4개 지표를 주로 사용합니다.

물론 이 지표 외에도 퀀트 투자에 활용할 수 있는 지표들은 수십 개, 아니 수백 개가 있습니다. 그런 지표들도 책에서 더 설명하겠습니다.

# 기초 회계 – 재무상태표

재무상태표의 항목은 자산, 부채, 자본(순자산)으로 나눕니다.

예를 들면 치킨집에 자산이 3억이 있다면 그 자산은 내 마음대로 할 수 있는 자원입니다. 그런데 은행에서 대출을 1억을 받았다면 나중에 갚아야 하니까 자산 중 1억은 '부채'이고 나머지 2억만 '자본', 즉 내 소유입니다.

따라서 자산 = 부채 + 자본 이라는 개념이 성립됩니다.

우리는 결혼을 앞두고 서로의 많은 부분을 검토하고 따져봅니다. 그중에서 금전적인 면을 보면서 '이 사람은 얼마나 버나?', 그리고 '씀씀이는 어떠한가?'를 살핍니다. 이런 부분을 재무상태표의 '손익계산서'에서 볼 수 있습니다. 그리고 상대방의 수입과 지출 못지않게 '이 사람(또는 이 사람의 부모)이 가진 자산이 얼마인가?', '빚은 있는가?' 역시 주요 관심사가

될 수밖에 없겠지요. 이런 부분은 재무상태표에서 확인할 수 있습니다.

여기에도 퀀트 전략에서 활용할 수 있는 지표가 여러 개 있습니다.

① **시가총액 대비 자본이 많은 기업은 저평가**되었다고 볼 수가 있죠. 시가총액을 자본으로 나눈 가치지표를 PBR(Price-Book Ratio)라고 부릅니다.

② **시가총액 대비 자산이 많은 기업은 저평가**되었다고 볼 수가 있죠. 시가총액을 자산으로 나눈 가치지표를 PAR(Price-Asset Ratio)라고 부릅니다.

③ 또한, 자산이 얼마나 증가하는지도 분석할 수 있는데, 매출액, 매출총이익, 영업이익, 순이익과 다르게 자산이 많이 증가하는 기업은 보통 나쁜 기업입니다. 오히려 **자산증가율이 낮은 기업의 수익이 더 높습니다.**

상식적으로 자산 대비 부채가 많으면 안정성이 떨어진다고 볼 수 있습니다. 돈을 빌렸는데 이자와 원금을 못 갚으면 파산하는 것은 개인, 기업, 국가가 다 마찬가지거든요. 그래서 부채비율 = 부채/자본이 높은 기업에 투자를 피하면 파산할 기업에 투자할 확률을 크게 낮출 수 있습니다.

조금 전 앞에서 본 표를 다음과 같이 조금 더 세분화할 수 있는데요.

부채를 차입금과 기타부채로 나눈 것을 볼 수 있습니다.

차입금은 기업이 주기적으로 원금과 이자를 지급해야 하는 부채를 의미합니다. 기타부채는 이자를 지급하지 않아도 되는 부채인데, 대표적으로 매입채무(외상으로 물건을 샀는데 아직 안 갚았을 경우 발생하는 부채) 등이 있습니다. 차입금의 경우 이자와 원금을 갚지 않으면 기업이 파산할 수 있습니다. 따라서 차입금이 적은 기업이 안전한 기업, 차입금이 많은 기업은 안전성이 떨어지는 기업이라고 볼 수 있습니다. 따라서 차입금비율 = 차입금/자본이 높은 기업도 피하는 것이 좋습니다.

→ **돈 되는 지표:** PBR, PAR, 자산성장률

→ **파산 가능성이 큰 기업을 골라내는 지표:** 부채비율, 차입금비율

# 기초 회계 – 현금흐름표

현금흐름표는 말 그대로 기업 현금의 유입과 유출 내용을 기록한 재무제표입니다.

기업의 현금이 들어오고 나가는 분야는 다음의 셋으로 나눌 수 있습니다.

> **영업활동현금흐름**
> **투자활동현금흐름**
> **재무활동현금흐름**

영업활동현금흐름은 기업 영업을 통해서 들어오거나 나가는 현금입니다. 당연히 많을수록 좋겠죠. 기업은 영업을 통해 돈을 벌어야 하니 정상적인 기업의 영업활동현금흐름은 보통 양(+)이며, 장기적으로 계속 음(-)인 경우 기업 상태가 매우 안 좋은 것이므로 투자를 안 하는 것이 좋습니다.

투자활동현금흐름은 기업의 투자 행위로 들어오거나 나가는 현금입니다. 가장 중요한 투자활동은 설비투자인데, 이 외에 투자부동산 매수·매도, 주식 매수·매도 등도 여기 포함이 됩니다. 기업은 설비투자에 돈을 쓰게 되어 있으므로 정상적인 기업의 투자활동현금흐름은 보통 음(-)입니다.

재무활동현금흐름은 자금 조달 관련 현금이 들어오고 나가는 것인데, 여기에는 현금의 차입 및 상환, 신주발행을 통한 현금 유입, 배당금 지출 등이 포함됩니다.

여기에도 퀀트적으로 활용할 수 있는 지표가 몇 개 있습니다.

① 영업활동현금흐름은 매우 중요한 지표입니다. 상식적으로 기업이 영업을 통해 돈을 벌어오는 것이 제일 중요하겠죠. **시가총액을 이 영업활동현금흐름으로 나눈 지표를 PCR(Price-Cashflow Ratio)**이라고 합니다.

② 영업활동현금흐름, 즉 영업활동에서 벌어온 현금을 주주들이 전부 다 쓸 수 있을까요? 아닙니다. 기업은 계속해서 새로운 설비에 투자해야 돈을 벌 수 있겠죠. 그래서 영업활동현금흐름에서 설비투자 비용을 뺀 금액을 '잉여현금흐름'이라고 하는데, **시가총액을 잉여현금흐름으로 나눈 지표를 PFCR(Price-Free Cashflow Ratio)**이라고 부릅니다.

③ 기업은 돈을 벌면 그 돈을 기업에 유보하는 것이 좋을까요, 배당이나 자사주매입으로 주주들에게 나눠주는 것이 좋을까요? 한국의 경우 많이 나눠주는 기업의 수익이 월등히 높았습니다.

**배당수익률 = 배당/시가총액**과 **주주수익률= (배당+자사주매입)/시가총액**이 높은 기업의 주식이 수익이 좋죠.

→ **돈 되는 지표:** PCR, PFCR, 배당수익률, 주주수익률

# 개별주 퀀트 투자
# 큰 그림 그리기

이 Section에서는 개별 주식 퀀트 투자를 어떻게 하는지 큰 개념만 짚고 넘어가겠습니다. 자세한 지표와 전략은 Section23부터 하나하나 설명하겠습니다.

개별 주식 퀀트 투자의 목적은 주가지수보다 높은 수익을 내는 데 있겠죠? 더 높은 수익을 내기 위해서 우리는 아래와 같은 과정을 반복할 것입니다.

**1. 주가지수보다 더 수익이 높은 지표를 찾기**(백테스팅)

- Section 23: 소형주 지표

- Section 24~29: 가치주 지표

- Section 32~36: 성장주 지표

**2. 지표 여러 개 섞어서 전략 만들기**(백테스팅)

- Section 30, 31, 37, 38 (가치주 전략, 성장주 전략, 성장가치 전략 등)

**3. 그 전략에 맞는 종목 찾기**(종목선정)

**4. 그 종목 매수**(매매)

**5. 주기적 리밸런싱**(주로 분기)

# 주가지수보다 더 수익이 높은
# 지표 찾기(백테스팅)

무작정
따라하기

샘플 전략을 통해 이 과정을 설명해 보겠습니다. 그러나 이 전략을 그대로 실전에 사용하라는 것은 아닙니다!

할투 813

**1. 주가지수보다 더 수익이 높은 지표를 찾기(백테스팅)**
- Section 19~21에서 많은 지표를 배웠는데 그중 PER라는 지표와 매출액 성장률이라는 지표를 알게 되었습니다.
- 퀀터스(https://quantus.kr/)를 통해 최근 20년간 PER가 가장 낮았던 50개 기업에 투자했다면 어떤 결과가 나왔을지 확인해 볼 수 있습니다.

**STEP 0**  로그인

우선 퀀터스에 로그인을 해야 합니다. 카카오 ID가 있으면 누구나 로그인이 가능합니다.

유니버스 선택

– 유니버스에서 한국, 미국, KOSPI, KOSDAQ 선택이 가능합니다.

– 기본 필터: 중국기업, 관리종목 제외(중요!)

· 중국에는 훌륭한 상장기업이 많으나, 한국에 상장한 중국기업은 매우 질이 안 좋은 기업이 대부분입니다. 이런 기업은 투자 대상에서 제외하는 것이 좋습니다.

· 관리종목은 상장법인이 갖추어야 할 최소한의 유동성을 갖추지 못하였거나, 영업실적 악화 등의 사유로 부실이 심화된 종목으로 상장폐지기준에 해당할 우려가 있는 종목을 말합니다. 이런 종목에는 투자 안 하는 것이 좋겠죠!

금융주, 지주사, 적자기업: 취향에 따라 포함할 수도 있고 뺄 수도 있습니다. 저는 개인적으로 금융주, 지주사, 적자기업을 모두 제외하는 편입니다.

– 모니터 하단에서 '다음'을 누릅니다.


STEP 2 팩터 선정

– '전략명을 입력하세요'에 PER이라고 입력
– 팩터 비중 산출: 동일비중 결합
– 초급, 중급, 고급 중 중급 선택(PER은 초급도 가능)
– 가치 팩터(Price 관련) - PER 클릭
– PER 가중치는 1, '하위'로 유지
  • PER은 낮을수록 좋으니까 PER이 낮은 기업을 우대한다는 의미
– 모니터 하단에서 '다음'을 누릅니다.

STEP 3  트레이딩 설정

– **초기 투자 금액**: 1,000만 원으로 시작합니다(금액을 바꿔도 무난합니다)
– **거래 수수료**:
  • 거래비용에 거래세 0.25%는 이미 포함되어 있습니다.
  • 대부분 증권사의 거래수수료는 0.015%입니다. 따라서 슬리피지가 없다고 가정하면 거래비용 0.015%만 입력하면 되지만, 현실 세계에는 슬리피지가 존재합니다.
  • 슬리피지는 장 상황에 따라 매일 다르기 때문에 어느 정도가 적절한지 측정하기 매우 어렵습니다.
  • 저는 이번 책을 쓰면서 슬리피지를 포함한 대형주 거래비용을 0.3%, 전체 주식은 0.6%, 소형주를 1%로 가정했습니다. 이 정도면 슬리피지 비용을 꽤 보수적으로 측정했다고 생각합니다.
– **리밸런싱 기간**: 분기
  • 월간, 분기, 반기, 연간으로 설정이 가능합니다.

**알아두세요**

**가중치**

전략에서 검토하는 팩터에 비중을 둘 수 있습니다. 여기서는 PER라는 한 개의 팩터만 검토해서 비중이 중요하지 않은데, 여러 팩터를 검토하면 각 팩터의 비중을 설정할 수 있습니다. 나중 자세히 설명합니다.

**알아두세요**

**슬리피지(Slippage)**

매매주문 시 발생하는 체결오차 현상으로 원하는 가격에 주식을 매수 또는 매도할 수 없을 때 발생하는 비용을 뜻합니다. 거래량이 큰 대형주는 최근 체결가와 비슷한 가격에 비교적 많은 물량을 사고팔 수 있는 반면, 거래량이 작은 소형주는 물량이 별로 없어서 최근 체결가보다 더 높은 가격에 매수, 더 낮은 가격에 매도할 수밖에 없는 상황이 종종 발생합니다.

저는 개인적으로 분기, 반기가 적합하다고 봅니다. 월간은 거래비용이 너무 많고, 연간으로 하면 리밸런싱 구간이 너무 길어져서 수익이 떨어집니다.

- **비중 조절 방법**: 동일비중

• 조건에 적합한 50개 기업(여기서는 PER가 가장 낮은 기업)에 동일한 금액을 투자합니다. 1억 원이 있다면 모든 기업에 똑같이 200만 원을 투자하는 것이지요.

- **종목 수**: 50

- 리밸런싱 전략: 없음

• 11~4월에만 투자하는 전략도 만들 수 있습니다.

- **손절 기준**: 이 전략에 포함된 개별주에서 손절 기준보다 높은 손실이 발생하면 그 날 종가에 매도합니다. 이 전략에서는 손절을 하지 않아서 '0'을 입력합니다.

- **익절 기준**: 이 전략에 포함된 개별주가 익절 기준보다 높은 수익을 내면 그날 종가에 매도합니다. 이 전략에서는 익절하지 않아서 '0'을 입력합니다.

- **시작일 설정 / 종료일 설정**: 제가 이 테스트를 실행한 2022년 11월 기준으로 2003년 1월부터 2022년 10월까지 가능합니다.

백테스트 실행 버튼을 누르면 이런 결과가 뜹니다.

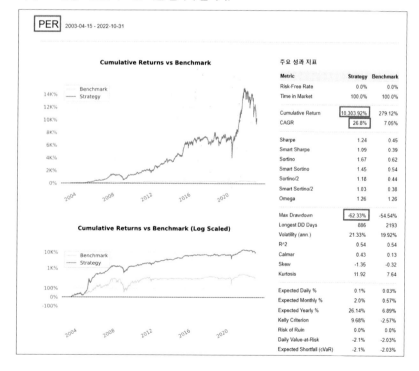

- 이 전략을 20년 동안 실행했다면 성과는 복리 26.8%의 연복리수익률(CAGR)과 62.3%의 MDD였습니다. 그럼 원금이 19년 반만에 103배가 됩니다.
- 경고한 바와 같이 개별 주식 전략의 수익도 매우 높았으나 MDD도 매우 높습니다. 그러나 그건 자산배분으로 낮출 수 있죠. 일단 연복리수익률이 매우 높은 것은 마음에 드네요!
- 또한 최근 20년간 매출액 성장률이 가장 높았던 50개 기업에 투자하면 어떤 결과가 있었을지 확인해 볼 수 있습니다.
- 이것을 알아보려면 Step 1은 동일하고, Step 2에서 매출성장률을 입력해야 합니다.

**STEP 2** 팩터 선정(다시 Step2로 돌아온 화면입니다.)

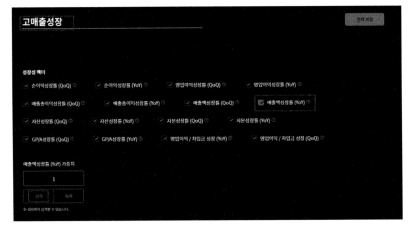

분석하는 팩터를 '매출액성장률(YOY)'로 바꿉니다. 매출액성장률은 높을수록 좋으니까 여기서는 '상위'를 선택합니다. 전략명도 '고매출성장'으로 바꿉니다.

· Step 1, Step 3은 조금 전과 같습니다.

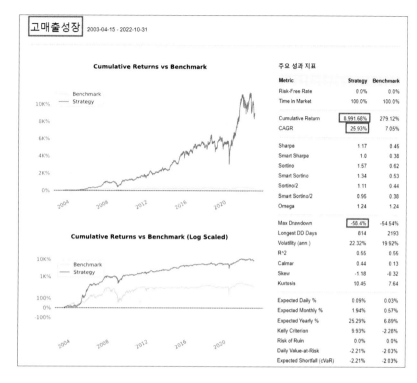

고매출성장 2003-04-15 - 2022-10-31

**Cumulative Returns vs Benchmark**

Benchmark
Strategy

10K%

8K%

6K%

4K%

2K%

0%

2004 · 2008 · 2012 · 2016 · 2020

**Cumulative Returns vs Benchmark (Log Scaled)**

Benchmark
Strategy

10K%

1K%

100%
0%

-100%

2004 · 2008 · 2012 · 2016 · 2020

주요 성과 지표

| Metric | Strategy | Benchmark |
|---|---|---|
| Risk-Free Rate | 0.0% | 0.0% |
| Time in Market | 100.0% | 100.0% |
| Cumulative Return | 8,991.68% | 279.12% |
| CAGR | 25.93% | 7.05% |
| Sharpe | 1.17 | 0.45 |
| Smart Sharpe | 1.0 | 0.38 |
| Sortino | 1.57 | 0.62 |
| Smart Sortino | 1.34 | 0.53 |
| Sortino/2 | 1.11 | 0.44 |
| Smart Sortino/2 | 0.95 | 0.38 |
| Omega | 1.24 | 1.24 |
| Max Drawdown | -58.4% | -54.54% |
| Longest DD Days | 814 | 2193 |
| Volatility (ann.) | 22.32% | 19.92% |
| R^2 | 0.55 | 0.55 |
| Calmar | 0.44 | 0.13 |
| Skew | -1.18 | -0.32 |
| Kurtosis | 10.45 | 7.64 |
| Expected Daily % | 0.09% | 0.03% |
| Expected Monthly % | 1.94% | 0.57% |
| Expected Yearly % | 25.29% | 6.89% |
| Kelly Criterion | 9.93% | -2.28% |
| Risk of Ruin | 0.0% | 0.0% |
| Daily Value-at-Risk | -2.21% | -2.03% |
| Expected Shortfall (cVaR) | -2.21% | -2.03% |

- 이 전략을 19년 반 동안 실행했다면 성과는 복리 25.93%의 연복리수익률(CAGR) 과 58.4%의 MDD였습니다.
- **결론**: 두 지표 모두 주가지수보다 훨씬 높은 수익을 기록했네요! 그럼 다음 단계 로 넘어갑니다.

2. 그렇다면 PER가 낮은 기업 + 매출액 성장률이 높은 50개 기업에 투자하는 전략을 새로 만들어 볼 수 있습니다.
   - 퀀터스의 '팩터 선택'에서 PER와 매출액 성장률(YOY)를 입력하면 됩니다.
- Step 1, Step 3은 동일합니다.

STEP 2 팩터 선정(다시 Step 2로 돌아온 화면입니다.)

전략명을 '저 PER + 고매출성장 전략'으로 바꾸고, 아래와 같이 PER, 매출성장률
(YOY) 지표 2개 팩터를 입력합니다.

STEP 3 트레이딩(백테스트) 설정

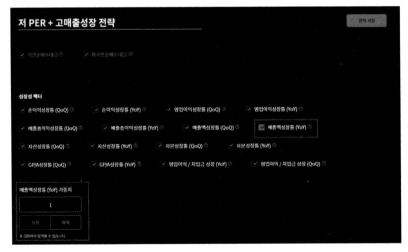

– 위와 같이 입력하면 퀀터스는 각 지표의 순위를 계산하고 평균 순위가 높은 50개
기업에 투자하게 됩니다.

---

✏️ **알아두세요**

**평균 순위 계산은 어떻게?**

한국 2,000개 기업의 PER 순위
를 계산하고, 매출성장률의 순위
를 계산합니다.

A라는 기업이 PER 200위, 매출성
장률 순위가 300위이고, B라는 기
업은 PER 500위, 매출성장률 200
위라고 가정해보겠습니다. 그렇
다면 A의 평균순위는 (200+300)/2 =
250이고 B는 (500+200)/2 = 350입니
다. 그럼 평균순위가 낮은(우수한) A
가 B보다 더 좋은 기업이죠. 이런
식으로 모든 2,000개 기업의 평균
순위를 측정하고 그 평균순위가
가장 우수한 50개 기업에 투자하
는 겁니다.

- PER 가중치, 매출액성장률 YOY 가중치
- 여기서는 둘을 다 1로 입력했는데, 두 지표 중 한 팩터가 더 중요하다고 판단하면 비중을 높일 수 있습니다(**예** PER가 더 중요하다고 생각하면 PER 가중치 2, 매출액성장률 YOY 1). 그런데 저는 별로 권하지 않습니다.
- PER는 낮은 것이 좋으니까 '하위', 매출액성장률은 높은 것이 좋으니까 '상위' 로 입력했습니다.

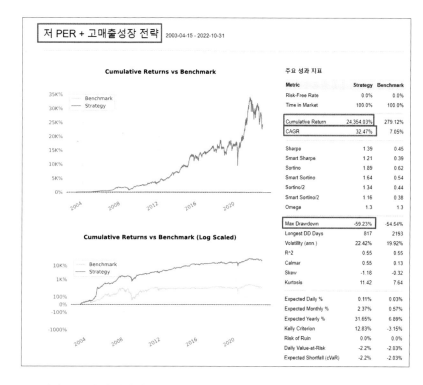

저 PER + 고매출성장 전략 2003-04-15 - 2022-10-31

**주요 성과 지표**

| Metric | Strategy | Benchmark |
|---|---|---|
| Risk-Free Rate | 0.0% | 0.0% |
| Time in Market | 100.0% | 100.0% |
| Cumulative Return | 24,354.03% | 279.12% |
| CAGR | 32.47% | 7.05% |
| Sharpe | 1.39 | 0.45 |
| Smart Sharpe | 1.21 | 0.39 |
| Sortino | 1.89 | 0.62 |
| Smart Sortino | 1.64 | 0.54 |
| Sortino/2 | 1.34 | 0.44 |
| Smart Sortino/2 | 1.16 | 0.38 |
| Omega | 1.3 | 1.3 |
| Max Drawdown | -59.23% | -54.54% |
| Longest DD Days | 817 | 2193 |
| Volatility (ann.) | 22.42% | 19.92% |
| R^2 | 0.55 | 0.55 |
| Calmar | 0.55 | 0.13 |
| Skew | -1.18 | -0.32 |
| Kurtosis | 11.42 | 7.64 |
| Expected Daily % | 0.11% | 0.03% |
| Expected Monthly % | 2.37% | 0.57% |
| Expected Yearly % | 31.65% | 6.89% |
| Kelly Criterion | 12.83% | -3.15% |
| Risk of Ruin | 0.0% | 0.0% |
| Daily Value-at-Risk | -2.2% | -2.03% |
| Expected Shortfall (cVaR) | -2.2% | -2.03% |

- 결과를 보면 이 전략의 수익률은 복리 32.47%라 저PER와 고매출액성장 전략의 각 수익보다 높다는 것을 알 수 있습니다.
- 전반적으로 이 전략은 나빠 보이지 않습니다. 만약 이 전략을 쓸 것이라고 결정을 했다면

### 3. 전략에 맞는 종목 찾기

– '포트폴리오 추출' 화면에서 포트 추출을 누르면 누르는 시점에 저 전략에 가장 적합한 종목을 뽑아줍니다. 유니버스 선택에서 다음, 펙터 선택에서 다음 버튼을 눌러 진행합니다. 포트폴리오 설정 단계까지 넘어가면 '포트 추출' 버튼이 보입니다.

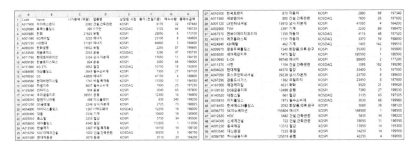

– **Code**: 주식 고유 코드번호입니다.
– **Name**: 이 전략에 적합한 종목의 이름입니다.
– **'시가총액**: 종목의 시가총액입니다. 억 원 단위입니다.
– **업종명**: 종목이 속한 업종입니다.
– **상장된 시장**: 코스피 또는 코스닥 시장으로 구분했습니다.
– **종가**(전일기준) : 전날 종가입니다. - 매수수량: 우리가 1,000만 원을 50개 기업에 투자한다면 각 주식을 몇 개 사야하는지 표기해 줍니다.
– **총매수금액**: 종가 * 매수수량입니다.

- 예를 들어 우리가 '자이에스엔디'에 포트폴리오의 1/50을 투자 하고 싶다면, 32주를 사서 197,440원을 투자하면 포트폴리오의 1/50인 20만 원과 근접한 금액을 투자하게 됩니다.

### 4. 저 종목을 사용하는 HTS나 MTS를 사용해서 매수하기

- 조만간 퀀터스에서 자동매매 기능도 추가됩니다. 사용하고 싶으면 한국투자증권에 계좌가 있어야 합니다.

### 5. 주기적으로(예 분기, 반기에 한번) 1~4를 되풀이하면 됩니다!

### 소형주, 대형주 필터

조금 전 백테스트 및 포트폴리오 추출을 실행한 '저PER + 고매출액성장' 전략은 한국 전체 주식을 가지고 백테스트를 했는데, 대형주 또는 소형주에만 투자하고 싶을 수도 있습니다.

그때는 Step 1인 '유니버스 선택'으로 되돌아가서 커스텀 필터를 누르고 시가총액 필터를 걸 수 있습니다.

'분위%', '값', '위' 가 있는데,

만약 시가총액 상위 200위 대형주 백테스트와 투자에 관심이 있다면 위와 같이 필터를 걸면 됩니다. 그렇다면 모든 백테스트 및 포트폴리오 추출은 대형주 안에서만 이루어집니다.

반대로 시가총액 하위 20% 소형주에만 투자하고 싶으면 아래와 같이 필터를 사용하면 됩니다.

**알아두세요**

**순위 계산은 어떻게?**

한국 2,000개 기업의 PER 순위를 계산하고, 매출성장률의 순위를 계산합니다.

A라는 기업이 PER 200위, 매출성장률 순위가 300위이고, B라는 기업은 PER 500위, 매출성장률 200위라고 가정하겠습니다. 그렇다면 A의 평균순위는 (200+300)/2 = 250이고 B는 (500+200)/2 = 350입니다. 그럼 평균순위가 낮은(우수한) A가 B보다 더 좋은 기업이죠. 이런 식으로 모든 2,000개 기업의 평균순위를 측정하고 그 평균순위가 가장 우수한 50개 기업에 투자하는 겁니다.

# 023 > 소형주의 마법

▶ 할투 744

셋째마당의 주요 목적은 한국 개별 주식으로 초과수익을 내는 기법을 배우는 데 있습니다! 우리는 재무제표와 연관된 계량 지표를 주로 사용해서 높은 수익을 낼 것이기 때문에 Section 19~21에서는 재무제표를 어떻게 읽는지 배웠습니다.

이제 이 지표들이 실제로 어느 정도 성과를 보였는지 살펴보겠습니다. 그에 앞서 한국뿐만 아니라 미국에서도 매우 중요한 '소형주 효과'에 대해 먼저 배워보겠습니다. 소형주 효과는 다음과 같은 것을 말합니다.

> 1. 한국은 시가총액이 작은 기업, 즉 소형주의 수익이 대형주보다 훨씬 높다.
> 2. 대부분 퀀트 지표는 소형주에서 초과수익이 더 높다.

## 1. 한국은 소형주의 수익이 대형주보다 훨씬 높다

첫 번째 주장과 관련해 한국 시장에서 소형주의 수익이 정말 높은지 시가총액별 10분위 수익을 한번 살펴볼까요?

# 10분위 수익이란 무엇일까요?

이 책에서는 '10분위 수익 차트'가 많이 나옵니다. 특정 지표를 가지고 모든 기업의 순위를 매긴 후 상위 10%, 상위 10~20%, 상위 20~30%… 최하위 10% 식으로 10등분한 후, 각 분위의 주식 수익률을 계산하는 방법입니다. 이렇게 하면 전반적으로 우리가 분석하는 지표가 유효한지 한 눈에 파악할 수 있죠.

만약 한국 상장기업이 2,000개라고 가정하면, 1분위는 1~200위, 2분위는 201~400위… 10분위는 1,801~2,000위 기업이라고 보시면 됩니다.

한국 기업의 경우 리밸런싱 시기는 분기, 정확히 말하면 각 해 4월 15일, 6월 15일, 9월 15일, 12월 15일입니다(한국 상장기업의 분기 실적 발표가 각각 3.31, 5.15, 8.15, 11.15에 있기 때문입니다).

만약 처음으로 순위를 계산한 시기가 2002년 4월 15일이었다면 2000년 4월 15일~2000년 6월 15일의 각 10분위의 주식 수익률을 계산한 후, 2002년 6월 15일 기준으로 다시 순위를 계산하고 2002년 9월 15일까지의 각 10분위의 주식 수익률을 계산하고… 이 작업을 2022년 4월 15일까지 지속합니다. 주식 수익률에는 시세차익과 배당수익률이 포함됩니다.

**중요**: 특히 지표가 계단식으로 우하향할 경우(예 1분위 수익이 제일 높고, 2분위 수익이 그다음으로 높고 10분위 수익이 제일 낮음) 그 지표가 가장 유의미하다고 볼 수 있습니다. 그 지표와 주가 수익률과의 상관성이 매우 높다고 볼 수 있으니까요!

| 한국 시가총액 10분위 연복리수익률, 2002.4~2022.4월 |

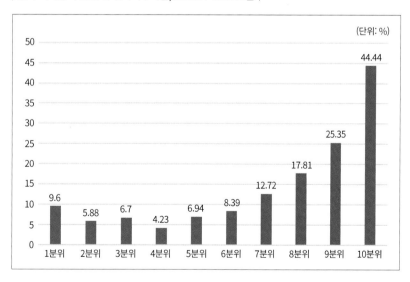

앞의 표에서 볼 수 있듯이 한국 주식시장의 경우 10분위 기업, 즉 시가 총액 하위 10% 초소형주 기업의 수익률이 매우 높습니다! 2002~2022 년 20년 수익이 무려 복리 44.44%인데요, 정말 놀라운 수익이 아닐 수 없습니다. 그냥 소형주만 들고 있어도 매우 큰 수익을 낼 수 있었죠.

8~10분위의 수익은 상당히 높은 편이며, 7분위부터 수익이 현저히 낮아지는 것을 볼 수 있습니다. 반대로 대형주, 즉 시가총액 상위 10%의 수익은 복리 9.6%였습니다.

## 2. 대부분의 퀀트 지표는 소형주에서 초과수익이 더 높다

두 번째 주장은 한국뿐만 아니라 전 세계에서 유효한 패턴입니다. 사실 퀀트 투자란 수치화된 지표를 통해 주가가 미래에 오를 확률이 높은, 즉 저평가된 기업을 찾아내는 작업입니다. 그런데 지표가 좋은 기업은 아래와 같이 구분할 수 있습니다.

**1. 수치는 좋아 보이나 다른 이유로 저평가로 볼 수는 없는 기업**
**2. 정말 저평가된 기업**

대형주는 1번, 소형주는 2번일 가능성이 큽니다. 대형주는 사고파는 기관들도 많고 수많은 투자자의 관심을 받습니다. 그런 대형주의 지표가 좋아 보이면 "왜 저렇게 저평가되어 보이지?" 하고 한번 들여다보는 투자자들이 많겠죠. 그리고 실제로 대형주가 저평가되었다고 판단이 되면 투자자들이 재빨리 그 주식을 사서 저평가 대형주는 제값을 찾아갈 가능성이 큽니다. 그래서 지표가 좋아 보이는데도 가격이 오르지 않는 대형주는 그럴 만한 이유가 있는 경우가 많죠.

반대로 소형주는 지표가 좋아 보여도 아무 관심을 못 받는 경우가 많습니다. 대부분 기관투자자는 큰 금액을 투자해야 해서 소형주를 아예 분석하지 않는 경우가 비일비재하고, 개인투자자는 처음 들어본 기업이라 생소해서 관심이 없고, 특히 퀀트 지표를 보고 소형주에 투자하는 사람은 더욱 없습니다. 따라서 지표가 좋은 기업인데도 실제로 저평가된 기업일 확률이 더 높습니다.

따라서 우리는 이 책에서 지표를 분석하면서 한국 기업을 대형주, 소형주로 나눠서 분석할 겁니다.

> **1. 대형주 수익**(시가총액 상위 200위)
> **2. 소형주 수익**(시가총액 하위 20%)
> **3. 코스피, 코스닥에 상장한 전체 주식**

결론부터 말하면 백테스트 결과를 본다면 독자 여러분도 대형주보다는 소형주에 투자하고 싶을 겁니다.

'소형주에는 큰 금액을 투자할 수 없다'라고 생각해 백테스트에서 나온 소형주 수익률을 실전 투자에서는 실현할 수 없다고 착각하는 투자자도 많습니다. 이는 전혀 사실이 아닙니다. 거래량이 상대적으로 적어서 거래비용이 대형주보다 높은 것은 사실이고, 기관투자자의 경우 소형주 투자가 어려울 수 있으나, 개인투자자는 재산이 매우 많지 않으면 소형주 거래에 큰 지장은 없습니다. 대부분 한국 종목은 소형주라도 거래하는 사람이 많아서 종목별로 몇천만 원 정도의 거래는 별로 어렵지 않으며, 실제로 수십억 원 규모로 한국 소형주에서만 퀀트 투자를 하는 투자자도 여럿 있습니다.

그렇다면 20년간 결과를 보면 소형주 수익이 좋았는데 최근에도 그랬는지 궁금한 분들도 많을 겁니다.

| 시가총액별 최근 1, 3, 5, 10년 연복리수익률 |

(기준일: 2022.4.30.)

| | 1분위 (대형주) | 2분위 | 3분위 | 4분위 | 5분위 | 6분위 | 7분위 | 8분위 | 9분위 | 10분위 (소형주) | 소형주 -대형주 |
|---|---|---|---|---|---|---|---|---|---|---|---|
| 최근 1년 | -11.43 | -8.01 | -6.17 | -8.32 | -8.66 | -7.98 | -5.87 | 0.31 | 12.03 | 24.61 | 36.04 |
| 최근 3년 | 7.9 | 7.75 | 8.52 | 12.52 | 13.79 | 13.79 | 16.16 | 22.27 | 34.67 | 47.84 | 39.94 |
| 최근 5년 | 4.77 | 4.46 | 6.44 | 6.42 | 6.9 | 8.11 | 12.04 | 14.52 | 27.17 | 37.39 | 32.62 |
| 최근 10년 | 4.79 | 5.83 | 7.59 | 6.28 | 9.45 | 10.68 | 12.65 | 18.56 | 30.01 | 44.8 | 40.01 |
| 20년 | 9.6 | 5.88 | 6.7 | 4.23 | 6.94 | 8.39 | 12.72 | 17.81 | 25.35 | 44.44 | 34.84 |

위 표에서 볼 수 있듯이 최근 20년뿐만이 아니라 최근 1년, 3년, 5년, 10년으로 봐도 대형주보다 수익이 월등히 높습니다. 심지어 그 차이가 30% 이하로 떨어진 적이 없습니다!

'소형주에 투자해서 고수익을 노릴 수 있다'라는 것은 사실이네요.

# 퀀터스를 이용한 10분위 계산법

이 책에서 여러 지표와 전략을 살펴볼 때 '10분위 결과'가 자주 나옵니다. 1~10분위로 나눠서 살펴보면 특정 지표가 오랫동안 주식시장에서 초과 수익을 낼 수 있었는지 한눈에 파악할 수 있습니다. 이 10분위 결과를 어떻게 계산하는지 한번 알아볼까요?

▶ 할투 813

## 1. PER 지표의 10분위 결과를 살펴보겠습니다.

( STEP 0 ) 퀀터스 상단 바에서 '팩터 검증'을 클릭하세요!

( STEP 1 ) 유니버스 선택

– 전략명을 PER라고 입력합니다.

– 유니버스는 한국으로 선택합니다(한국, 미국, KOSPI, KOSDAQ 선택 가능)

– 기본 필터에서 관리종목과 중국기업을 선택합니다.

– 하단에서 '다음' 버튼을 누릅니다.

**STEP 2** 팩터 선택

– 팩터 비중 산출은 동일 비중 결합을 유지합니다.
– '중급' 팩터를 선택하고 PER를 클릭합니다.
– PER가중치는 1, '하위'를 입력합니다.
– 하단에서 '다음' 버튼을 누릅니다.

Step 1, 2은 171페이지와 동일합니다.

**STEP 3** 검증

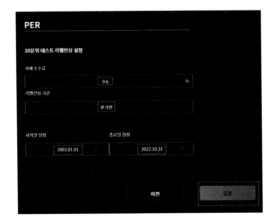

- **거래 수수료**: 171페이지와 동일하게 0.6%로 입력합니다.
- **리밸런싱 구간**: 분기
• 월간, 분기, 반기, 연간으로 설정이 가능합니다.
- 시작일, 종료일 설정
2003년부터 설정 가능합니다. 최대한 장기로 기간을 설정하는 것이 좋습니다.
- 하단에서 '검증' 버튼을 누릅니다.

- 팩검증 버튼을 누르면 1~2분 후 아래와 같은 엑셀 파일이 나타납니다.

### STEP 4  결과 확인

| | 1st | 2st | 3st | 4st | 5st | 6st | 7st | 8st | 9st | 10st |
|---|---|---|---|---|---|---|---|---|---|---|
| Start Period | 2002-04-15 | 2002-04-15 | 2002-04-15 | 2002-04-15 | 2002-04-15 | 2002-04-15 | 2002-04-15 | 2002-04-15 | 2002-04-15 | 2002-04-15 |
| End Period | 2022-08-01 | 2022-08-01 | 2022-08-01 | 2022-08-01 | 2022-08-01 | 2022-08-01 | 2022-08-01 | 2022-08-01 | 2022-08-01 | 2022-08-01 |
| Risk-Free Rate | 0 | 0 | 0 | 0 | 0 | 0 | 0 | 0 | 0 | 0 |
| Time in Market | 100 | 100 | 100 | 100 | 100 | 100 | 100 | 100 | 100 | 100 |
| Cumulative Return | 10,170.81 | 11,300.17 | 7,421.06 | 3,193.46 | 1,144.35 | 534.24 | 179.15 | 129.01 | 218.99 | -21.88 |
| CAGR | 25.62 | 26.26 | 23.7 | 18.78 | 13.22 | 9.52 | 5.18 | 4.16 | 5.88 | -1.21 |
| Sharpe | 1.23 | 1.28 | 1.18 | 0.93 | 0.68 | 0.52 | 0.34 | 0.29 | 0.37 | 0.06 |
| Sortino | 1.66 | 1.77 | 1.59 | 1.27 | 0.91 | 0.68 | 0.44 | 0.38 | 0.48 | 0.08 |
| Sortino/2 | 1.17 | 1.25 | 1.12 | 0.9 | 0.64 | 0.48 | 0.31 | 0.27 | 0.34 | 0.06 |
| Omega | 1.26 | 1.28 | 1.25 | 1.2 | 1.14 | 1.1 | 1.07 | 1.06 | 1.07 | 1.01 |
| Max Drawdown | -59.34 | -54.71 | -53.78 | -59.46 | -61.44 | -63.26 | -65.32 | -69.44 | -71.71 | -81.57 |
| Longest DD Days | 922 | 616 | 728 | 966 | 1177 | 1387 | 2754 | 2813 | 3207 | 5479 |
| Gain/Pain Ratio | 0.26 | 0.28 | 0.25 | 0.2 | 0.14 | 0.1 | 0.07 | 0.06 | 0.07 | 0.01 |
| Gain/Pain (1M) | 1.27 | 1.41 | 1.27 | 0.92 | 0.64 | 0.47 | 0.28 | 0.24 | 0.28 | 0.04 |
| Payoff Ratio | 0.84 | 0.86 | 0.83 | 0.83 | 0.82 | 0.82 | 0.82 | 0.83 | 0.82 | 0.81 |
| Profit Factor | 1.26 | 1.28 | 1.25 | 1.2 | 1.14 | 1.1 | 1.07 | 1.06 | 1.07 | 1.01 |
| Common Sense Ratio | 1.14 | 1.18 | 1.12 | 1.03 | 0.99 | 0.94 | 0.88 | 0.87 | 0.9 | 0.82 |
| CPC Index | 0.63 | 0.66 | 0.62 | 0.59 | 0.54 | 0.52 | 0.49 | 0.49 | 0.5 | 0.45 |
| Tail Ratio | 0.9 | 0.92 | 0.9 | 0.87 | 0.87 | 0.85 | 0.83 | 0.82 | 0.84 | 0.81 |
| Outlier Win Ratio | 3.92 | 3.85 | 3.88 | 3.81 | 3.84 | 4.04 | 4.1 | 4.24 | 4.04 | 4.04 |
| Outlier Loss Ratio | 4.39 | 4.47 | 4.44 | 4.25 | 4.36 | 4.45 | 4.51 | 4.67 | 4.64 | 4.49 |
| MTD | 0.46 | 0.21 | 0.4 | 0.17 | 0.85 | 0.56 | 0.59 | 0.72 | 0.46 | 0.59 |
| 3M | -14.96 | -13.08 | -10.68 | -10.78 | -10.07 | -10.82 | -11.79 | -12.41 | -12.17 | -10.62 |
| 6M | -5.73 | -3.98 | -0.79 | -0.46 | -0.58 | -1.4 | -1.57 | -6.02 | -4.18 | 0.14 |
| YTD | -11.48 | -11.12 | -9.53 | -9.6 | -9.96 | -12.02 | -14.56 | -16.93 | -16.78 | -10.89 |
| 1Y | -16.93 | -13.03 | -9.4 | -11.03 | -10.66 | -17.66 | -19.19 | -21.27 | -21.11 | -18.67 |
| 3Y (ann.) | 15.29 | 24.04 | 24.24 | 22.47 | 19.68 | 20.38 | 14.3 | 13.52 | 16.58 | 12.35 |
| 5Y (ann.) | 6.06 | 13.35 | 14.1 | 12.25 | 11.12 | 11.23 | 8.77 | 8.38 | 9.27 | 7.1 |
| 10Y (ann.) | 14.65 | 20.39 | 17.73 | 16.01 | 14.36 | 12.27 | 10.2 | 8.48 | 12.08 | 9.6 |
| All-time (ann.) | 25.62 | 26.26 | 23.7 | 18.78 | 13.22 | 9.52 | 5.18 | 4.16 | 5.88 | -1.21 |
| Avg. Drawdown | -3.12 | -3.04 | -3.04 | -3.43 | -3.75 | -4.94 | -7.2 | -7.25 | -7.35 | -21.21 |
| Avg. Drawdown Days | 31 | 27 | 29 | 35 | 43 | 62 | 130 | 128 | 148 | 737 |
| Recovery Factor | 171.39 | 206.53 | 138 | 53.71 | 18.63 | 8.44 | 2.74 | 1.86 | 3.05 | -0.27 |
| Ulcer Index | 0.12 | 0.1 | 0.11 | 0.13 | 0.16 | 0.19 | 0.25 | 0.28 | 0.34 | 0.55 |
| Serenity Index | 48.11 | 70.87 | 40.17 | 13.36 | 3.15 | 1.11 | 0.23 | 0.15 | 0.15 | -0.01 |

- 여기서 가장 중요한 것은 분위별 CAGR(연복리수익률)입니다.
• 1, 2분위 수익률(PER가 가장 낮은 상위10%, 상위 10~20% 주식)이 가장 높은 것이 보입니다. 3분위부터 10분위 수익은 하락하고, 특히 10분위 수익(PER가 가장 높은 하위 10% 주식)의 수익이 매우 안 좋습니다.
- 이를 표로 그려보면 다음과 같습니다.

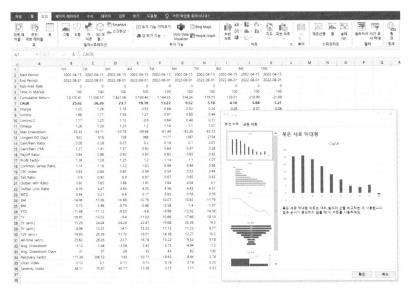

- 엑셀 표에서 CAGR 옆에 있는 10개 숫자를 드래그한 후, '삽입'에서 '추천 차트'를 치면 자동으로 '묶은 세로 막대형 차트'를 제안합니다. '확인'을 누르면 아래와 같은 표가 뜹니다.
- 여기에서 파란 기둥 모양에 오른쪽 마우스 클릭 후 '데이터 레이블 추가'를 누르면 각 10분위의 연복리수익률을 확인할 수 있습니다.

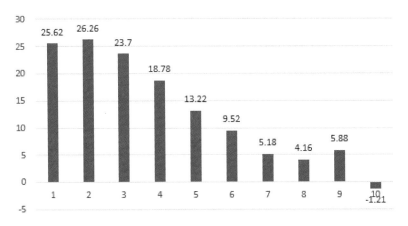

결론적으로 PER는 한국 시장에서 상당히 유효한 지표임이 확인되었습니다.

이 지표 외에 제가 유심히 보는 지표는 3Y, 5Y, 10Y가 있습니다.

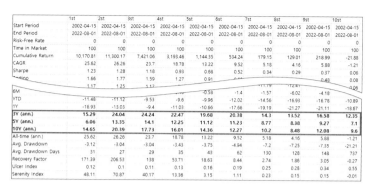

| | 1st | 2st | 3st | 4st | 5st | 6st | 7st | 8st | 9st | 10st |
|---|---|---|---|---|---|---|---|---|---|---|
| Start Period | 2002-04-15 | 2002-04-15 | 2002-04-15 | 2002-04-15 | 2002-04-15 | 2002-04-15 | 2002-04-15 | 2002-04-15 | 2002-04-15 | 2002-04-15 |
| End Period | 2022-08-01 | 2022-08-01 | 2022-08-01 | 2022-08-01 | 2022-08-01 | 2022-08-01 | 2022-08-01 | 2022-08-01 | 2022-08-01 | 2022-08-01 |
| Risk-Free Rate | 0 | 0 | 0 | 0 | 0 | 0 | 0 | 0 | 0 | 0 |
| Time in Market | 100 | 100 | 100 | 100 | 100 | 100 | 100 | 100 | 100 | 100 |
| Cumulative Return | 10,170.81 | 11,300.17 | 7,421.06 | 3,193.46 | 1,144.35 | 534.24 | 179.15 | 129.01 | 218.99 | -21.88 |
| CAGR | 25.62 | 26.26 | 23.7 | 18.78 | 13.22 | 9.52 | 5.18 | 4.16 | 5.88 | -1.21 |
| Sharpe | 1.23 | 1.28 | 1.18 | 0.93 | 0.68 | 0.52 | 0.34 | 0.29 | 0.37 | 0.06 |
| ~tino | 1.66 | 1.77 | 1.59 | 1.27 | 0.91 | | | | 0.48 | 0.08 |
| | 1.17 | 1.25 | 1.12 | | | | ~11.79 | ~12.x1 | | ~0.06 |
| 6M | | | | | -0.58 | -1.4 | -1.57 | -6.02 | -4.18 | |
| YTD | -11.48 | -11.12 | -9.53 | -9.6 | -9.96 | -12.02 | -14.56 | -16.93 | -16.78 | -10.89 |
| 1Y | -16.93 | -13.03 | -9.4 | -11.03 | -10.66 | -17.66 | -19.19 | -21.27 | -21.11 | -18.67 |
| 3Y (ann.) | 15.29 | 24.04 | 24.24 | 22.47 | 19.68 | 20.38 | 14.3 | 13.52 | 16.58 | 12.35 |
| 5Y (ann.) | 6.06 | 13.35 | 14.1 | 12.25 | 11.12 | 11.23 | 8.77 | 8.38 | 9.27 | 7.1 |
| 10Y (ann.) | 14.65 | 20.39 | 17.73 | 16.01 | 14.36 | 12.27 | 10.2 | 8.48 | 12.08 | 9.6 |
| All-time (ann.) | 25.62 | 26.26 | 23.7 | 18.78 | 13.22 | 9.52 | 5.18 | 4.16 | 5.88 | -1.21 |
| Avg. Drawdown | -3.12 | -3.04 | -3.04 | -3.43 | -3.75 | -4.94 | -7.2 | -7.25 | -7.35 | -21.21 |
| Avg. Drawdown Days | 31 | 27 | 29 | 35 | 43 | 62 | 130 | 128 | 148 | 737 |
| Recovery Factor | 171.39 | 206.53 | 138 | 53.71 | 18.63 | 8.44 | 2.74 | 1.86 | 3.05 | -0.27 |
| Ulcer Index | 0.12 | 0.1 | 0.11 | 0.13 | 0.16 | 0.19 | 0.25 | 0.28 | 0.34 | 0.55 |
| Serenity Index | 48.11 | 70.87 | 40.17 | 13.36 | 3.15 | 1.11 | 0.23 | 0.15 | 0.15 | -0.01 |

20년 동안 PER 지표가 우수한 수익률을 보이더라도 최근 10년, 5년, 3년 동안에도 성과가 우수했는지 분석할 필요가 있습니다.

빨간색 네모 부분의 수치를 확인하면 최근 10년, 5년, 3년 동안 PER가 낮은 주식들의 성과가 좋았음을 볼 수 있습니다. 그런데 고PER 주식 대비 초과 성과는 감소했네요.

### 2. PER도 낮고 매출액성장률이 높은 주식들의 10분위 결과를 확인하고 싶으면 어떻게 할까요?

앞과 동일하게 진행하는데, STEP2에서 PER과 매출액성장률 두 개 팩터를 클릭하면 됩니다.

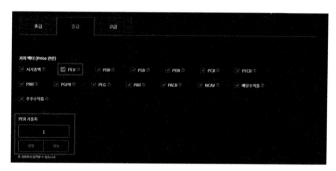

# 한국 가치주 지표

▶ 할투 789

아마 '저평가된 주식을 사라'라는 말은 많이 들어봤을 겁니다. 그럼 도대체 어떤 기업이 저평가되어 있는지 알아야겠죠. 물론 워런 버핏처럼 기업의 제품이나 서비스, 경영진, 경쟁기업, 관련 산업 동향 등을 분석해서 기업가치를 평가하고 시가총액과 비교하는 전통적인 방법을 사용할 수 있습니다.

퀀트 투자자는 계량적으로 저평가 여부를 판단하죠. 여기서 핵심 키워드는 '기업의 시가총액 대비 기업의 주요 재무제표 지표'입니다.

시가총액이 재무제표 지표 대비 높으면 상대적으로 고평가, 낮으면 저평가라고 보는 거죠. 그렇다면 주요 지표는 무엇이 있을까요? 아래와 같은 지표가 있습니다.

| 하락 시작 | 주요 지표 | 관련 퀀트지표 | 계산법 |
|---|---|---|---|
| 손익계산서 | 매출액 | PSR | 시가총액/매출액 |
| | 매출총이익 | PGPR | 시가총액/매출총이익 |
| | 연구개발비 | PRR | 시가총액/연구개발비 |
| | 영업이익 | POR | 시가총액/영업이익 |
| | 순이익 | PER | 시가총액/순이익 |
| 재무상태표 | 자본(순자산) | PBR | 시가총액/자본 |
| | 자산 | PAR | 시가총액/자산 |

| | | | |
|---|---|---|---|
| 현금흐름표 | 영업현금흐름 | PCR | 시가총액/영업현금흐름 |
| | 잉여현금흐름 | PFCR | 시가총액/잉여현금흐름 |
| | 배당 | 배당수익률 | 총 배당금/시가총액 |
| | 주주환원금<br>(배당 + 자사주 매입) | 주주수익률 | (총 배당금 + 자사주매입)/<br>시가총액 |

모든 지표가 다 유의미하고 초과수익 달성에 이바지할 수 있으나 지면 관계상 PSR, PGPR, POR, PER 4개 지표에 집중해서 알아보겠습니다.

# PSR로 가치주 찾기

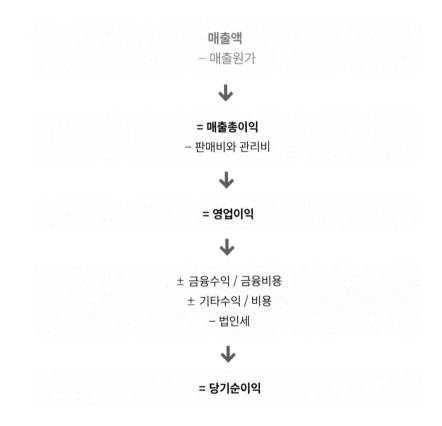

**매출액**
– 매출원가

↓

**= 매출총이익**
– 판매비와 관리비

↓

**= 영업이익**

↓

± 금융수익 / 금융비용
± 기타수익 / 비용
– 법인세

↓

**= 당기순이익**

Section 19에서 손익계산서에 대해 배웠죠? 손익계산서의 제일 위 항목에 매출액이 있습니다.

기업은 돈을 벌기 위해서 존재합니다. 돈을 벌기 위해서는 무언가를 팔아야죠. 물건이나 서비스를 팔아서 번 돈을 '매출액'이라고 하는데, 이는 모든 기업 활동의 근간입니다. 핵심 중에서도 핵심이죠.

그렇다면 매출액 대비 시가총액이 높은 기업은 고평가, 매출액 대비 시가총액이 낮은 기업은 저평가되었다고 추정할 수 있습니다.

이를 계산하는 방법을 PSR이라고 하죠. 계산법은 아래와 같습니다.

**PSR = 시가총액 / 최근 분기 매출액**
(S는 영문으로 Sales, 즉 매출액의 약자입니다)

아래 PSR 그래프들은 1,350억 달러를 운용하는 피셔 인베스트먼츠의 창업자이자 대표인 켄 피셔(Ken Fisher)가 1984년 《슈퍼 스톡스(Super Stocks)》에서 공개한 지표입니다.

흔히 PSR가 높은 기업은 고평가, PSR가 낮은 기업은 저평가되었다고 추정합니다. 실제로 PSR가 낮은 기업의 수익이 높았는지 10분위 분석을 해볼까요?

**알아두세요**

**켄 피셔(Ken Fisher)**
1950년 켄 피셔는 투자 명가 출신입니다. 아버지 필립 피셔는 성장주 투자의 현인으로 알려져 있고, 워런 버핏이 한때 "나는 85% 그레이엄이고, 15% 피셔다"라고 말한 적도 있을 정도입니다. 켄 피셔도 투자 재능이 매우 뛰어나서 1979년 250달러로 투자회사를 설립했습니다. 현재 그 회사는 1,000억 달러 이상의 자산을 운용하고 있으며, 켄 피셔의 개인 자산도 46억 달러 이상으로 추정됩니다. 켄 피셔는 13권의 투자서를 출간했으며, 1984년부터 2016년까지 32년 동안 포브스(Forbes)지의 고정 칼럼니스트로 활약했습니다.

| PSR 10분위 연복리수익률, 2002.4~2022.4(전체 주식) |

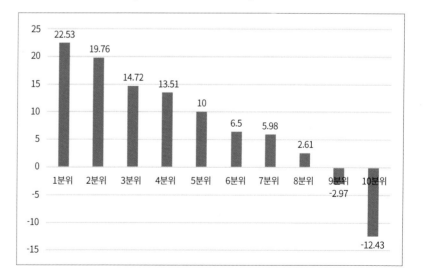

| PSR 10분위 연복리수익률, 2002.4~2022.4(대형주) |

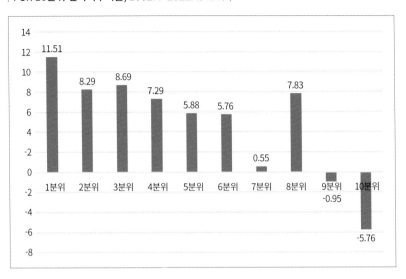

| PSR 10분위 연복리수익률, 2002.4~2022.4(소형주) |

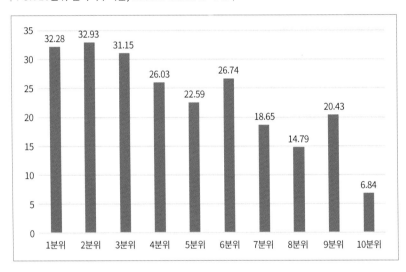

위 표에서 볼 수 있듯이 한국 주식에서 PSR는 초과수익을 낼 수 있는 매우 막강한 지표입니다. 전체 주식의 10분위 수익을 보면 PSR가 가장 낮은 하위 10% 주식의 수익이 가장 높고, PSR가 높아질수록 수익이 계단식으로 감소하는 것을 볼 수 있습니다. PSR가 주식 수익률을 예측하는

막강한 도구라고 볼 수 있죠.

대형주와 소형주의 경우에도 그런 패턴이 존재하는데 전체 주식보다는 덜 뚜렷합니다. 그래도 확실한 것은 매출액 대비 시가총액이 낮은 기업에 투자하는 전략은 좋은 전략이라는 것이죠.

## 왜 최근 분기 지표를 사용하는가?

PSR 등 가치지표를 계산할 때는 여러 방법이 있습니다. 시가총액은 해석의 여지가 없는데, '매출액'은 여러 방법으로 계산할 수 있습니다.

1. 최근 분기 매출액
2. 최근 4분기 매출액의 합
3. 미래 매출액의 추정치

실제로 세 방법이 다 통용되고 있습니다. 제가 1번, 즉 최근 분기 매출액으로 PSR를 계산하는 이유는 1. '최근 4분기 매출액의 합'의 경우 최근 분기를 제외한 전 분기, 전전 분기, 전전전 분기의 매출액은 이미 수개월 전부터 알려진 '오래된' 정보입니다. 따라서 정보 가치가 떨어진다고 볼 수 있죠. 주식시장은 최신 정보에 가장 강하게 반영합니다.

2. '미래 매출액의 추정치'의 경우는 대형주에만 해당되는 방법입니다. 소형주는 지켜보는 애널리스트가 없어서 추정치가 나오지 않습니다. 그리고 대형주의 매출액 추정치도 나오기는 하지만 실제 매출액과의 괴리가 매우 큰 사례가 많습니다. 따라서 추정치는 정확도가 매우 떨어집니다.

그래서 저는 PSR뿐만 아니라 이 책에서 손익계산서 지표가 사용되는 모든 지표에 '최근 분기 수치'만 사용합니다.

# PGPR로 가치주 찾기

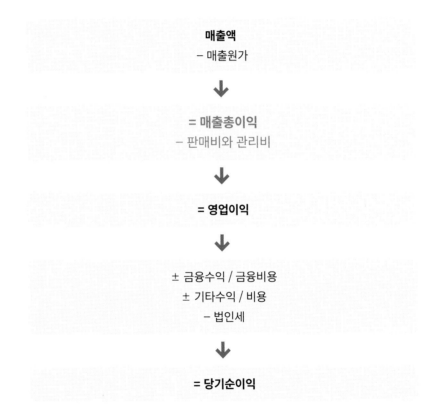

**매출액**
– 매출원가

↓

**= 매출총이익**
– 판매비와 관리비

↓

**= 영업이익**

↓

± 금융수익 / 금융비용
± 기타수익 / 비용
– 법인세

↓

**= 당기순이익**

기업의 매출도 중요하지만 그보다 더 중요한 것은 모든 비용을 제하고
남는 수익이죠.
수익의 종류로는 매출총이익, 영업이익, 순이익이 있습니다.

매출총이익부터 알아보겠습니다. 매출총이익은 매출액에서 매출원가를 뺀 금액입니다. 대부분의 투자자는 영업이익, 순이익을 더 중요시합니다. 기업들도 물론 이 사실을 알기 때문에 회계 기법을 사용해서 영업이익이나 순이익 수치가 좋아 보이도록 조정합니다. 그래서 노비 마르크스(Robert Novy-Marx) 교수는 영업이익과 순이익보다는 매출총이익이 기업의 진정한 수익을 더 잘 대변한다고 평가했습니다.

어쨌든 매출총이익 대비 시가총액이 높은 기업은 고평가, 매출총이익 대비 시가총액이 낮은 기업은 저평가되었다고 추정할 수 있습니다. 이를 PGPR라는 지표로 계산할 수 있습니다.

**PGPR = 시가총액 / 최근 분기 매출총이익**

(GP는 영문으로 Gross Profits, 즉 매출총이익의 약자입니다)

PGPR가 높은 기업은 고평가, PGPR가 낮은 기업은 저평가되었다고 추정합니다.

실제로 PGPR가 낮은 기업의 수익이 높았는지 10분위 분석을 해볼까요?

| PGPR 10분위 연복리수익률, 2002.4~2022.4(전체 주식) |

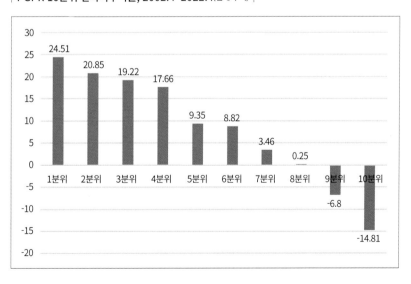

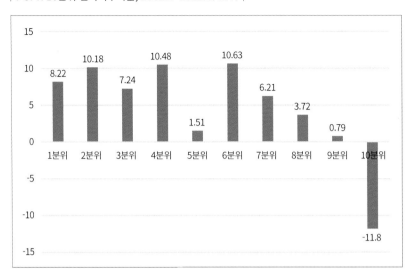

| PGPR 10분위 연복리수익률, 2002.4~2022.4(대형주) |

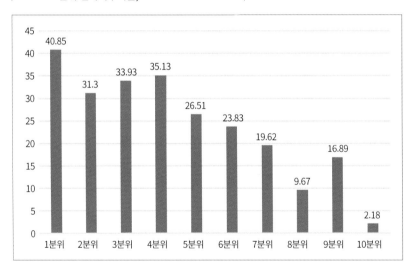

| PGPR 10분위 연복리수익률, 2002.4~2022.4(소형주) |

PGPR는 전체 주식에서 PSR보다 더 위력적인 지표였던 것을 확인할 수 있었습니다. PGPR의 1분위 수익이 PSR보다도 더 높고, 10분위 수익은 PSR의 10분위보다 더 낮고 1분위와 10분위의 차이도 커졌죠. 또한 분위별로 수익이 계단식으로 우하향하는 모습이 보입니다.

PGPR는 소형주에서도 큰 위력을 보이는데, 소형주 내에서 PGPR가 낮은 하위 10% 기업에만 투자했다면 20년 동안 복리 40.85%를 벌 수 있었습니다. 이는 원금이 20년 동안 무려 960배가 된다는 것을 의미하죠. 단, 대형주에서는 PGPR의 효력이 크지 않다는 것을 볼 수 있습니다. Section 23에서 설명한 것처럼 퀀트 전략은 대형주보다는 소형주에서 더 잘 통하는 경향이 있습니다.

결과를 보니 PGPR가 대형주를 제외한 중소형주에서 상당히 우수한 지표임을 확인할 수 있네요.

# POR로 가치주 찾기

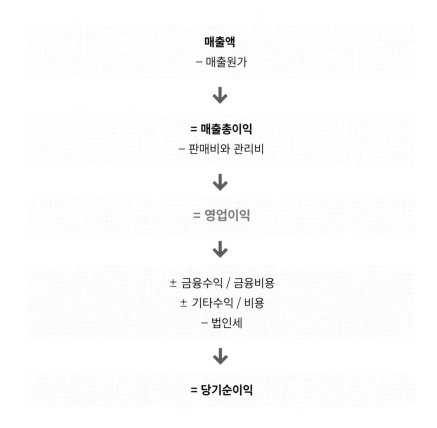

**매출액**
− 매출원가

↓

**= 매출총이익**
− 판매비와 관리비

↓

**= 영업이익**

↓

± 금융수익 / 금융비용
± 기타수익 / 비용
− 법인세

↓

**= 당기순이익**

바로 앞 섹션에서 매출총이익에서 판매비와 관리비를 빼면 영업이익에 도달한다고 설명했습니다. 영업이익 대비 시가총액이 높은 기업은 고평가, 영업이익 대비 시가총액이 낮은 기업은 저평가되었다고 추정할 수 있다는 것도 배웠죠. 이를 POR라는 지표를 통해 계산할 수 있습니다. 대부분의 투자자가 유심히 관찰하는 영업이익만으로도 초과수익을 낼 수 있는 지표를 만들 수 있을지 분석해 보죠.

**POR = 시가총액 / 최근 분기 영업이익**

(O는 영문으로 Operating Profits, 즉 영업이익의 약자입니다)

POR가 높은 기업은 고평가, POR가 낮은 기업은 저평가되었다고 추정합니다.

실제로 POR가 낮은 기업이 수익이 높았는지 10분위 분석해 볼까요?

| POR 10분위 연복리수익률, 2002.4~2022.4(전체 주식) |

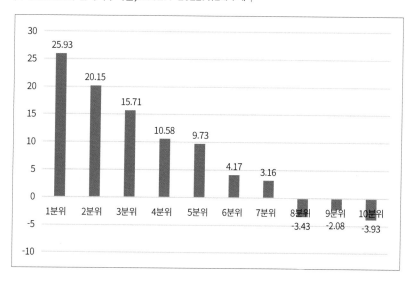

| POR 10분위 연복리수익률, 2002.4~2022.4(대형주) |

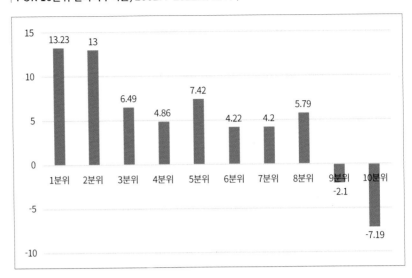

| POR 10분위 연복리수익률, 2002.4~2022.4(대형주) |

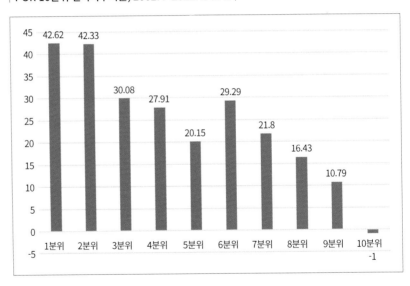

한국 시장에서는 POR가 낮은 주식을 사는 것은 매우 현명한 선택이었습니다. 전체 주식, 대형주, 소형주를 막론하고 초과수익을 낼 수 있는 방법이었죠. PGPR는 대형주에서는 딱히 잘 통하는 방법이 아니었는데

반해 POR는 대형주에서도 성과가 매우 좋습니다. 소형주의 경우 POR 1, 2분위 기업에만 투자했으면 복리 40% 이상의 수익을 낼 수 있었습니다. 참고로 복리 40%를 20년 동안 벌면 원금이 무려 836배가 된다는 것을 강조하고 싶습니다.

**잠깐만요**

## 연복리수익률과 10년, 20년 후 원금의 성장

복리가 얼마나 무서운지 아래 표의 숫자를 보면 실감하실 수 있는데요. 아인슈타인이 복리는 세계의 8번째 기적이라고 했는데, 그만큼 복리와 시간이 합치면 정말 어마어마한 결과가 나타납니다. 표를 한번 살펴볼까요?

(단위: 배)

| 연복리수익률(%) | 10년 후 | 20년 후 | 30년 후 |
|---|---|---|---|
| 10 | 2.6 | 6.7 | 17.4 |
| 15 | 4.0 | 16.4 | 66.2 |
| 20 | 6.2 | 38.3 | 237.4 |
| 25 | 9.3 | 86.7 | 807.8 |
| 30 | 13.8 | 190.0 | 2,620.0 |
| 35 | 20.1 | 404.3 | 8,128.5 |
| 40 | 28.9 | 836.7 | 24,201.4 |
| 45 | 41.1 | 1,688.0 | 69,349.0 |
| 50 | 57.7 | 3,325.3 | 191,751.1 |

# PER로 가치주 찾기

**매출액**
− 매출원가

↓

**= 매출총이익**
− 판매비와 관리비

↓

**= 영업이익**

↓

± 금융수익 / 금융비용
± 기타수익 / 비용
− 법인세

↓

**= 당기순이익**

앞의 섹션에서 설명한 PSR, PGPR, POR는 생소한 지표일 수도 있었는데요. 이번 섹션에서 다룰 PER는 주식을 조금만 공부해도 흔히 접할 수 있는 지표입니다.

Section 25~27에 걸쳐 내내 기업의 수익이 중요하다고 했습니다. 기업이란 돈을 벌기 위해, 즉 수익을 내기 위해 존재하기 때문에 당연할 수밖에 없습니다. 실제로 주식의 가격은 장기적으로 당기순이익의 추세를 따라가는 경향이 있죠. 그렇다면 당기순이익 대비 시가총액이 높은 기업은 고평가, 당기순이익 대비 시가총액이 낮은 기업은 저평가되었다고 추정할 수 있습니다.

이를 측정하는 지표가 그 유명한 PER입니다. 계산법은 아래와 같습니다.

**PER = 시가총액 / 최근 분기 당기순이익**

PER가 높은 기업은 고평가, PER가 낮은 기업은 저평가되었다고 추정합니다.이 지표는 누가 만들었는지 추적하기 어려운데, 가치투자의 성경이라고 알려진 벤저민 그레이엄의 《증권분석(Security Analysis)》에도 PER가 별다른 설명 없이 기재된 것을 보면 20세기 초반에 벌써 대부분 미국 투자자는 PER라는 개념을 알고 있었다고 추정됩니다.

실제로 PER가 낮은 기업이 수익이 높았는지 10분위 성과를 계산한다면?

**잠깐만요**

### 벤저민 그레이엄이 누구인가요?

저는 투자업계의 대천재로 두 명을 꼽는데, 가치 투자와 퀀트 투자의 창시자인 벤저민 그레이엄이 그중 한 명입니다. 앞서 마코비츠도 대천재로 꼽았죠. 저는 두 분 중 그레이엄을 더 높게 평가합니다. '상관성이 낮은 자산군에 투자하라'는 마코비츠도 뛰어나지만 그의 이론은 "모든 달걀을 한 바구니에 담지 말라"라는 격언이라도 있었지요. 그러나 그레이엄 전에는 재무제표 등을 기반으로 하는 가치 투자, 수치화 가능한 지표를 통해 투자하는 퀀트 투자 같은 이론은 아무도 생각하지 못했습니다.

그레이엄은 어릴 때부터 지능이 매우 높아서 여러 분야에서 두각을 나타냈으며, 컬럼비아 대학을 졸업할 무렵 영문학과, 수학과, 철학과에서 교수직을 제안받았다고 합니다. 그러나 가문이 몰락한 그레이엄은 돈을 벌고 싶은 욕구가 강해서 월가로 가서 거기서도 승승장구 했습니다.

1920년대 중반 투자회사를 차린 그레이엄은 처음에는 성과가 매우 좋았으나 그도 대공황에 큰 손해를 보게 됩니다. 그 경험을 바탕으로 불멸의 역작인 《증권분석(Security Analysis)》과 워런 버핏이 역대 최고의 투자서로 칭송하는 《현명한 투자자(The Intelligent Investor)》를 쓰고 투자 이론을 정립하게 되죠. 1936~56년 그는 연복리 20%에 이르는 수익을 내고 은퇴했습니다.

그레이엄은 가치 투자, 퀀트 투자 뿐만 아니라 주식을 사고 경영진에게 주주 친화적인 정책을 요구하는 '행동주의 투자(Shareholder Activism)'와 거액을 소수 개인 또는 기관을 통해 모집하고 수익에서 성과보수를 가져가는 헤지펀드 구조도 만들었고, 지금도 금융계에서 가장 권위있는 CFA 자격증도 만들었습니다. 그는 후세 양성에도 관심이 많아서 컬럼비아 대학에서 투자를 가르친 것은 물론이고 역대 최고의 투자자로 알려진 워런 버핏도 가르치고 본인 투자회사에서 채용도 했습니다.

| PER 10분위 연복리수익률, 2002.1~2022.4(전체 주식) |

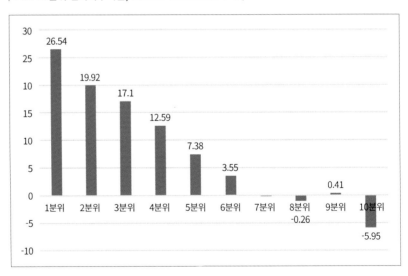

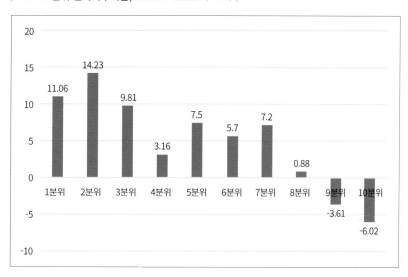

| PER 10분위 연복리수익률, 2002.1~2022.4(대형주) |

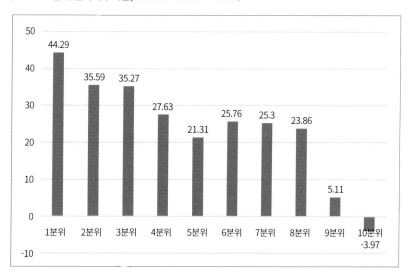

| PER 10분위 연복리수익률, 2002.1~2022.4(소형주) |

알려진 지 100년이 넘었는데도 여전히 낮은 PER 기업을 매수하면 돈을 벌 수 있다는 사실이 매우 놀랍습니다. 전체 주식, 대형주, 소형주 모두 저 PER 주식의 수익이 높고 고PER 주식의 수익은 낮습니다! 늘 그렇듯이 거래비용 1%를 감안하더라도 소형주 수익이 압도적으로 높네요.

# 이런 가치주 지표도 있어요!
# PAR, PBR, PCR, PFCR,
# PLR, PRR, 주주수익률

지금까지 PSR, PGPR, POR, PER 4개 지표를 설명했습니다. 이 지표 외에도 저평가를 측정할 수 있는 지표는 수십 개는 더 있습니다. 그런데 왜 저 4개 지표를 선택했을까요? 아래에서 볼 수 있듯이 손익계산서의 흐름을 따라 내려오면서 각 지표를 설명하기가 쉽기 때문입니다.

**매출액**      (PSR)
− 매출원가

↓

**= 매출총이익**      (PGPR)
− 판매비와 관리비

↓

**= 영업이익**      (POR)

↓

± 금융수익 / 금융비용
± 기타수익 / 비용
− 법인세

↓

**= 당기순이익**      (PER)

실제로 백테스트 결과에서 4개 지표가 우수한 기업을 골라서 샀다면 매우 좋은 성과가 있었다는 것을 살펴봤습니다. 그렇다고 해서 다른 가치주 지표의 위력이 크게 떨어지는 것은 아닙니다. 지면 관계상 모든 저평가 지표를 자세히 소개할 수는 없으나 주요 지표의 10분위 결과를 공개하겠습니다.

**잠깐만요**

### 각 지표는 무엇을 의미할까?

아래 표에 있는 지표 중 PSR, PGPR, POR, PER는 이미 설명한 바 있지만 나머지 지표는 무엇을 의미할까요? 모든 지표는 시가총액을 재무제표에서 중요한 수치로 나눈 것임을 확인할 수 있죠. 각각 무슨 항목이었는지 가물가물하다면 Section 21로 돌아가서 재무제표 보는 법을 다시 한번 확인하고 오세요.

PAR = 시가총액 / 자산
PBR = 시가총액 / 자본
PCR = 시가총액 / 영업현금흐름
PFCR = 시가총액 / 잉여현금흐름
PLR = 시가총액 / 인건비
PRR = 시가총액 / 연구개발비

| 주요 가치지표의 10분위 연복리수익률, 2002.1~2022.4(전체 주식) |

| 지표 | 1 | 2 | 3 | 4 | 5 | 6 | 7 | 8 | 9 | 10 | 1-10 | 1-5 |
|---|---|---|---|---|---|---|---|---|---|---|---|---|
| PAR | 15.09 | 18.85 | 13.86 | 15.3 | 13.49 | 8.39 | 4.34 | 2.82 | -2.65 | -11.27 | 26.36 | 1.6 |
| PBR | 21.76 | 21.83 | 14.8 | 15.68 | 13.2 | 7.12 | 4.67 | -0.55 | -6.13 | -12.5 | 34.26 | 8.56 |
| PCR | 17.11 | 14.79 | 12.58 | 9.31 | 5.61 | -0.25 | 2.26 | -0.32 | 5.84 | 7.72 | 9.39 | 11.5 |
| PFCR | 16.75 | 14.62 | 10.98 | 7.61 | 3.09 | -0.97 | 3.44 | 3.24 | 6.32 | 9.29 | 7.46 | 13.66 |
| PLR | 22.22 | 16.85 | 17.11 | 13.6 | 8.65 | 7.69 | 3.79 | 0.85 | -4.45 | -6.54 | 28.76 | 13.57 |
| PRR | 15.59 | 13.89 | 11.13 | 6.47 | 6.36 | 5.48 | 1.78 | 1.49 | 1.78 | 1.42 | 14.17 | 9.23 |
| 주주수익률 | 20.3 | 17.06 | 13.71 | 10.59 | 5.29 | -0.22 | 1.17 | 2.81 | 7.2 | -0.8 | 21.1 | 15.01 |
| PSR | 22.53 | 19.76 | 14.72 | 13.51 | 10 | 6.5 | 5.98 | 2.61 | -2.97 | -12.43 | 34.96 | 12.53 |
| PGPR | 24.51 | 20.85 | 19.22 | 17.66 | 9.35 | 8.82 | 3.46 | 0.25 | -6.8 | -14.81 | 39.32 | 15.16 |
| POR | 25.93 | 20.15 | 15.71 | 10.58 | 9.73 | 4.17 | 3.16 | -3.43 | -2.08 | -3.93 | 29.86 | 16.2 |
| PER | 26.54 | 19.92 | 17.1 | 12.59 | 7.38 | 3.55 | -0.26 | -1.12 | 0.41 | -5.95 | 32.49 | 19.16 |

전체 주식을 보면 모든 11개 지표의 1분위 종목들의 연복리 수익이 15%를 상회하는 것을 볼 수 있습니다. 과거 20년만 보면 PER가 가장 우수한 지표였고, 그다음 우수한 지표가 POR, PGPR, PSR, PLR, PBR 순인데 미래에도 이 순위가 지속된다는 보장은 없습니다. 즉, 2002~2022년 구간에서는 저PER 주식이 저PSR 주식보다 수익이 높았으나 2020년대, 2030년대에는 정반대일 수도 있는 겁니다. 그러나 전반적으로 저평가 지표가 우수한 기업의 수익은 평균적으로 매우 높았고, 반대로 저평가 지표가 열등한 기업의 수익은 평균적으로 저조했습니다.

| 주요 가치지표의 10분위 연복리수익률, 2002.1~2022.4(대형주) | | | | | | | | | | | | |

| 지표 | 1 | 2 | 3 | 4 | 5 | 6 | 7 | 8 | 9 | 10 | 1-10 | 1-5 |
|---|---|---|---|---|---|---|---|---|---|---|---|---|
| PAR | 8.88 | 7.34 | 5.35 | 4.19 | 8.02 | 8.04 | 1.67 | 6.22 | 4.01 | -6.08 | 14.96 | 0.86 |
| PBR | 11.7 | 8.16 | 7.22 | 8.13 | 5.26 | 5.02 | 5.97 | 3.38 | 1.53 | -7.84 | 19.54 | 6.44 |
| PCR | 8.02 | 7.84 | 6.27 | 4 | 10.54 | 0.27 | 0.9 | 2.37 | -0.28 | 2.15 | 5.87 | -2.52 |
| PFCR | 9.07 | 7.32 | 4.28 | 8.3 | 5.27 | -0.65 | 2.82 | -0.58 | 3.24 | 2.83 | 6.24 | 3.8 |
| PLR | 10.95 | 6.86 | 9.5 | 6.12 | 6.66 | 3.91 | 3.43 | 2.52 | -2.74 | -2.39 | 13.34 | 4.29 |
| PRR | 11.08 | 6.84 | 8.85 | 3.12 | 0.47 | 0.65 | -0.99 | 1.85 | -0.52 | 0.35 | 10.73 | 10.61 |
| 주주수익률 | 11.72 | 9.97 | 6.02 | 5.71 | 8.2 | 7.93 | 3.71 | 1.33 | -1.87 | -3.53 | 15.25 | 3.52 |
| PSR | 11.51 | 8.29 | 8.69 | 7.29 | 5.88 | 5.76 | 0.55 | 7.83 | -0.95 | -5.76 | 17.27 | 5.63 |
| PGPR | 8.22 | 10.18 | 7.24 | 10.48 | 1.51 | 10.63 | 6.21 | 3.72 | 0.79 | -11.8 | 20.02 | 6.71 |
| POR | 13.23 | 13 | 6.49 | 4.86 | 7.42 | 4.22 | 4.2 | 5.79 | -2.1 | -7.19 | 20.42 | 5.81 |
| PER | 11.06 | 14.23 | 9.81 | 3.16 | 7.5 | 5.7 | 7.2 | 0.88 | -3.61 | -6.02 | 17.08 | 3.56 |

대형주, 즉 시가총액 상위 200개 기업 중 최근 20년간 가장 수익이 높았던 지표는 POR였고, 다음 순위는 주주수익률, PBR, PSR, PER였습니다.

대형주는 전반적으로 전체 주식이나 소형주보다 수익이 낮은 편이나 대형주 내에서는 저평가 지표가 우수한 기업의 수익이 저평가 지표가 열등한 기업보다 평균적으로 훨씬 높았습니다. 다만 전체 주식이나 소형주보다 1분위와 10분위와 차이, 1분위와 5분위의 차이가 전반적으로 작습니다. '소형주에서 퀀트 전략이 더 잘 통한다'라고 Section 23에서 설명한 바 있죠.

| 주요 가치지표의 10분위 연복리수익률, 2002.1~2022.4(소형주) |

| 지표 | 1 | 2 | 3 | 4 | 5 | 6 | 7 | 8 | 9 | 10 | 1-10 | 1-5 |
|------|-----|-----|-----|-----|-----|-----|-----|-----|-----|-----|------|------|
| PAR | 23.2 | 25.76 | 25.26 | 21.92 | 23.17 | 25.99 | 26.59 | 24.69 | 16.97 | 16.01 | 7.19 | 0.03 |
| PBR | 29.48 | 27.66 | 28.99 | 30.5 | 21.13 | 28.24 | 25.69 | 20.54 | 15.64 | 2.32 | 27.16 | 8.35 |
| PCR | 19.96 | 21.11 | 22.61 | 31.59 | 23.41 | 20.95 | 16.08 | 17.91 | 13.26 | 20.81 | -0.85 | -3.45 |
| PFCR | 20.59 | 21.31 | 21.69 | 31.64 | 24.24 | 16.55 | 21.54 | 15.93 | 16.43 | 18.45 | 2.14 | -3.65 |
| PLR | 31.2 | 29.86 | 18.63 | 21.95 | 20.5 | 30.59 | 20.42 | 19.59 | 16.53 | 19.68 | 11.52 | 10.7 |
| PRR | 19.77 | 27.91 | 20.59 | 16.14 | 18.47 | 22.09 | 25.3 | 16.78 | 19.45 | 20.73 | -0.96 | 1.3 |
| 주주수익률 | 30.56 | 35.38 | 26.85 | 16.09 | 14.3 | 22.91 | 21.8 | | | | 8.76 | 16.26 |
| PSR | 32.28 | 32.93 | 31.15 | 26.03 | 22.59 | 26.74 | 18.65 | 14.79 | 20.43 | 6.84 | 25.44 | 9.69 |
| PGPR | 40.85 | 31.3 | 33.93 | 35.13 | 26.51 | 23.83 | 19.62 | 9.67 | 16.89 | 2.18 | 38.67 | 14.34 |
| POR | 42.62 | 42.33 | 30.08 | 27.91 | 20.15 | 29.29 | 21.8 | 16.43 | 10.79 | -1 | 43.62 | 22.47 |
| PER | 44.29 | 35.59 | 35.27 | 27.63 | 21.31 | 25.76 | 25.3 | 23.86 | 5.11 | -3.97 | 48.26 | 22.98 |

※ 소형주 기업의 경우 배당을 주거나 자사주를 매입하는 기업이 전체 소형주 기업 중 70% 정도에 불과해 8~10분위 수익이 없음

소형주, 즉 시가총액 하위 20% 기업은 자체로 수익이 높은 편이며, 그중 가치지표가 우수한 기업의 수익은 그보다 더 높았습니다. 1분위 수익을 보면 PER가 가장 높았고, 다음 순위는 POR, PGPR, PSR, PLR, PBR입니다. 흥미로운 점은 PER, POR, PGPR, PSR, PBR의 경우 1분위와 10분위 기업의 수익 차이가 매우 큰데 다른 지표는 그 차이가 훨씬 적다는 점입니다. 1분위 수익과 5분위 수익의 차이가 거의 없는 PAR, PCR, PFCR, PRR과 같은 지표는 소형주에서 잘 안 통하는 지표라고 할 수 있습니다.

# 무작정 따라하기 가치주 전략

할투 783

개별 주식 퀀트 투자의 방법과 순서는 늘 동일합니다(Section 22 참조).

① 주가지수보다 더 높은 수익을 가져다주는 유망한 지표 발굴

② 우수한 지표 몇 개를 섞어서 유망한 전략 발굴

③ 전략에 적합한 종목 발굴

④ 종목 매수하기/주기적 리밸런싱(1년, 혹은 6개월)

⑤ 부자 되기

우리는 Section 25~29에서 우수한 가치주 지표를 여러 개 발굴했습니다(소형주, PSR, PGPR, POR, PER, 기타 가치 지표). ①에서 말하는 '유망한 전략'이란 각 지표를 혼자 사용하는 것보다 더 높은 수익을 기대할 수 있는 전략이 되겠죠. 한 개의 지표만 써도 상당히 높은 수익을 올릴 수 있었으나, 이런 지표를 몇 개 섞어서 유망한 전략을 만든다면 더욱 준수한 수익을 얻을 수 있을 것입니다. 예를 들면 그냥 저PER 기업을 사는 것이 아니라 저PER + PSR 지표를 결합하는 식이지요.

우리가 가장 쉽게 생각할 수 있는 전략은 PSR, PGPR, POR, PER 4개 지표를 섞는 전략입니다. 이 전략 이름을 '무작정 따라하기 가치주 전략'이라 명명하겠습니다.

Section 25~28에서 각 지표를 자세히 소개했기도 하고, 손익계산서를

위부터 내려오면서 매우 쉽게 떠오를 수 있는 지표를 사용했기 때문에 이해하기도 쉬울 거라 생각합니다.

이 전략을 실행했을 때의 10분위 수익률은 어땠을까요?

# 1. 전체 주식

**| 무작정 따라하기 가치주 전략의 10분위 연복리수익률, 2002.4~2022.4(전체 주식) |**

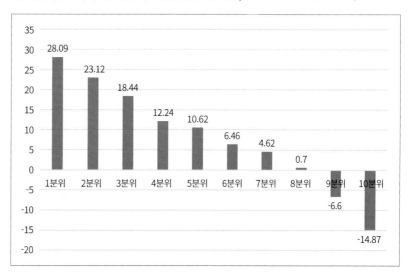

수익이 아주 고르게 1분위에서 10분위로 하향하는 것을 볼 수 있습니다. 이 전략의 수익률과 4개 지표를 개별적으로 사용했을 때와 비교해볼까요?

무작정
따라하기

# 무작정 따라하기 가치주 전략

1. PSR, PGPR, POR, PER 4개 지표의 각 순위를 계산합니다.
2. 4개 순위의 평균 순위를 계산합니다.
3. 평균 순위가 가장 높은 20개 기업을 매수합니다.
4. **리밸런싱**: 분기 1회 (4.15, 6.15, 9.15, 12.15) 리벨런싱 합니다.
5. **제외 기업**: 중국기업, 관리종목은 제외합니다.

Section 22의 〈무작정 따라하기〉(170페이지 참조)에서 계산한 것과 동일한 방법으로 진행됩니다. 다른 것은 Step 2, 3 뿐입니다. 같이 해볼까요?

( STEP 2 ) 팩터 선택

전략명을 '무작정 따라하기 가치주 전략'으로 바꾸고, 위에 입력한 4개 팩터를 입력합니다. PER, PSR, POR, PGPR 모두 낮은 게 좋으니까 '하위'로 입력하세요, 그리도 Step 3에서 종목 수를 50에서 20으로 변경하면 됩니다.

이렇게 하면 '무작정 따라하기 가치주 전략'을 실행할 수 있습니다.

| 지표 | 1 | 2 | 3 | 4 | 5 | 6 | 7 | 8 | 9 | 10 | 1-10 | 1-5 |
|---|---|---|---|---|---|---|---|---|---|---|---|---|
| PSR | 22.53 | 19.76 | 14.72 | 13.51 | 10 | 6.5 | 5.98 | 2.61 | -2.97 | -12.43 | 34.96 | 12.53 |
| PGPR | 24.51 | 20.85 | 19.22 | 17.66 | 9.35 | 8.82 | 3.46 | 0.25 | -6.8 | -14.81 | 39.32 | 15.16 |
| POR | 25.93 | 20.15 | 15.71 | 10.58 | 9.73 | 4.17 | 3.16 | -3.43 | -2.08 | -3.93 | 29.86 | 16.2 |
| PER | 26.54 | 19.92 | 17.1 | 12.59 | 7.38 | 3.55 | -0.26 | -1.12 | 0.41 | -5.95 | 32.49 | 19.16 |
| **가치주 전략** | 28.09 | 23.12 | 18.44 | 12.24 | 10.62 | 6.46 | 4.62 | 0.7 | -6.6 | -14.87 | 42.93 | 17.47 |

수익률 결과가 어떤가요? 이런 결과는 지표 몇 개를 섞으면 자주 볼 수 있습니다. 각 지표와 통합전략을 비교했을 때 통합전략 1분위 주식의 수익이 각 지표 1분위 수익보다 더 높고, 통합전략 10분위 주식의 수익은 각 지표 10분위 수익보다 더 낮고, 1분위와 10분위의 차이는 통합전략이 각 지표보다 더 큽니다.

물론 1분위에 속하는 200개 기업을 전부 다 매수할 수는 없습니다. 현실적으로 가능한 방법, 즉 순위가 가장 높았던 20개 기업만 매수하면 어떤 결과가 있었는지 좀 더 자세히 살펴보겠습니다.

| 수익 그래프 |                                    (전체 주식 거래비용은 0.6%로 가정)

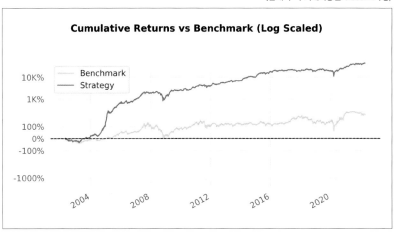

(전체 주식 거래비용은 0.6%로 가정)

### 주요 성과 지표

| Metric | Strategy | Benchmark |
| --- | --- | --- |
| Risk-Free Rate | 0.0% | 0.0% |
| Time in Market | 100.0% | 100.0% |
| Cumulative Return | 45,250.73% | 201.37% |
| CAGR | 35.68% | 5.66% |

장기적으로 수익은 무난히 우상향합니다. 연복리수익률은 35.68%, 총수익은 45,250.73%입니다. 원금이 약 452배가 되었다는 것을 의미하죠. 상위 10% 기업, 즉 1~200위 기업을 통째로 사는 것보다 순위가 가장 높은 20개 기업, 즉 1~20위 기업을 사는 것이 수익이 더 높습니다. 여기서 벤치마크는 코스피 지수를 의미합니다. 20년 연복리수익률이 5.66%에 불과하네요.

| MDD |

| | | |
| --- | --- | --- |
| Max Drawdown | -61.2% | -54.54% |
| Longest DD Days | 487 | 2193 |

개별 주식에만 투자하는 퀀트 전략의 MDD는 어떤 전략이든 상당히 높습니다! 61.2% 정도 됩니다. 코스피 지수의 54.54%보다도 더 높죠. 이래서 제가 자산배분을 먼저 하고 주식 비중만 개별 주식 퀀트로 투자하라고 강조하는 겁니다.

최고점에서 하락해서 다시 최고점 회복까지 걸린 기간은 최대 487일이었습니다.

| | | |
|---|---|---|
| 1Y | 20.52% | -15.29% |
| 3Y (ann.) | 24.49% | 6.73% |
| 5Y (ann.) | 15.53% | 4.1% |
| 10Y (ann.) | 25.3% | 3.12% |
| All-time (ann.) | 35.68% | 5.66% |

최근 20년 동안 연복리수익률은 35.68%였는데, 최근 수익은 어땠는지 분석해 보는 것도 중요하죠. 위 표의 왼쪽은 전략의 수익률, 오른쪽은 코스피 지수의 수익률입니다.

확실히 최근 1년, 3년, 5년, 10년 수익은 복리 35.68%에 못 미치긴 합니다. 그러나 코스피 지수의 수익을 지속해서 계속 압도하고 있는 것은 확실하네요.

| 드로다운 |

### Worst 10 Drawdowns

| Started | Recovered | Drawdown | Days |
|---|---|---|---|
| 2008-05-16 | 2009-05-06 | -61.20% | 355 |
| 2019-06-13 | 2020-08-25 | -54.02% | 439 |
| 2002-04-19 | 2003-08-19 | -34.29% | 487 |
| 2011-08-02 | 2012-02-06 | -26.26% | 188 |
| 2018-06-08 | 2019-06-11 | -24.92% | 368 |
| 2006-05-15 | 2006-11-10 | -21.93% | 179 |
| 2017-06-15 | 2018-05-14 | -18.05% | 333 |
| 2010-04-28 | 2010-09-29 | -18.03% | 154 |
| 2015-07-24 | 2015-12-02 | -17.85% | 131 |
| 2005-03-07 | 2005-06-22 | -16.58% | 107 |

늘 강조하지만 투자할 때 높은 연복리수익률에만 혹하면 안 됩니다. 최근 20년간 포트폴리오가 20% 이상 하락한 사례가 6번이나 있었으며, 50% 이상 하락한 사례도 두 번 있었습니다.

많이 하락했던 구간을 한눈에 볼 수 있도록 그래프로 구현했습니다.

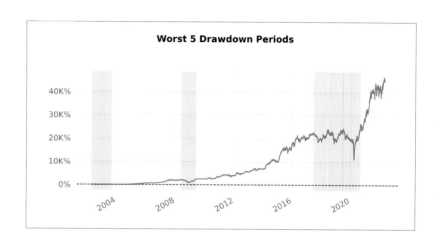

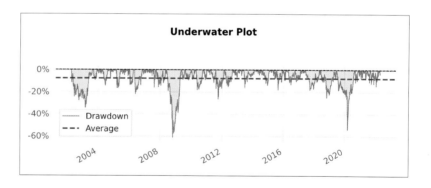

이 전략은 분명 20년 동안 우상향한 것은 맞는데, 2002~04년, 2008~09년, 2017~20년 등 꽤 오랫동안 매우 고통스러운 구간을 버텨야 했음을 볼 수 있습니다.

| 월별, 연별 수익 |

## Monthly Returns (%)

| | JAN | FEB | MAR | APR | MAY | JUN | JUL | AUG | SEP | OCT | NOV | DEC |
|---|---|---|---|---|---|---|---|---|---|---|---|---|
| 2002 | 0.00 | 0.00 | 0.00 | -7.90 | -4.11 | -5.51 | -1.25 | 5.01 | -10.93 | 0.95 | 6.60 | -4.31 |
| 2003 | -3.78 | 1.69 | -8.94 | 16.18 | 19.38 | -0.67 | 0.93 | 8.56 | -1.76 | -1.56 | 3.32 | 15.60 |
| 2004 | 2.31 | 1.18 | 2.10 | 2.40 | -5.00 | -3.50 | 6.72 | 9.89 | 13.63 | 9.67 | 9.93 | 19.37 |
| 2005 | 20.86 | 30.96 | -9.56 | -2.11 | 13.27 | 12.36 | 20.60 | 1.92 | 13.15 | 10.56 | 15.98 | 6.70 |
| 2006 | 0.16 | -5.31 | 2.12 | 13.39 | -6.73 | -2.36 | -0.05 | 11.26 | 0.07 | 2.09 | 17.16 | 2.50 |
| 2007 | 4.51 | 5.66 | 9.79 | 10.92 | 22.51 | 6.12 | 14.75 | -5.35 | 5.81 | -0.22 | -7.66 | 3.79 |
| 2008 | -2.65 | 8.38 | -6.79 | 4.54 | 8.75 | -9.46 | -3.03 | -12.78 | -4.13 | -32.76 | -4.73 | 21.99 |
| 2009 | 16.61 | -0.33 | 16.80 | 25.83 | 12.47 | -3.98 | 6.88 | -0.59 | -1.56 | -1.60 | 2.37 | 6.61 |
| 2010 | -7.30 | -0.00 | 17.57 | 3.73 | -12.73 | -3.18 | 3.61 | 3.53 | 15.11 | 9.06 | -5.17 | 9.85 |
| 2011 | 6.73 | 2.27 | 11.47 | -1.00 | -4.51 | 0.37 | 6.42 | -6.60 | -10.86 | 10.53 | -3.04 | 1.78 |
| 2012 | 5.04 | 20.65 | -2.87 | -6.80 | 1.72 | 1.35 | 0.78 | 11.79 | 4.34 | 0.77 | -0.50 | -0.61 |
| 2013 | 4.32 | 3.75 | 5.93 | 1.96 | 7.32 | -9.10 | 3.99 | -0.20 | 4.48 | -1.05 | 0.56 | 0.25 |
| 2014 | 1.68 | 17.55 | 5.62 | 3.77 | 5.67 | 2.01 | 5.59 | 6.47 | -1.43 | -5.39 | -0.26 | -3.21 |
| 2015 | 18.53 | 13.84 | 8.92 | 3.33 | 4.20 | -2.11 | 1.33 | -4.27 | 1.63 | 1.73 | 5.46 | 12.38 |
| 2016 | -3.85 | 7.98 | 4.41 | 2.58 | -5.35 | -2.26 | 6.72 | -1.25 | 3.94 | -5.46 | 0.37 | 1.15 |
| 2017 | 0.13 | 7.31 | 2.12 | -0.34 | 1.92 | -2.10 | -2.76 | -1.27 | -9.74 | 4.98 | -0.17 | -1.46 |
| 2018 | 11.55 | -4.81 | 2.60 | 2.67 | 9.00 | -6.37 | -0.72 | 3.25 | -2.07 | -17.18 | 6.03 | -2.44 |
| 2019 | 8.00 | 5.98 | -1.63 | 8.39 | -4.38 | 4.08 | -7.56 | -4.19 | 1.87 | -4.56 | -1.10 | 0.27 |
| 2020 | -6.59 | -4.00 | -19.49 | 29.67 | 6.81 | -2.20 | 14.10 | 13.38 | -2.40 | -3.51 | 15.10 | 3.74 |
| 2021 | 5.46 | 4.32 | 8.44 | 11.27 | 2.26 | 6.87 | -3.63 | 2.72 | 2.63 | 0.20 | -8.31 | 8.39 |
| 2022 | -6.46 | 9.07 | 5.80 | 0.35 | 0.00 | 0.00 | 0.00 | 0.00 | 0.00 | 0.00 | 0.00 | 0.00 |

## EOY Returns vs Benchmark

| Year | Benchmark | Strategy | Multiplier | Won |
|---|---|---|---|---|
| 2002 | -29.83% | -20.63% | 0.69 | + |
| 2003 | 29.19% | 55.37% | 1.90 | + |
| 2004 | 10.51% | 90.29% | 8.59 | + |
| 2005 | 53.96% | 239.30% | 4.43 | + |
| 2006 | 3.99% | 36.44% | 9.12 | + |
| 2007 | 32.25% | 92.14% | 2.86 | + |
| 2008 | -40.73% | -35.86% | 0.88 | + |
| 2009 | 49.65% | 107.20% | 2.16 | + |
| 2010 | 21.88% | 34.00% | 1.55 | + |
| 2011 | -10.98% | 11.55% | -1.05 | + |
| 2012 | 9.38% | 38.56% | 4.11 | + |
| 2013 | 0.72% | 23.35% | 32.63 | + |
| 2014 | -4.76% | 42.91% | -9.01 | + |
| 2015 | 2.39% | 84.11% | 35.24 | + |
| 2016 | 3.32% | 8.15% | 2.45 | + |
| 2017 | 21.76% | -2.36% | -0.11 | - |
| 2018 | -17.28% | -1.82% | 0.11 | + |
| 2019 | 7.67% | 3.72% | 0.48 | - |
| 2020 | 30.75% | 42.27% | 1.37 | + |
| 2021 | 3.63% | 46.75% | 12.90 | + |
| 2022 | -9.49% | 8.32% | -0.88 | + |

전략의 월별, 연별 수익은 위와 같습니다. 2008년 10월에는 미국발 금융위기 때문에 한 달에 -32.76% 손실을 기록한 사례도 있었고, 최근에는 코로나 때문에 2020년 3월 한 달 동안 -19.49%라는 큰 손실도 보았습니다. 2018년 10월에도 미국이 테이퍼링을 하면서 돈줄을 줄인다고 발표하자 한 달 만에 -17.18% 하락했네요.

연별 데이터를 보면 무작정 따라하기 가치투자 전략은 2017년, 2019년을 제외한 모든 해에 코스피 지수보다 수익이 높았으나, 2002년과 2008년 10% 이상의 손실을 피해 가지 못했습니다. 어째서 제가 계속해서 개별 주식 전략에 전 재산을 투자하기보다는 자산배분을 먼저 하고 주식 비중만 퀀트 투자로 하라고 권하는지 이해하시겠죠?

**잠깐만요**

## 미국발 금융위기

2008년 금융위기는 미국 부동산 버블 붕괴와 이에 따른 주택담보대출의 부실화, 주택담보대출의 증권화가 결합되어 발생했습니다.

은행이 주택담보대출을 해줄 때는 담보의 가치와 채무자의 수익 등을 보고 적절한 금액을 대출해주는데, 미국 은행은 2000년대 초반부터 담보대출을 한 후 동일한 만기와 위험을 가진 대출을 모아 유동화 채권(MBS)를 발행하고 투자자들에게 팔았습니다. 투자은행들은 이 MBS를 사들인 후 다시 한번 관련 CDO라는 파생상품을 만들어서 다른 투자자들에게 팔아서 담보대출 자체보다 관련 파생상품의 가치가 훨씬 더 커졌습니다. 문제는 대출하는 은행들이 MBS 발행으로 대출 리스크를 회피할 수 있으니 점점 더 신용도가 떨어지는, 예컨대 수익도 없고 담보가치도 부실한 채무자들에게도 대출을 해주었습니다. 대출 은행으로선 대출을 많이 해주면 수익도 높아지고 직원들 실적도 커지니까요. 그래서 담보가치의 100% 넘는 대출도 많이 해줬습니다.

이 모든 것이 부동산 가격이 계속 오르면 괜찮은데 2007년부터 미국 부동산 가격이 하락하면서 문제가 발생했습니다. 대출받은 채무자들의 부도가 급증했으며 관련 파생상품의 가치도 하락하기 시작했습니다. 이 금액이 워낙 커서 미국의 수많은 금융기관들이 흔들렸는데, 이때 5대 투자은행 중 하나인 리먼 브라더스(Lehman Brothers)가 2008년 10월 파산했습니다. 이 여파로 미국 S&P500 지수를 비롯한 전 세계 모든 주가지수가 50% 이상 하락했습니다.

## 2. 대형주

대형주도 비슷한 패턴입니다. 통합전략의 1분위 수익이 각 지표의 1분위 수익보다 더 높은 것을 볼 수 있습니다. 한 개 지표보다는 여러 지표가 우수한 주식이 더 유리하다는 것이죠.

이번에도 수치가 가장 좋은 20개 기업에 투자했을 경우 어떤 결과가 있었는지 분석해 보겠습니다.

| 무작정 따라하기 가치주 전략의 10분위 연복리수익률, 2002.4~2022.4(대형주) |

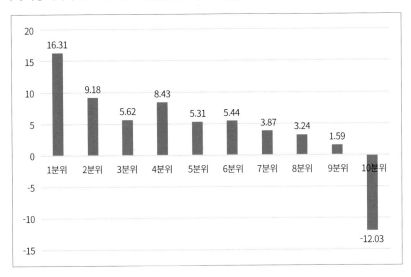

| 지표 | 1 | 2 | 3 | 4 | 5 | 6 | 7 | 8 | 9 | 10 | 1-10 | 1-5 |
|---|---|---|---|---|---|---|---|---|---|---|---|---|
| PSR | 11.51 | 8.29 | 8.69 | 7.29 | 5.88 | 5.76 | 0.55 | 7.83 | -0.95 | -5.76 | 17.27 | 5.63 |
| PGPR | 8.22 | 10.18 | 7.24 | 10.48 | 1.51 | 10.63 | 6.21 | 3.72 | 0.79 | -11.8 | 20.02 | 6.71 |
| POR | 13.23 | 13 | 6.49 | 4.86 | 7.42 | 4.22 | 4.2 | 5.79 | -2.1 | -7.19 | 20.42 | 5.81 |
| PER | 11.06 | 14.23 | 9.81 | 3.16 | 7.5 | 5.7 | 7.2 | 0.88 | -3.61 | -6.02 | 17.08 | 3.56 |
| 가치주 전략 | 16.31 | 9.18 | 5.62 | 8.43 | 5.31 | 5.44 | 3.87 | 3.24 | 1.59 | -12.03 | 28.34 | 11.00 |

(거래비용: 0.3%)

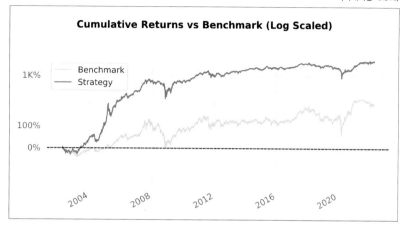

| 연복리수익률 및 총 수익률 |

### 주요 성과 지표

| Metric | Strategy | Benchmark |
|---|---|---|
| Risk-Free Rate | 0.0% | 0.0% |
| Time in Market | 100.0% | 100.0% |
| Cumulative Return | 2,335.04% | 201.37% |
| CAGR | 17.26% | 5.66% |

장기적으로 수익은 무난히 우상향하는 그래프를 보입니다. 연복리수익률은 17.26%, 총수익은 2,335.04%입니다. 원금이 약 23배가 된다는 것을 의미하죠.

| MDD |

| Max Drawdown | -59.9% | -54.54% |
|---|---|---|
| Longest DD Days | 1196 | 2193 |

전략의 MDD는 상당히 높습니다! 대형주가 더 안전하지 않다는 것을 볼 수 있습니다. MDD가 59.9%인데, 전체 주식의 MDD인 61.2%와 대동소이합니다. 최고점에서 하락해서 다시 최고점 회복까지 걸린 기간은 최대 1,196일, 거의 3년 반이나 걸렸습니다.

| 최근 1년, 3년, 5년, 10년 수익률 |

| | | |
|---|---|---|
| 1Y | 9.09% | -15.29% |
| 3Y (ann.) | 6.93% | 6.73% |
| 5Y (ann.) | 5.26% | 4.1% |
| 10Y (ann.) | 7.8% | 3.12% |
| All-time (ann.) | 17.26% | 5.66% |

최근 20년 동안 연복리수익률은 17%였는데, 최근 수익은 어땠는지 분석해 보는 것도 중요하죠.

위 표의 왼쪽은 전략의 수익률, 오른쪽은 코스피 지수의 수익률입니다. 대형주의 경우 최근 3년과 5년 코스피 지수 대비 초과수익이 거의 사라진 것이 보입니다. 물론 이 현상이 일시적인지 아니면 최근 5년만 가치주 지표가 덜 통했는지는 몇 년 후에 다시 분석해봐야 할 것 같습니다. 최근 1년에는 많이 올랐던 빅테크 기업의 주가가 많이 빠지면서 가치주의 수익률이 코스피 지수보다 압도적으로 높았는데, 이것이 일시적인지 아닌지는 조금 더 분석해야 할 것 같습니다.

 알아두세요

**초과수익**

초과수익에는 두 가지 의미가 있습니다.
① **인플레이션보다 높은 수익**
   실질수익과 비슷한 의미입니다. 올해 수익이 10%인데 인플레이션이 3%라면 초과수익은 7%
② **내가 지정한 벤치마크(주로 주가지수)보다 높은 수익**
   올해 한국 주식에 투자해서 수익이 20%인데 벤치마크인 코스피 지수 수익이 5%면 초과수익은 20%에서 5%를 뺀 15%입니다.
이번 사례에서 초과수익은 2번을 의미합니다.

**Worst 10 Drawdowns**

| Started | Recovered | Drawdown | Days |
|---------|-----------|----------|------|
| 2007-10-12 | 2010-06-16 | -59.90% | 978 |
| 2018-01-30 | 2021-05-10 | -57.42% | 1196 |
| 2002-04-19 | 2003-06-12 | -31.96% | 419 |
| 2011-07-28 | 2013-09-10 | -30.77% | 775 |
| 2004-04-08 | 2004-09-06 | -22.45% | 151 |
| 2005-03-15 | 2005-09-09 | -19.38% | 178 |
| 2006-05-12 | 2006-10-23 | -18.60% | 164 |
| 2007-07-26 | 2007-10-01 | -17.80% | 67 |
| 2015-04-28 | 2017-03-16 | -15.60% | 688 |
| 2014-09-11 | 2015-04-10 | -12.64% | 211 |

무작정 따라하기 가치주 대형주 전략도 수차례의 큰 하락을 피할 수 없었습니다. 20년간 포트폴리오가 20% 이상 하락한 사례가 5번이나 있었으며, 50% 이상 하락한 사례도 두 번이나 있었습니다.

많이 하락했던 구간을 표로 구현했습니다. 기둥 모양으로 표시한 구간이 하락 후 횡보한 기간입니다. 한눈에 봐도 고난의 기간이 꽤 길었음을 볼 수 있습니다.

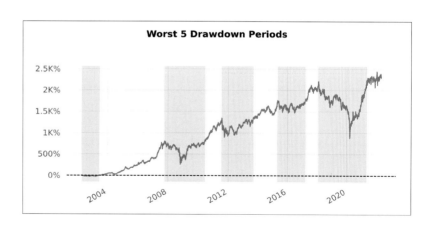

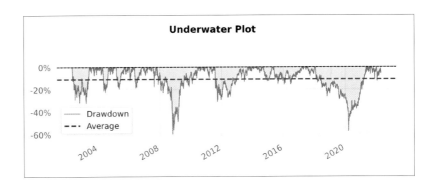

## 월별, 연별 수익

| | JAN | FEB | MAR | APR | MAY | JUN | JUL | AUG | SEP | OCT | NOV | DEC |
|------|------|-------|--------|-------|--------|------|-------|--------|--------|--------|-------|--------|
| **Monthly Returns (%)** | | | | | | | | | | | | |
| 2002 | 0.00 | 0.00 | 0.00 | -7.15 | -8.51 | -5.61 | 1.61 | 5.98 | -9.86 | 3.88 | 14.34 | -11.42 |
| 2003 | -2.12 | 3.03 | -6.15 | 15.30 | 13.40 | 2.44 | 1.75 | 12.54 | -5.88 | 10.14 | 5.21 | 12.45 |
| 2004 | 1.08 | 3.50 | -1.56 | 0.37 | -10.43 | 0.42 | -1.39 | 14.26 | 8.43 | 7.82 | 16.76 | 2.62 |
| 2005 | 7.44 | 25.20 | -6.08 | -8.66 | 4.46 | 9.37 | 2.25 | -1.66 | 16.93 | -2.10 | 6.15 | 0.77 |
| 2006 | 9.20 | 3.81 | 2.71 | 6.81 | -6.94 | -0.46 | 3.25 | 5.10 | 2.67 | 4.75 | 11.91 | -0.05 |
| 2007 | -6.18 | 3.03 | 6.82 | 15.86 | 15.47 | 1.79 | 17.34 | -3.06 | 3.50 | 2.29 | -7.16 | 5.11 |
| 2008 | -13.98 | 6.13 | -5.10 | 8.17 | -0.59 | -4.81 | -2.06 | -5.78 | 0.77 | -33.78 | 0.29 | 11.22 |
| 2009 | 6.60 | -11.65 | 20.35 | 21.11 | 7.73 | -1.88 | 8.21 | -1.62 | 1.24 | -4.88 | -1.84 | 10.00 |
| 2010 | -5.14 | 1.01 | 5.10 | 2.59 | -1.42 | 7.88 | 5.04 | 2.01 | 9.26 | 1.52 | 2.16 | 8.73 |
| 2011 | 1.60 | -5.11 | 6.27 | 5.64 | -0.74 | 2.53 | 5.07 | -10.03 | -12.89 | 7.90 | -7.44 | -3.29 |
| 2012 | 10.22 | 6.06 | -2.83 | -5.63 | -5.37 | 2.63 | 1.65 | 6.11 | 8.23 | -4.91 | 2.83 | 2.77 |
| 2013 | 3.25 | 4.15 | 1.12 | -4.36 | 3.29 | -6.29 | 5.83 | -1.28 | 6.05 | 2.22 | 0.41 | 2.52 |
| 2014 | 0.40 | 2.25 | 3.88 | -0.44 | 1.07 | -2.91 | 5.51 | 1.90 | -2.41 | -3.20 | -1.57 | -3.36 |
| 2015 | 0.89 | 5.95 | 3.79 | 7.23 | -2.40 | -4.42 | 0.32 | -3.13 | 1.21 | 2.31 | -0.63 | -1.79 |
| 2016 | -0.53 | 2.68 | 4.68 | -2.26 | -4.01 | -5.18 | 5.04 | 1.71 | -0.80 | 1.67 | 0.08 | 2.20 |
| 2017 | -0.59 | 3.58 | 3.90 | -0.32 | 10.09 | 3.23 | 1.98 | -0.98 | -3.30 | 2.87 | -1.26 | -0.39 |
| 2018 | 7.91 | -7.84 | -3.08 | 2.53 | -3.10 | -2.76 | -0.66 | -2.27 | 3.00 | -12.69 | 7.42 | -1.11 |
| 2019 | 7.29 | -0.02 | -2.71 | 4.06 | -5.75 | 3.09 | -6.17 | -4.92 | 4.03 | -5.47 | -1.08 | 4.57 |
| 2020 | -10.43 | -8.64 | -15.27 | 14.25 | 4.51 | -0.77 | 2.02 | 2.66 | -1.99 | 1.53 | 7.99 | 13.21 |
| 2021 | 0.35 | 4.81 | 10.92 | 4.83 | 4.18 | 1.51 | -0.35 | 1.64 | -0.64 | -0.98 | -8.10 | 9.65 |
| 2022 | -4.31 | 5.12 | 3.61 | -1.80 | 0.00 | 0.00 | 0.00 | 0.00 | 0.00 | 0.00 | 0.00 | 0.00 |

| EOY Returns vs Benchmark | | | | |
|---|---|---|---|---|
| Year | Benchmark | Strategy | Multiplier | Won |
| 2002 | -29.83% | -18.12% | 0.61 | + |
| 2003 | 29.19% | 78.03% | 2.67 | + |
| 2004 | 10.51% | 46.72% | 4.45 | + |
| 2005 | 53.96% | 62.33% | 1.16 | + |
| 2006 | 3.99% | 50.39% | 12.62 | + |
| 2007 | 32.25% | 65.25% | 2.02 | + |
| 2008 | -40.73% | -39.09% | 0.96 | + |
| 2009 | 49.65% | 60.63% | 1.22 | + |
| 2010 | 21.88% | 45.05% | 2.06 | + |
| 2011 | -10.98% | -12.41% | 1.13 | - |
| 2012 | 9.38% | 22.11% | 2.36 | + |
| 2013 | 0.72% | 17.36% | 24.27 | + |
| 2014 | -4.76% | 0.67% | -0.14 | + |
| 2015 | 2.39% | 8.99% | 3.77 | + |
| 2016 | 3.32% | 4.83% | 1.45 | + |
| 2017 | 21.76% | 19.75% | 0.91 | - |
| 2018 | -17.28% | -13.67% | 0.79 | + |
| 2019 | 7.67% | -4.24% | -0.55 | - |
| 2020 | 30.75% | 4.67% | 0.15 | - |
| 2021 | 3.63% | 29.85% | 8.23 | + |
| 2022 | -9.49% | 2.35% | -0.25 | + |

전략의 월별, 연별 수익은 위와 같습니다. 대형주라고 해서, 혹은 PER 나 PBR가 낮은 저평가 주식이라고 해서 급락장을 피할 수 있다고 생각하면 큰 오산입니다. 2008년 10월에는 미국발 금융위기 때문에 한 달에 −33.78% 손실을 기록한 사례도 있었고, 최근에는 코로나 때문에 2020년 3월 한 달 동안 −15.27%라는 큰 손실도 보았습니다. 그 외에도 2002, 2004, 2008, 2011년, 2018년, 2020년에도 한 달 내 10% 이상 손실을 낸 사례가 보이네요. 연별 데이터를 보면 무작정 따라하기 가치투자 대형주 전략은 2011, 2017, 2019, 2020년을 제외한 모든 해에 코스피 지수보다 수익이 높았으나 2002년, 2008년, 2011년, 2018년 10% 이상의 손실을 피해 가지 못했습니다.

여기서 배워야 할 것은 대형주의 MDD도 엄청나게 클 수 있으며, 가치주도 급락장이 오면 대책이 없다는 사실입니다.

# 3. 소형주

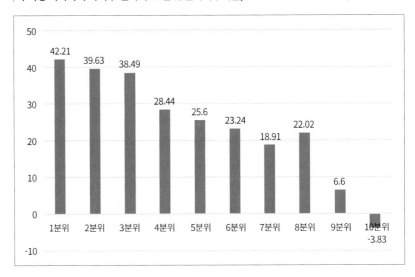

| 무작정 따라하기 가치주 전략의 10분위 연복리수익률, 2002.4~2022.4(소형주) |

| 지표 | 1 | 2 | 3 | 4 | 5 | 6 | 7 | 8 | 9 | 10 | 1-10 | 1-5 |
|---|---|---|---|---|---|---|---|---|---|---|---|---|
| PSR | 32.28 | 32.93 | 31.15 | 26.03 | 22.59 | 26.74 | 18.65 | 14.79 | 20.43 | 6.84 | 25.44 | 9.69 |
| PGPR | 40.85 | 31.3 | 33.93 | 35.13 | 26.51 | 23.83 | 19.62 | 9.67 | 16.89 | 2.18 | 38.67 | 14.34 |
| POR | 42.62 | 42.33 | 30.08 | 27.91 | 20.15 | 29.29 | 21.8 | 16.43 | 10.79 | -1 | 43.62 | 22.47 |
| PER | 44.29 | 35.59 | 35.27 | 27.63 | 21.31 | 25.76 | 25.3 | 23.86 | 5.11 | -3.97 | 48.26 | 22.98 |
| **가치주 전략** | 42.21 | 39.63 | 38.49 | 28.44 | 25.6 | 23.24 | 18.91 | 22.02 | 6.6 | -3.83 | 46.04 | 16.61 |

소형주의 경우 무작정 따라하기 가치주 전략의 1분위 수익이 매우 높고, 9, 10분위 수익은 마이너스로 전환합니다.

소형주도 1분위 기업 전체에 투자하는 것은 어려우니 전략 순위가 가장 높은 20개 기업에 투자한다고 가정하겠습니다.

(거래비용: 1%)

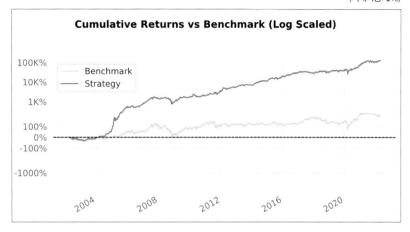

| 연복리수익률 및 총 수익률 |

### 주요 성과 지표

| Metric | Strategy | Benchmark |
|---|---|---|
| Risk-Free Rate | 0.0% | 0.0% |
| Time in Market | 100.0% | 100.0% |
| Cumulative Return | 129,658.48% | 201.37% |
| CAGR | 42.98% | 5.66% |

소형주의 경우도 20년 수익은 매우 높습니다. 연복리수익률은 42.98%, 총수익은 무려 129,658.48%입니다. 원금이 약 1,300배가 된다는 것을 의미하죠.

| Max Drawdown | -55.13% | -54.54% |
|---|---|---|
| Longest DD Days | 696 | 2193 |

개별 주식 전략이 다 그렇듯이 MDD도 매우 높습니다. 그런데 대형주 전략의 MDD인 58%보다는 낮았다는 것이 주목할 부분이네요. 다시 한 번 말씀드리는데 대형주라고 해서 안전하고, 소형주라고 모두 위험한 것은 절대 아닙니다.

흥미로운 사실은, 최고점에서 하락하고 다시 최고점을 회복하기까지 걸린 최대 기간이 대형주는 거의 3년 반이었는데 소형주는 696일, 약 2년 정도였습니다. 이 말은 소형주 전략에 투자했으면 큰 하락 이후에도 2년 내로 최고점 돌파가 이루어졌다는 겁니다.

| 최근 1년, 3년, 5년, 10년 수익률 |

| 1Y | 25.67% | -15.29% |
|---|---|---|
| 3Y (ann.) | 48.7% | 6.73% |
| 5Y (ann.) | 30.72% | 4.1% |
| 10Y (ann.) | 39.68% | 3.12% |
| All-time (ann.) | 42.98% | 5.66% |

최근 20년 동안 연복리수익률은 43%였는데, 최근 수익은 어땠는지 분석해 보는 것도 중요하죠.

위 표의 왼쪽은 전략의 수익률, 오른쪽은 코스피 지수의 수익률입니다. 놀랍게도 소형주 가치전략의 수익은 최근 3년, 5년, 10년에도 최소 복리 30% 이상을 유지했으며 코스피 지수 수익을 압도했습니다. 소형주 효과란 이런 겁니다!

**Worst 10 Drawdowns**

| Started | Recovered | Drawdown | Days |
|---------|-----------|----------|------|
| 2007-09-17 | 2009-08-13 | -55.13% | 696 |
| 2020-02-12 | 2020-06-02 | -44.10% | 111 |
| 2002-04-19 | 2004-03-03 | -34.21% | 684 |
| 2010-04-02 | 2011-03-31 | -29.21% | 363 |
| 2011-08-03 | 2011-11-28 | -25.36% | 117 |
| 2018-09-12 | 2019-02-22 | -23.56% | 163 |
| 2015-07-22 | 2015-11-05 | -21.22% | 106 |
| 2019-07-03 | 2020-01-13 | -20.73% | 194 |
| 2017-02-22 | 2018-05-03 | -20.53% | 435 |
| 2021-07-08 | 2022-03-23 | -20.33% | 258 |

그렇다고 해서 소형주 가치전략에 전혀 시련이 없다는 것은 아닙니다. 20년간 포트폴리오가 20% 이상 하락한 사례가 10번이나 있었으며, 50% 이상 하락한 사례도 한 번 있었습니다.

많이 하락했던 구간을 아래 표로 구현했습니다.

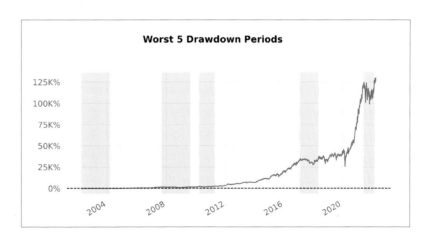

셋째마당 한국 주식 종목선정 **231**

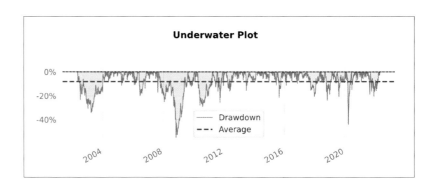

분명 고통스러운 구간이 있는 것은 부인할 수 없으나 그 구간이 대형주보다는 월등히 짧습니다.

| 월별, 연별 수익 |

**Monthly Returns (%)**

| | JAN | FEB | MAR | APR | MAY | JUN | JUL | AUG | SEP | OCT | NOV | DEC |
|---|---|---|---|---|---|---|---|---|---|---|---|---|
| 2002 | 0.00 | 0.00 | 0.00 | -5.18 | -0.43 | -7.52 | -0.99 | 6.76 | -6.83 | 0.08 | -10.60 | -1.41 |
| 2003 | 1.30 | -0.14 | -10.10 | 9.10 | 6.83 | 10.35 | -5.71 | 5.58 | -3.69 | -0.87 | 4.57 | 12.68 |
| 2004 | -3.35 | 6.00 | 5.97 | 0.38 | -1.33 | 1.18 | 3.26 | 18.75 | -1.14 | 6.32 | 8.96 | 10.69 |
| 2005 | 19.05 | 37.87 | -7.59 | 3.07 | 8.89 | 7.90 | 26.70 | -2.05 | 20.09 | 12.78 | 11.86 | 14.75 |
| 2006 | -2.85 | -2.68 | 0.57 | 9.57 | -7.41 | -1.96 | 1.40 | 7.97 | 0.14 | 2.71 | 14.13 | 8.63 |
| 2007 | 4.74 | 10.48 | 10.57 | 10.71 | 14.72 | 3.16 | 15.48 | -1.60 | 7.95 | -7.04 | -4.56 | -1.42 |
| 2008 | -7.14 | 13.72 | -1.41 | 0.30 | 4.97 | -4.10 | -1.83 | -9.42 | -5.72 | -30.53 | -2.32 | 11.10 |
| 2009 | 11.94 | 5.57 | 7.39 | 14.82 | 14.87 | -4.78 | 7.33 | 3.31 | -6.77 | -1.47 | 1.60 | 8.02 |
| 2010 | -2.86 | 4.68 | 30.13 | -9.14 | -11.08 | -3.92 | -4.88 | 5.97 | 5.21 | 12.67 | -8.18 | 3.48 |
| 2011 | 4.77 | -0.21 | 13.80 | 4.51 | -3.76 | -1.13 | 20.54 | -2.89 | -13.72 | 16.65 | 7.69 | 8.94 |
| 2012 | 9.05 | 31.65 | -5.44 | -5.11 | 1.50 | 4.62 | 1.21 | 8.62 | 3.02 | 1.31 | 1.16 | -0.13 |
| 2013 | 5.65 | 9.26 | 7.38 | 0.61 | 7.06 | -9.91 | 4.87 | 2.51 | 0.82 | -1.85 | 0.47 | -2.42 |
| 2014 | 0.33 | 17.97 | 3.69 | 9.28 | 6.75 | 1.49 | 3.43 | 8.98 | 0.25 | -0.29 | -1.91 | -1.21 |
| 2015 | 16.54 | 10.58 | 5.67 | 3.90 | -3.47 | 5.29 | 0.09 | -4.74 | -1.88 | 10.06 | 13.81 | 9.90 |
| 2016 | -3.33 | 1.27 | 8.44 | 6.50 | 1.07 | -0.32 | 10.88 | 2.86 | 7.04 | -1.65 | 5.68 | 3.50 |
| 2017 | 5.32 | 3.13 | -1.42 | 1.96 | 1.47 | -2.28 | -2.99 | 1.29 | -9.95 | 2.30 | -0.31 | -6.71 |
| 2018 | 13.45 | -1.22 | 3.29 | 3.52 | 8.73 | -2.58 | -2.89 | 6.90 | -1.45 | -16.45 | 8.39 | -2.09 |
| 2019 | 9.07 | 6.80 | -1.45 | 4.94 | -5.09 | 11.60 | -13.67 | 2.91 | 5.47 | -2.36 | 2.00 | 4.84 |
| 2020 | 0.35 | 2.09 | -19.37 | 21.65 | 8.06 | -1.84 | 6.59 | 9.44 | 5.69 | -0.42 | 23.52 | 9.07 |
| 2021 | 7.54 | 15.32 | 11.16 | 3.72 | 9.50 | 8.35 | -3.66 | -3.80 | 0.66 | 1.24 | -14.03 | 10.04 |
| 2022 | -1.06 | 5.84 | 10.48 | 2.77 | 0.00 | 0.00 | 0.00 | 0.00 | 0.00 | 0.00 | 0.00 | 0.00 |

전략의 월별, 연별 수익을 살펴보죠. 저평가된 주식, 대형주, 소형주 등 그 어떤 주식도 급락장을 피할 수는 없습니다. 소형가치주도 2008년 10

월에는 미국발 금융위기 때문에 한 달에 −30.53% 손실을 기록한 사례
도 있었고, 최근에는 코로나 때문에 2020년 3월 한 달 동안 −19.37%라
는 큰 손실도 보았습니다. 그 외에도 한 달 내 10% 이상 손실을 낸 달이
매우 자주 보이네요. 연별 데이터를 보면 무작정 따라하기 소형주 가치
전략은 2010, 2017년을 제외한 모든 해에 코스피 지수보다 수익이 높았
으나, 2002년과 2008년에는 10% 이상의 손실을 피해 가지 못했습니다.

### EOY Returns vs Benchmark

| Year | Benchmark | Strategy | Multiplier | Won |
|------|-----------|----------|------------|-----|
| 2002 | -29.83% | -24.16% | 0.81 | + |
| 2003 | 29.19% | 30.96% | 1.06 | + |
| 2004 | 10.51% | 69.11% | 6.58 | + |
| 2005 | 53.96% | 296.29% | 5.49 | + |
| 2006 | 3.99% | 32.05% | 8.02 | + |
| 2007 | 32.25% | 79.85% | 2.48 | + |
| 2008 | -40.73% | -33.57% | 0.82 | + |
| 2009 | 49.65% | 78.18% | 1.57 | + |
| 2010 | 21.88% | 16.60% | 0.76 | - |
| 2011 | -10.98% | 63.50% | -5.78 | + |
| 2012 | 9.38% | 58.56% | 6.24 | + |
| 2013 | 0.72% | 25.44% | 35.55 | + |
| 2014 | -4.76% | 58.64% | -12.32 | + |
| 2015 | 2.39% | 85.21% | 35.70 | + |
| 2016 | 3.32% | 49.60% | 14.93 | + |
| 2017 | 21.76% | -8.86% | -0.41 | - |
| 2018 | -17.28% | 15.12% | -0.88 | + |
| 2019 | 7.67% | 24.83% | 3.24 | + |
| 2020 | 30.75% | 76.29% | 2.48 | + |
| 2021 | 3.63% | 51.59% | 14.23 | + |
| 2022 | -9.49% | 18.89% | -1.99 | + |

# 기타 가치주 전략

Section 30에서 살펴본 무작정 따라하기 가치주 전략은 매우 위력적인 전략입니다. 그러나 이 4개 지표만이 황금지표이고 다른 가치지표보다 우월한 것은 아닙니다. 저평가 지표들을 활용해 만들 수 있는 전략을 몇 개 소개합니다.

## 1. 강환국 슈퍼 가치전략

제가 2017년 발간한 《할 수 있다! 퀀트 투자》에서 소개하고 2021년 발간한 《하면 된다! 퀀트 투자》에서 소폭 업그레이드한 전략입니다.

> 1. PER, PBR, PSR, PFCR 4개 지표의 각 순위를 계산
> 2. 4개 순위의 평균 순위를 계산
> 3. 평균 순위가 가장 높은 20개 기업 매수
> 4. **리밸런싱**: 분기 1회 (4.15, 6.15, 9.15, 12.15)

Section 30의 저평가 지표 통합전략과 같은 점은 PER, PSR라는 지표가 들어갔다는 점이며, 다른 점은 POR, PGPR 대신 PBR, PFCR를 넣었다는 것입니다. 10분위 결과를 한번 볼까요?

| 강환국 슈퍼 가치전략의 10분위 연복리수익률, 2002.4~2022.4(전체 주식) |

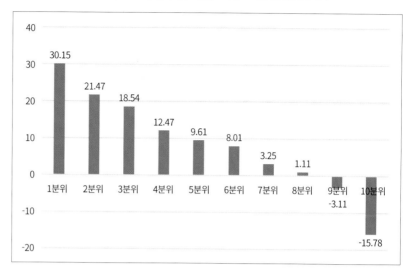

이 전략도 수익이 아주 고르게 1분위에서 10분위로 내려가는 것을 볼 수 있습니다. 각 4개 지표와 한번 비교해 볼까요? 1분위 수익은 심지어 무작정 따라하기 가치주 전략보다 더 높습니다(가치주 전략 1분위 수익률은 28.09%). 물론 차이는 크지 않으므로 과거 20년 수익은 무작정 따라하기 가치주 전략보다 높았지만, 미래에도 그렇다는 보장은 없습니다.

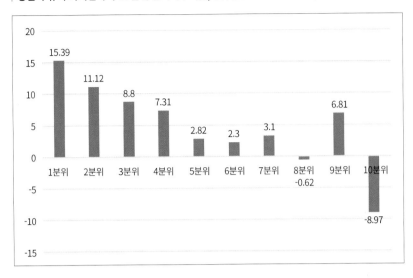

| 강환국 슈퍼 가치전략의 10분위 연복리수익률, 2002.4~2022.4 (대형주) |

대형주 수익도 준수합니다. 가치주 지표 4개의 평균 순위가 가장 우수한 20개 기업에 꾸준히 투자했다면 최근 20년간 복리 20% 이상을 벌 수 있었습니다(가치주 전략 대형주 수익률은 222페이지 참고).

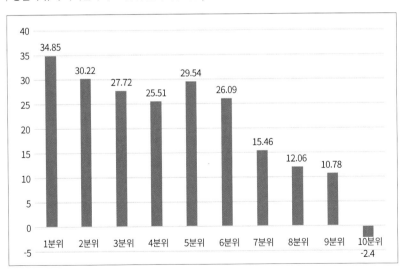

| 강환국 슈퍼 가치전략의 10분위 연복리수익률, 2002.4~2022.4 (소형주) |

소형주도 전반적으로 강환국 슈퍼 가치전략이 잘 먹힙니다(가치주 전략 소형주 수익률은 228페이지 참고).

## 2. 벤저민 그레이엄 가치전략

가치투자와 퀀트 투자의 아버지이자 워런 버핏의 선생인 벤저민 그레이엄은 《증권분석》과 《현명한 투자자》에서 낮은 PER와 PBR, 주주수익률이 높은 기업의 주식이 기대수익률이 높다고 주장했는데, 그 주장이 맞는지 한번 분석해 보겠습니다. 그레이엄은 늘 '기업의 가격', 즉 저평가 기업을 사는 것이 중요하다고 강조했습니다.

1. PER, PBR, 주주수익률 순위 계산
2. 세 지표 순위의 평균 순위 계산
3. 평균 순위가 가장 높은 20개 기업 매수
4. **리밸런싱**: 분기 1회 (4.15, 6.15, 9.15, 12.15)

전체 주식의 10분위 수익부터 먼저 분석하겠습니다.

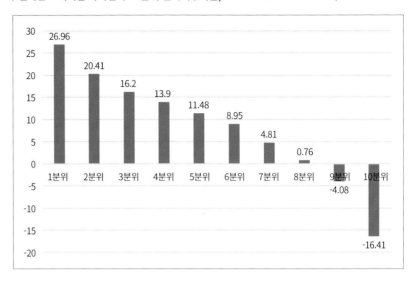

| 벤저민 그레이엄 가치전략 10분위 연복리수익률, 2002.4~2022.4(전체 주식) |

증권분석은 1934년에 발간된 책입니다. 공개된 지 90년이 넘는 전략이 21세기 초 대한민국에서 아직도 통한다는 점은 매우 놀랍습니다. 저렇게 단순하게 저PER+저PBR 주식만 사서는 절대로 돈을 벌 수 없다고 주장하는 투자자도 많은데 이는 사실과 전혀 무관합니다.

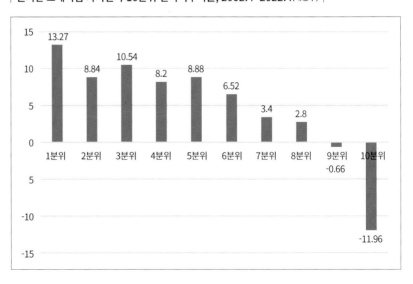

| 벤저민 그레이엄 가치전략 10분위 연복리수익률, 2002.4~2022.4(대형주) |

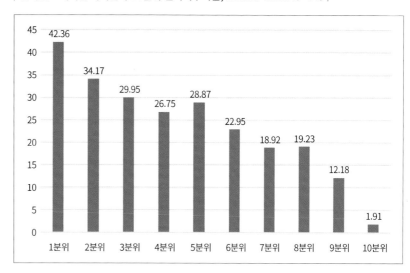

| 벤저민 그레이엄 가치전략 10분위 연복리수익률, 2002.4~2022.4(소형주) |

벤자민 그레이엄의 전략이 전체 주식에도 잘 먹히지만, 소형주에서 특히 잘 먹히는 것을 볼 수 있습니다. PER와 PBR가 낮고 시가총액 대비 배당을 많이 주고 자사주 매입을 많이 하는 소형주를 사는 전략은 과거에도 지금도 매우 현명한 전략입니다.

**알아두세요**

**자사주 매입**
주식회사가 수익을 내면
① 회사에 자금 유보
② 배당금 지급
③ 자사주 매입
을 할 수 있습니다. 회사에 자금을 유보하면 그 돈을 재투자해서 새로운 상품과 서비스를 만드는 등 미래에 더 큰 이익을 내는 것이 주목적입니다.
그렇게 재투자할 필요가 없는 돈은 주주들에게 배당할 수 있는데, 자사주를 매입할 수도 있습니다. 전자는 주주들에게 당장 쓸 수 있는 현금을 쥐여주는 것이고, 후자는 유통되는 주식의 수를 줄여서 기존 주주들의 지분 가치를 높여주는 효과가 있습니다.

## 3. 켄 피셔 가치전략

켄 피셔는 PSR와 PRR 두 개 지표를 만든 사람이죠. PSR는 매출액 대비 저평가된 기업을 찾아내는 지표이고, PRR는 연구개발비 대비 저평가된 기업을 찾는 지표입니다.
그렇다면 PSR도 낮고 PRR도 낮은 기업에 투자하면 어떨까요? 더 높은 수익을 기대할 수 있지 않을까요?

1. PSR, PRR 순위 계산
2. 두 지표 순위의 평균 순위 계산
3. 평균 순위가 가장 높은 20개 기업 매수
4. **리밸런싱: 분기 1회** (4.15, 6.15, 9.15, 12.15)


10분위 결과를 먼저 보겠습니다.


| 켄 피셔 가치전략 10분위 연복리수익률, 2000.4~2022.4(전체 주식) |

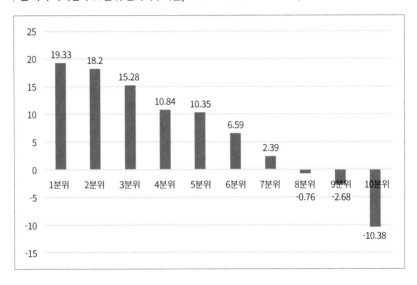

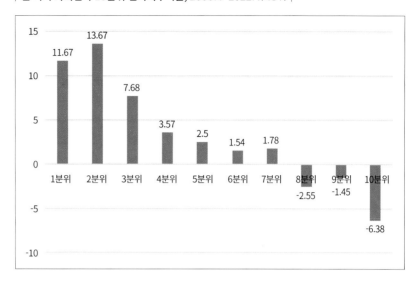

| 켄 피셔 가치전략 10분위 연복리수익률, 2000.4~2022.4(대형주) |

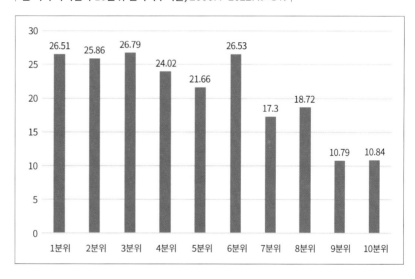

| 켄 피셔 가치전략 10분위 연복리수익률, 2000.4~2022.4(소형주) |

전체 주식에서 켄 피셔가 선호하는 저PSR+PRR 주식들은 주가지수를 크게 앞질렀습니다. 그런데 수익률이 벤저민 그레이엄 전략보다는 낮았습니다. 대형주에서도 전반적으로 켄 피셔 가치전략이 잘 통했는데, 1분위보다 2분위 수익이 더 높은 것이 특이했습니다. 소형주의 경우에도 켄

피셔 가치전략이 어느 정도 통하기는 했는데 1분위와 6분위까지는 차이가 거의 없는 걸 볼 수 있습니다. 대부분의 전략은 소형주에서 차이가 더 크게 나는데 켄 피셔 전략은 오히려 대형주에 더 잘 통한다는 것이 특이했습니다.

이렇게 보면 과거 20년의 백테스트 결과이기는 하나 벤저민 그레이엄의 PER+PBR+주주수익률 전략이 켄 피셔의 PSR+PRR 전략에 판정승한 것 같습니다.


## 4. 벤저민 그레이엄 + 켄 피셔 가치전략

퀀트 투자의 재미있는 점은 여러 전략을 통합할 수 있다는 것입니다. 켄 피셔, 벤저민 그레이엄의 아이디어를 바탕으로 전략을 합칠 수 있는 것이 퀀트 투자의 묘미죠. PER, PBR, 주주수익률, PRR, PSR이라는 5개 지표를 다 같이 보면 어떤 결과가 나올까요?


1. PSR, PRR, PER, PBR, 주주수익률 순위 계산
2. 다섯 지표 순위의 평균 순위 계산
3. 평균 순위가 가장 높은 20개 기업 매수
4. **리밸런싱**: 10월 마지막 거래일, 4월 마지막 거래일


이 전략은 '기업의 저평가'를 보다 여러 측면에서 계산하는 전략입니다. 매출액, 연구개발비, 순이익, 순자산, 주주환원 등 5개 지표가 골고루 우수한 기업을 찾아내는 전략이라고 볼 수 있습니다. 이런 식으로 투자했으면 결과가 어땠을지 한번 분석해 볼까요? 10분위 수익률을 계산했습니다.

| 그레이엄 + 피셔 가치전략 10분위 연복리수익률, 2002.4~2022.4(전체 주식) |

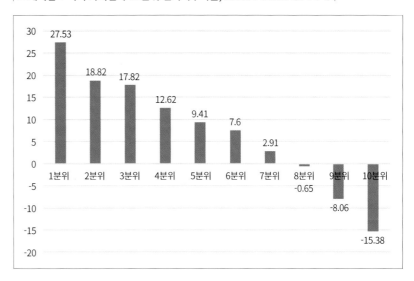

| 그레이엄 + 피셔 가치전략 10분위 연복리수익률, 2002.4~2022.4(대형주) |

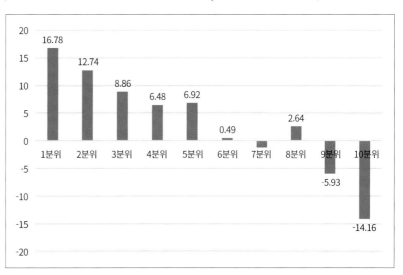

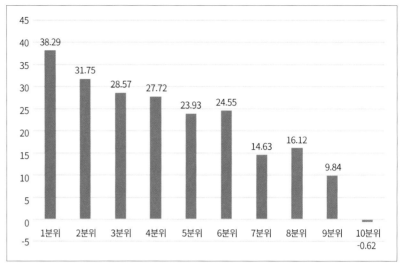

| 그레이엄 + 피셔 가치전략 10분위 연복리수익률, 2002.4~2022.4(소형주) |

두 거장의 전략을 섞은 그레이엄+피셔 가치전략도 상당히 위력적인 결과를 보여주네요. 물론 이것 말고도 전략을 섞는 방법은 무궁무진합니다.

지금까지 소개한 전략들은 우리가 가치지표를 조합해서 만들 수 있는 수많은 조합 중 꽤 괜찮은 조합 하나일 뿐입니다. 이외에도 1분위 수익률이 엇비슷한 전략은 상당히 많으니까 취향대로 전략을 골라서 사용하면 됩니다.

그런데 이 책 이름은 《퀀트 투자 무작정 따라하기》이므로 저는 '무작정 따라하기 가치주 전략'을 이 책에서 주로 사용하겠습니다.

## 가치지표와 가치주 전략은 왜 이렇게 잘 통하는 것일까?

우리는 지금까지 PSR, PGPR, POR, PER 등 여러 가치지표를 다뤘는데 과거에 이런 지표가 낮은 기업에 투자했으면(이를 밸류에이션이 낮다고도 합니다) 초과수익을 얻은 것은 물론이며 이 지표의 존재가 알려진 후에도 계속 초과수익이 존재했다는 것을 볼 수 있었습니다. 그런데 이 지표들은 왜 계속 잘 통하는 걸까요?

가치지표가 낮은 기업은 '비인기 기업'이라고 보면 됩니다. 그러니까 매출액, 영업이익, 순이익 등이 높아도 시가총액, 즉 주주가 평가하는 기업가치가 낮은 거죠.

주식시장에는 비인기 산업에 속한 기업, 수익성이 별로 높지 않은 기업, 최근 주가가 많이 안 움직인 기업 등이 기업가치보다 훨씬 저렴하게 거래되는 경우가 많습니다. 예컨대 M&A 시장에서는 1,000억 원에 팔릴 기업의 시가총액이 300억 원, 500억 원밖에 안 되는 경우가 비일비재하죠. 이런 기업은 가치지표가 낮을 가능성이 큽니다.

그런데 지금 비인기 산업에 속했고, 수익성이 낮고, 주가가 많이 안 움직인다고 미래에도 그렇다고 생각하는 것은 큰 오산입니다. 시간이 흐르고 이런 기업들의 수익성이 개선되고 관련 산업이 재조명되어 주식이 재평가받는 경우가 생각보다 많습니다.

예를 들면 2021년에 사료, 비료 주식을 거들떠보는 투자자들은 거의 없었습니다. 그래서 PER, PBR가 매우 낮았죠. 그런데 갑자기 2022년 초에 러시아-우크라이나 전쟁이 터진 후 사료, 비료 주식이 급등하고 일부 주식은 10배나 올랐습니다. 실제로 2022년 초 주식시장 수익률은 매우 저조했는데도, 그 종목이 포함된 퀀트 포트폴리오를 운영하던 투자자들은 큰 수익이 났습니다. 20개 포트폴리오의 경우 그 주식의 수익이 나머지 19개 기업의 손실을 만회하고도 남았으니까요!

반대로 가치지표가 높은 기업은 '인기 기업'입니다. 현재 매출액, 영업이익, 순이익 등이 높지는 않으나 미래에 훨씬 증가할 것으로 기대되어 가치지표가 높은 거죠.

그런데 현실에는 이런 기업들이 투자자가 기대하는 만큼 매출액이나 영업이익, 순이익을 못 달성할 경우가 비일비재합니다. 기대가 높으면 충족하기 힘드니까요!

그래서 2021년까지 가장 인기가 높고 가치지표가 높았던 빅테크 기업들은 2022년 하락장에서 크게 하락하는 모습을 보였습니다.

이렇게 핫한 산업은 수시로 바뀔 수 있고, 지금 당장 좋아 보이는 기업이 미래에 꼭 좋은 실적을 낸다는 보장도 없고, 반대로 지금 별 볼 일 없는 기업이 미래에 주목을 못 받는다는 보장도 없는 겁니다. 그런데 투자자들은 이걸 늘 간과하고 지금 당장 별 볼 일 없는 기업의 주식을 과소평가하고 지금 핫해보이는 기업의 주식을 과대평가하죠. 그 모습이 가치지표에 잡히는 것이고, 주식시장이 어떤 이유든 재평가될 때 가치지표가 낮은 주식은 상향 재평가, 가치지표가 높은 주식은 하향 재평가될 가능성이 큰 겁니다.

# 한국 성장주 지표

꽤 오랫동안 가치지표에 대해 배웠네요. 이제 개별 주식투자의 두 번째 기둥인 성장주 투자로 넘어가 보겠습니다.

독자 여러분도 '성장하는 기업에 투자하라'라는 말을 많이 들어봤을 겁니다. 실제로 한국 주식에서는 매출액, 매출총이익, 영업이익, 순이익이 성장하는 기업의 주식 수익이 높습니다.

| 퀀트 성장 지표 | 계산법 |
| --- | --- |
| 매출성장률 | (최근 분기 매출액−전년 동기 대비 매출액)/시가총액 |
| 매출총이익성장률 | (최근 분기 매출총이익-전년 동기 대비 매출총이익)/시가총액 |
| 영업이익성장률 | (최근 분기 영업이익-전년 동기 대비 영업이익)/시가총액 |
| 순이익성장률 | 최근 분기 순이익-전년 동기 대비 순이익)/순이익 |

보시다시피 각 지표의 계산법은 (최근 분기 지표 – 전년 동기 대비 지표)/시가총액 입니다. 왜 최근 분기 지표를 사용하는지는 195페이지에서 설명한 바 있죠.

그런데 왜 각 지표를 나눌 때 시가총액으로 할까요?

예를 들어보죠. 순이익이 20% 증가한 A사와 순이익이 50% 증가한 B사가 있다고 가정하겠습니다. 그럼 순이익이 50% 증가한 기업이 당연히 좋아 보이죠?

그런데 A사는 시가총액 500억 원인 소형주인데 순이익이 100억 원에서 120억 원으로 증가한 것이고, B사는 시가총액이 5조인 대형주인데 순이익이 100억 원이었다가 150억 원으로 증가했다고 가정해 보죠.

그렇다면 A사의 성장은 상당히 유의미한 수준의 성장이라고 볼 수 있는데 반해, B사는 '티끌 같은 수준의 순이익이 조금 더 큰 티끌이 되었다' 정도로 정리할 수 있습니다. 분명 B사의 순이익성장률이 더 높긴 하지만 시가총액 대비 너무 미미한 수준이라는 거죠.

그래서 성장지표를 계산할 때 증가한 금액을 시가총액으로 나눠서 보는 것이 더 합리적입니다. 그럼 Section 33~36에서 4개 성장지표(매출성장률, 매출총이익성장률, 영업이익성장률, 순이익성장률) 기준으로 투자했을 때의 결과와 위력을 분석해 보겠습니다.

참고로 퀀트 소프트웨어별로 성장률을 계산하는 방법이 조금씩 다른데, 증가액을 시가총액으로 나누는 방식은 퀀터스에서만 사용합니다. 소프트웨어에 따라 계산법이 다르기 때문에 종목 추출을 해서 비교하면 꽤 차이가 나는 경우도 종종 있습니다.

# 매출성장률로 성장주 찾기

**매출액**

− 매출원가

**= 매출총이익**

− 판매비와 관리비

**= 영업이익**

± 금융수익 / 금융비용

± 기타수익 / 비용

− 법인세

**= 당기순이익**

매출이 모든 기업 활동의 근간이라는 것은 여러 번 강조한 바 있습니다. 그렇다면 매출액이 높고 성장하는 기업의 주식 수익도 높다고 추정할 수 있겠죠? 주식시장은 지표의 절대적인 수치보다 방향성, 정확히 말하면 지표의 개선을 좋게 봅니다. 따라서 지표가 나아지는 주식이 초과수익을 내는 경향이 높습니다. 늘 그렇듯이 매출성장률도 10분위 백테스트를 돌려보겠습니다.

| 매출성장률 10분위 연복리수익률, 2002.4~2022.4(전체 주식) |

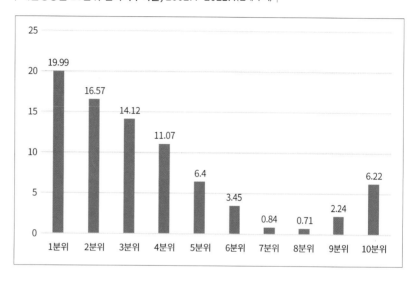

| 매출성장률 10분위 연복리수익률, 2002.4~2022.4(대형주) |

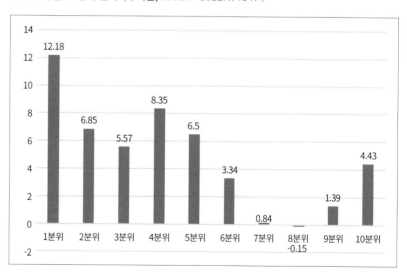

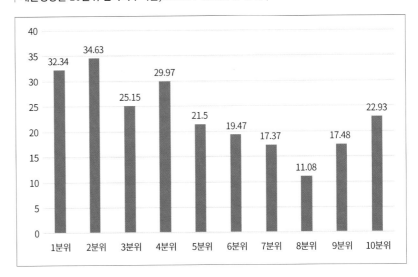

| 매출성장률 10분위 연복리수익률, 2002.4~2022.4(소형주) |

매출성장률은 매우 강력한 지표입니다. 매출성장률 상위 10%, 즉 1분위 수익은 전체 주식, 대형주, 소형주와 상관없이 높은 것을 볼 수 있습니다. 저평가 지표와 다른 점은 10분위 수익이 압도적으로 낮지 않다는 사실입니다. 그런데 우리는 어차피 10분위 기업, 즉 매출성장률이 낮은 기업에 투자할 가능성은 적기 때문에 이것은 크게 중요하지는 않습니다.

# 매출총이익성장률로 성장주 찾기

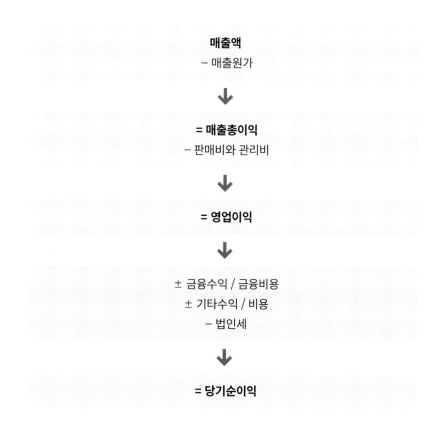

**매출액**
– 매출원가

⬇

**= 매출총이익**
– 판매비와 관리비

⬇

**= 영업이익**

⬇

± 금융수익 / 금융비용
± 기타수익 / 비용
– 법인세

⬇

**= 당기순이익**

매출총이익은 매출액에서 매출원가를 뺀 금액입니다. 매출총이익이 많이 성장하는 기업 주식의 10분위 수익은 어떤지 같이 보시죠.

**매출총이익성장률 10분위 연복리수익률, 2002.4~2022.4(전체 주식)**

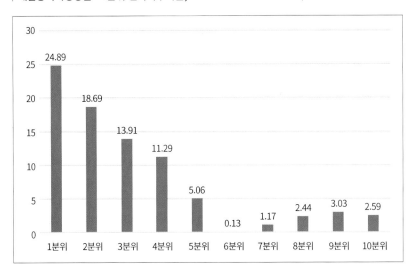

**매출총이익성장률 10분위 연복리수익률, 2002.4~2022.4(대형주)**

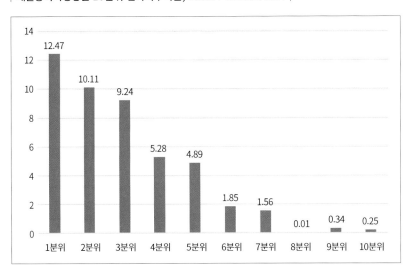

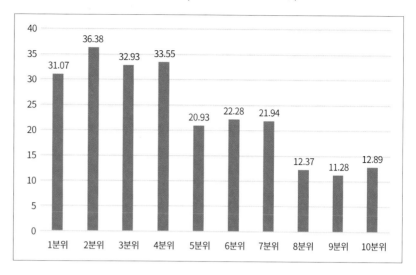

| 매출총이익성장률 10분위 연복리수익률, 2002.4~2022.4(소형주) |

매출총이익성장률은 매출성장률보다 최근 20년간 성과가 더 좋았습니다. 1분위 수익만 보면 대형주, 소형주 수익이 매출성장률과 엇비슷한데, 분위별 차이를 보면 매출총이익성장률은 1분위에서 10분위로 내려갈수록 수익이 계단식으로 감소하는 패턴을 보입니다. 특히 그 효과가 대형주에서 더욱 두드러집니다.

# 영업이익성장률로
# 성장주 찾기

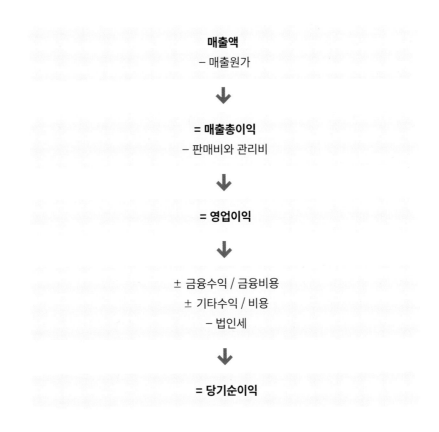

**매출액**
− 매출원가

↓

**= 매출총이익**
− 판매비와 관리비

↓

**= 영업이익**

↓

± 금융수익 / 금융비용
± 기타수익 / 비용
− 법인세

↓

**= 당기순이익**

다음 지표는 매출총이익에서 판매비와 관리비를 뺀 금액인 영업이익을 보겠습니다. 대부분의 투자자는 영업이익과 순이익 성장에 집중하는 경향이 있어서 이 지표로 실제로 어느 정도의 성과를 달성할 수 있을지 궁금합니다.

| 영업이익성장률 10분위 연복리수익률, 2002.4~2022.4(전체 주식) |

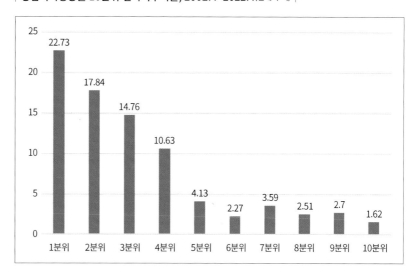

| 영업이익성장률 10분위 연복리수익률, 2002.4~2022.4(대형주) |

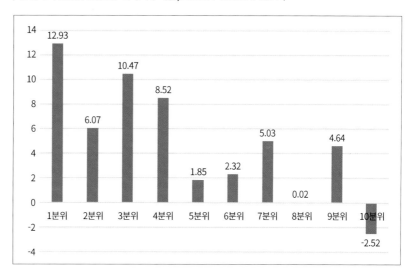

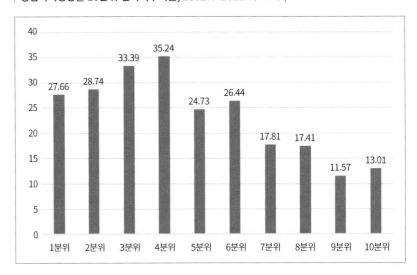

| 영업이익성장률 10분위 연복리수익률, 2002.4~2022.4(소형주) |

투자자들의 판단이 크게 틀리지 않았음을 볼 수 있습니다. 영업이익성장률도 상당히 괜찮은 지표였습니다. 다른 모든 지표를 안 보고 영업이익성장률 상위 10% 기업에만 투자해도 시간이 흐르면 부자가 될 수 있습니다. 전체 주식, 대형주에서 1분위 수익이 매우 좋습니다. 그런데 소형주만큼은 1분위보다 2, 3, 4분위의 수익이 더 높은 특이 현상을 보입니다. 아무튼 영업이익이 많이 오른 기업을 매수하는 전략은 꽤 괜찮은 전략입니다.

# 순이익성장률로 성장주 찾기

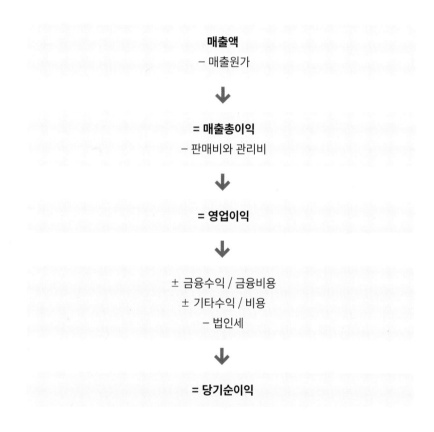

**매출액**
− 매출원가

↓

**= 매출총이익**
− 판매비와 관리비

↓

**= 영업이익**

↓

± 금융수익 / 금융비용
± 기타수익 / 비용
− 법인세

↓

**= 당기순이익**

마지막으로 영업이익에서 비영업손익, 금융손익과 법인세를 제외한 순이익성장률을 보겠습니다. 조금 전 설명한 것처럼 대부분의 투자자가 가장 많이 관심을 보이는 지표를 뽑으라고 하면 영업이익성장률과 순이익성장률일 겁니다.

순이익성장률 10분위 연복리수익률, 2002.4~2022.4(전체 주식)

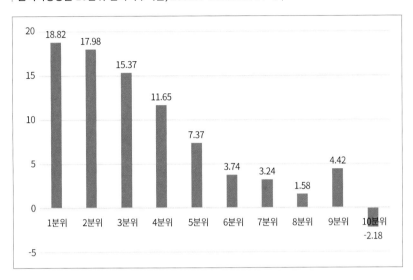

순이익성장률 10분위 연복리수익률, 2002.4~2022.4(대형주)

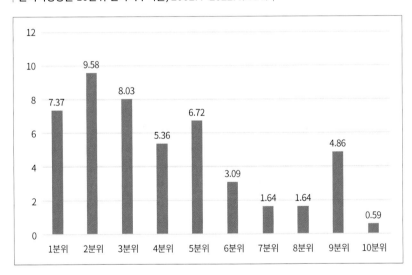

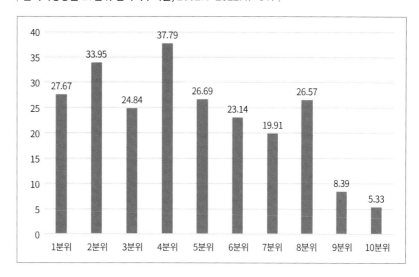

| 순이익성장률 10분위 연복리수익률, 2002.4~2022.4(소형주) |

투자자들이 관심이 많은 순이익성장률도 우수한 지표입니다. 전반적으로 순이익성장률 상위 10% 기업에만 투자했다면 장기적으로 후회할 일은 없었습니다.

그런데 전체 주식에서는 잘 통하는 편인데 대형주, 소형주에서는 효력이 우리가 본 매출성장률, 매출총이익성장률, 영업이익성장률보다 성과가 떨어집니다. 대형주에서 1, 2분위 수익도 복리 10%에 못 미치고, 소형주는 1분위 수익과 8분위 수익이 거의 비슷하네요.

4개 지표를 한번 같이 살펴보면 어떤 결과가 나올까요?

| 지표 | 1 | 2 | 3 | 4 | 5 | 6 | 7 | 8 | 9 | 10 | 1-10 | 1-5 |
|---|---|---|---|---|---|---|---|---|---|---|---|---|
| 매출 | 19.99 | 16.57 | 14.12 | 11.07 | 6.4 | 3.45 | 0.84 | 0.71 | 2.24 | 6.22 | 13.77 | 13.59 |
| 매출총이익 | 24.89 | 18.69 | 13.91 | 11.29 | 5.06 | 0.13 | 1.17 | 2.44 | 3.03 | 2.59 | 22.3 | 19.83 |
| 영업이익 | 22.73 | 17.84 | 14.76 | 10.63 | 4.13 | 2.27 | 3.59 | 2.51 | 2.7 | 1.62 | 21.11 | 18.6 |
| 순이익 | 18.82 | 17.98 | 15.37 | 11.65 | 7.37 | 3.74 | 3.24 | 1.58 | 4.42 | -2.18 | 21 | 11.45 |

전체 주식의 경우 4개 지표의 1분위 종목들의 연복리수익률이 높다는 것을 볼 수 있습니다. 과거 20년만 보면 매출총이익성장률, 영업이익성장률, 매출성장률, 순이익성장률 순입니다. 그러나 저평가 지표에서도 강조했듯이 미래에도 이 순위가 지속된다는 보장은 없습니다. 전반적으로 성장지표가 우수한 기업의 수익은 평균적으로 매우 높았고, 반대로 성장지표가 열등한 기업의 수익은 평균적으로 저조했습니다.

| 주요 성장지표의 10분위 연복리수익률, 2002.4~2022.4(대형주) |

| 지표 | 1 | 2 | 3 | 4 | 5 | 6 | 7 | 8 | 9 | 10 | 1-10 | 1-5 |
|---|---|---|---|---|---|---|---|---|---|---|---|---|
| 매출 | 12.18 | 6.85 | 5.57 | 8.35 | 6.5 | 3.34 | 0.12 | -0.15 | 1.39 | 4.43 | 7.75 | 5.68 |
| 매출총이익 | 12.47 | 10.11 | 9.24 | 5.28 | 4.89 | 1.85 | 1.56 | 0.01 | 0.34 | 0.25 | 12.22 | 7.58 |
| 영업이익 | 12.93 | 6.07 | 10.47 | 8.52 | 1.85 | 2.32 | 5.03 | 0.02 | 4.64 | -2.52 | 15.45 | 11.08 |
| 순이익 | 7.37 | 9.58 | 8.03 | 5.36 | 6.72 | 3.09 | 1.64 | 1.64 | 4.86 | 0.59 | 6.78 | 0.65 |

대형주, 즉 시가총액 상위 200개 기업 중 최근 20년간 1분위 수익이 가장 높았던 지표는 영업이익성장률이었고, 매출총이익성장률, 매출성장률은 엇비슷했으며, 순이익성장률만 성과가 별로 좋지 않았습니다,
대형주는 전반적으로 전체 주식이나 소형주보다 수익이 낮은 편이나 대형주 내에서도 저평가 지표가 우수한 기업(1분위)의 수익이 저평가 지표가 열등한 기업(10분위)보다 평균적으로 훨씬 높았습니다.

| 지표 | 1 | 2 | 3 | 4 | 5 | 6 | 7 | 8 | 9 | 10 | 1-10 | 1-5 |
|---|---|---|---|---|---|---|---|---|---|---|---|---|
| 매출 | 32.34 | 34.63 | 25.15 | 29.97 | 21.5 | 19.47 | 17.37 | 11.08 | 17.48 | 22.93 | 9.41 | 10.84 |
| 매출총이익 | 31.07 | 36.38 | 32.93 | 33.55 | 20.93 | 22.28 | 21.94 | 12.37 | 11.28 | 12.89 | 18.18 | 10.14 |
| 영업이익 | 27.66 | 28.74 | 33.39 | 35.24 | 24.73 | 26.44 | 17.81 | 17.41 | 11.57 | 13.01 | 14.65 | 2.93 |
| 순이익 | 27.67 | 33.95 | 24.84 | 37.79 | 26.69 | 23.14 | 19.91 | 26.57 | 8.39 | 5.33 | 22.34 | 0.98 |

| 주요 성장지표의 10분위 연복리수익률, 2002.4~2022.4(소형주) |

소형주, 즉 시가총액 하위 20% 기업은 자체로 수익이 높은 편이며, 그중 성장지표가 우수한 기업의 수익은 그보다도 더 높았습니다. 1분위 수익을 보면 매출성장률이 가장 높았고, 다음 순위는 매출총이익성장률, 영업이익성장률, 순이익성장률 순입니다. 그런데 흥미로운 점은 4대 지표에서 1분위 수익률 수익이 가장 높지 않다는 점입니다.

# 무작정 따라하기 성장주 전략

퀀트 투자
무작정 따라하기
037

▶ 할투 785

Section 22, 30에서 배운 개별 주식 퀀트 투자 방법을 다시 떠올려 볼까요?

① 주가지수보다 더 높은 수익을 가져다주는 유망한 지표 발굴

② 우수한 지표 몇 개를 섞어서 유망한 전략 발굴

③ 전략에 적합한 종목 발굴

④ 종목 매수하기/주기적 리밸런싱(1년, 혹은 6개월)

지금까지 ①단계에서 매출성장률, 매출총이익성장률, 영업이익성장률, 순이익성장률이 높은 주식이 좋은 성과를 냈다는 것을 배웠습니다. 이제 ②단계로 넘어가서 이 4개 지표를 통합한 전략을 만들어봐야겠죠? 각 지표의 순위를 계산해서 평균 순위가 높은 주식에 투자하는 전략입니다.

# 1. 전체 주식

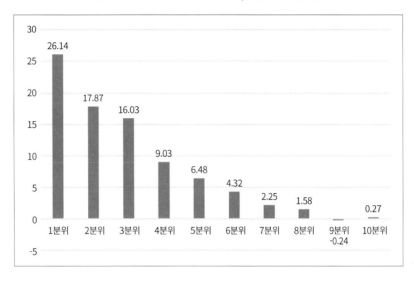

무작정 따라하기 성장주 전략의 10분위 연복리수익률, 2002.4~2022.4(전체 주식)

주요 성장지표와 무작정 따라하기 성장전략의 10분위 연복리수익률, 2002.4~2022.4(전체 주식)

| 지표 | 1 | 2 | 3 | 4 | 5 | 6 | 7 | 8 | 9 | 10 | 1-10 | 1-5 |
|---|---|---|---|---|---|---|---|---|---|---|---|---|
| 매출 | 19.99 | 16.57 | 14.12 | 11.07 | 6.4 | 3.45 | 0.84 | 0.71 | 2.24 | 6.22 | 13.77 | 13.59 |
| 매출총이익 | 24.89 | 18.69 | 13.91 | 11.29 | 5.06 | 0.13 | 1.17 | 2.44 | 3.03 | 2.59 | 22.3 | 19.83 |
| 영업이익 | 22.73 | 17.84 | 14.76 | 10.63 | 4.13 | 2.27 | 3.59 | 2.51 | 2.7 | 1.62 | 21.11 | 18.6 |
| 순이익 | 18.82 | 17.98 | 15.37 | 11.65 | 7.37 | 3.74 | 3.24 | 1.58 | 4.42 | -2.18 | 21 | 11.45 |
| **성장주 전략** | 26.14 | 17.87 | 16.03 | 9.03 | 6.48 | 4.32 | 2.25 | 1.58 | -0.24 | 0.27 | **25.87** | **19.66** |

전체 주식의 경우 매출, 매출총이익, 영업이익, 순이익 각각의 성장지표보다 4개 지표가 모두 성장하는 기업의 1분위 수익이 더 높았습니다. 시너지 효과가 있었다고 봐야죠.

무작정 따라하기 가치주 전략과 비슷하게 전략 순위가 가장 높은 20개 기업에 투자하는 시나리오를 자세히 분석해 보도록 하겠습니다. 우리가 1분위에 속하는 200여 개 기업에 동시에 투자하기는 어렵겠죠?

# 무작정 따라하기 성장주 전략

1. 매출성장률, 매출총이익성장률, 영업이익성장률, 순이익성장률 4개 지표의 각 순위를 계산합니다.
2. 4개 순위의 평균 순위를 계산합니다.
3. 평균 순위가 가장 높은 20개 기업 매수합니다.
4. **리밸런싱**: 분기 1회 (4.15, 6.15, 9.15, 12.15) 리밸런싱합니다.

Section 30의 무작정 따라하기(214페이지 참조)에서 계산한 것과 동일한 방법으로 진행됩니다. 다른 것은 Step 2 뿐입니다. 같이 해볼까요?

**( STEP 2 ) 팩터 선택**

**STEP 3** 트레이딩 설정

위에 입력한 4개 팩터를 입력합니다. PER, PSR, POR, PGPR 모두 높은 게 좋으니까
'상위'로 입력하세요.

(거래비용: 0.6%)

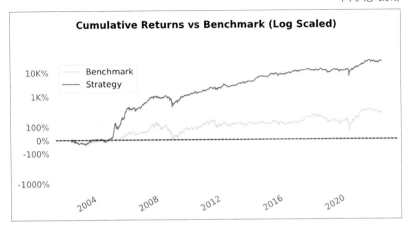

| 연복리수익률 및 총 수익률 |

### 주요 성과 지표

| Metric | Strategy | Benchmark |
|---|---|---|
| Risk-Free Rate | 0.0% | 0.0% |
| Time in Market | 100.0% | 100.0% |
| Cumulative Return | 27,776.80% | 201.37% |
| CAGR | 32.42% | 5.66% |

무작정 따라하기 성장주 전략의 20년 수익은 매우 높습니다. 연복리수익률은 32.42%, 총수익은 27,776.8%입니다. 원금이 20년 만에 약 278배가 된다는 것을 의미하죠.

| MDD |

| | | |
|---|---|---|
| Max Drawdown | -60.75% | -54.54% |
| Longest DD Days | 1091 | 2193 |

다시 한번 강조하지만 모든 개별 주식 전략의 MDD는 높습니다. 물론

이 전략의 MDD도 매우 높습니다. 60%가 넘어갑니다! 개별 주식 퀀트 전략을 실행하면 '시련의 기간'이 꽤 길 수 있습니다. 최고점에서 하락하고 다시 최고점 회복까지 걸린 최대 기간은 1,091일, 거의 3년이네요.

| 최근 1년, 3년, 5년, 10년 수익률 |

| | | |
|---|---|---|
| 1Y | 6.42% | -15.29% |
| 3Y (ann.) | 30.84% | 6.73% |
| 5Y (ann.) | 18.76% | 4.1% |
| 10Y (ann.) | 25.95% | 3.12% |
| All-time (ann.) | 32.42% | 5.66% |

최근 20년 동안 연복리수익률은 32%였는데, 최근 수익은 어땠는지 분석해 보는 것도 중요하죠.

위 표의 왼쪽은 전략의 수익률, 오른쪽은 코스피 지수의 수익률입니다. 무작정 따라하기 성장주 전략의 수익은 최근 3년, 5년, 10년에도 코스피 지수의 수익을 가볍게 제친 것을 볼 수 있습니다.

| 드로다운 |

**Worst 10 Drawdowns**

| Started | Recovered | Drawdown | Days |
|---|---|---|---|
| 2008-06-03 | 2009-08-13 | -60.75% | 436 |
| 2017-07-25 | 2020-07-20 | -51.33% | 1091 |
| 2002-05-29 | 2003-11-14 | -39.80% | 534 |
| 2012-03-05 | 2013-01-21 | -26.85% | 322 |
| 2021-07-02 | 2022-04-29 | -26.49% | 301 |
| 2006-01-17 | 2006-09-14 | -23.94% | 240 |
| 2015-06-26 | 2016-03-10 | -23.42% | 258 |
| 2011-08-02 | 2012-01-04 | -22.91% | 155 |
| 2004-04-16 | 2004-10-19 | -21.65% | 186 |
| 2005-03-03 | 2005-07-01 | -20.49% | 120 |

무작정 따라하기 성장전략의 고통스러운 기간을 자세히 보시죠. 20년간
포트폴리오가 20% 이상 하락한 사례가 10번이나 있었으며, 50% 이상
하락한 사례도 두 번 있었습니다.

많이 하락했던 구간을 표로 구현했습니다.

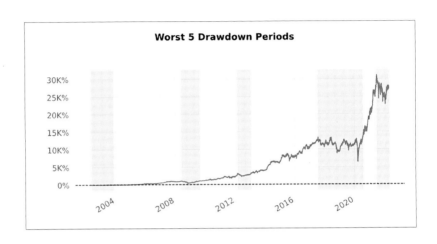

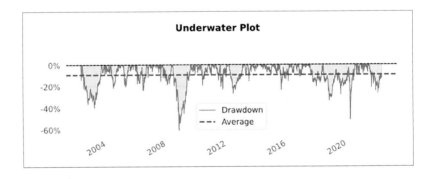

위 차트를 통해 퀀트 투자의 어려움을 알 수 있습니다. 2017년 7월부터
코로나가 터진 2020년 3월까지 무작정 따라하기 성장전략은 매우 부진
했습니다. −51%라는 엄청난 손실이 났습니다. 이 시기에 대부분의 투자
자는 아마 투자를 포기했을 겁니다. 그런데 코로나 직후부터 약 1년 반
동안 4배나 오른 것을 볼 수 있습니다.

전략의 월별, 연별 수익은 아래와 같습니다. 성장주도 당연히 급락장을 피해갈 수 없습니다. 오히려 전체 시장보다 더 많이 하락하는 경우도 많습니다. 무작정 따라하기 성장주 전략도 2008년 10월에는 미국발 금융위기 때문에 한 달에 –37.08%라는 큰 손실을 보았고. 최근에는 코로나 때문에 2020년 3월 한 달 동안 –23.27%라는 큰 손실이 발생했습니다. 그 외에도 한 달 내 10% 이상 손실을 낸 달이 매우 자주 보이네요. 연별 데이터를 보면 무작정 따라하기 성장전략은 2017년을 제외한 모든 해에 코스피 지수보다 수익이 높았으나, 2002년, 2008년, 2018년 10% 이상의 손실을 피해 가지 못했습니다.

| 월별, 연별 수익 |

**Monthly Returns (%)**

| | JAN | FEB | MAR | APR | MAY | JUN | JUL | AUG | SEP | OCT | NOV | DEC |
|---|---|---|---|---|---|---|---|---|---|---|---|---|
| 2002 | 0.00 | 0.00 | 0.00 | -12.94 | 13.90 | -10.48 | -5.27 | 0.74 | -17.46 | 2.89 | 10.15 | -6.12 |
| 2003 | -4.41 | 2.79 | -7.17 | 8.83 | 17.66 | 0.60 | 5.92 | 11.53 | -3.54 | 2.90 | -0.10 | 1.52 |
| 2004 | -1.21 | -0.06 | -2.39 | 2.88 | -4.67 | -7.55 | 1.90 | 7.90 | 5.46 | 3.59 | 7.22 | 10.93 |
| 2005 | 45.28 | 20.13 | -16.12 | -2.53 | 12.06 | 8.75 | 18.71 | -4.11 | 10.97 | 14.30 | 24.62 | 5.50 |
| 2006 | 0.22 | -4.80 | -3.53 | 5.44 | -3.62 | -3.04 | 5.28 | 9.70 | 0.80 | 0.70 | 23.93 | 4.23 |
| 2007 | 5.21 | 3.35 | 16.75 | 6.08 | 23.37 | -1.86 | 9.87 | 1.76 | 2.06 | -2.32 | -2.35 | -4.46 |
| 2008 | -8.19 | 9.97 | -2.75 | 8.48 | 8.89 | -9.92 | -1.21 | -13.85 | -1.47 | -37.08 | 3.62 | 10.20 |
| 2009 | 13.84 | -3.34 | 10.12 | 13.20 | 19.04 | -2.73 | 9.93 | 7.06 | -0.87 | 4.18 | -1.64 | 12.47 |
| 2010 | -1.37 | 3.89 | 5.55 | 14.14 | -11.74 | -0.19 | 9.85 | -0.79 | 3.43 | 13.43 | -5.02 | 3.49 |
| 2011 | 7.31 | 3.75 | 13.51 | 3.12 | -6.57 | -1.74 | 10.54 | -10.72 | -3.64 | 12.50 | -1.13 | 4.49 |
| 2012 | 6.97 | 22.56 | -6.19 | -6.86 | -9.69 | 4.70 | -2.95 | 6.63 | 2.88 | 1.51 | 4.24 | 0.36 |
| 2013 | 12.35 | 4.27 | 1.01 | 1.37 | 11.87 | -8.22 | 5.87 | 1.67 | 7.09 | -2.07 | 1.46 | -1.22 |
| 2014 | 3.91 | 17.18 | 8.97 | 5.54 | 14.15 | -0.39 | -1.25 | 3.68 | -3.76 | 0.73 | -3.16 | 3.20 |
| 2015 | 8.52 | 13.05 | 2.32 | -3.44 | 6.57 | 1.10 | -4.46 | -7.17 | 3.60 | 2.63 | 1.01 | 1.26 |
| 2016 | 1.12 | 1.37 | 5.07 | 7.04 | -4.60 | 2.77 | 10.28 | -0.29 | 7.86 | -3.58 | 0.53 | -2.26 |
| 2017 | 5.57 | 5.04 | 1.14 | 0.80 | 2.66 | 5.74 | -1.89 | 1.39 | -8.93 | -0.14 | -1.51 | -2.04 |
| 2018 | 11.58 | -7.01 | 1.15 | 3.40 | 6.07 | -6.86 | -4.73 | 3.16 | -0.84 | -22.01 | 6.08 | -0.22 |
| 2019 | 12.97 | 2.17 | 6.61 | 4.36 | -6.64 | 3.63 | -10.63 | 3.85 | 1.18 | -2.94 | 3.14 | 5.03 |
| 2020 | 0.13 | -5.22 | -23.27 | 27.29 | 8.18 | 1.44 | 18.89 | 5.50 | 4.38 | -3.15 | 21.43 | 2.96 |
| 2021 | 3.63 | 4.52 | 19.94 | 4.25 | 1.20 | 17.93 | -7.12 | -4.88 | 0.08 | 2.55 | -15.71 | 8.39 |
| 2022 | -7.92 | 12.57 | 4.42 | 0.78 | 0.00 | 0.00 | 0.00 | 0.00 | 0.00 | 0.00 | 0.00 | 0.00 |

**EOY Returns vs Benchmark**

| Year | Benchmark | Strategy | Multiplier | Won |
|------|-----------|----------|------------|-----|
| 2002 | -29.83% | -25.61% | 0.86 | + |
| 2003 | 29.19% | 39.72% | 1.36 | + |
| 2004 | 10.51% | 24.85% | 2.36 | + |
| 2005 | 53.96% | 230.11% | 4.26 | + |
| 2006 | 3.99% | 37.34% | 9.35 | + |
| 2007 | 32.25% | 69.58% | 2.16 | + |
| 2008 | -40.73% | -37.05% | 0.91 | + |
| 2009 | 49.65% | 113.55% | 2.29 | + |
| 2010 | 21.88% | 36.66% | 1.68 | + |
| 2011 | -10.98% | 32.23% | -2.93 | + |
| 2012 | 9.38% | 22.45% | 2.39 | + |
| 2013 | 0.72% | 39.33% | 54.96 | + |
| 2014 | -4.76% | 57.92% | -12.17 | + |
| 2015 | 2.39% | 25.98% | 10.88 | + |
| 2016 | 3.32% | 27.01% | 8.13 | + |
| 2017 | 21.76% | 7.10% | 0.33 | - |
| 2018 | -17.28% | -13.76% | 0.80 | + |
| 2019 | 7.67% | 22.67% | 2.95 | + |
| 2020 | 30.75% | 61.25% | 1.99 | + |
| 2021 | 3.63% | 33.89% | 9.35 | + |
| 2022 | -9.49% | 9.07% | -0.96 | + |

## 2. 대형주

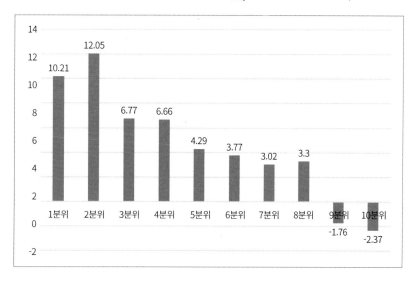

| 주요 성장지표와 무작정 따라하기 성장전략의 10분위 연복리수익률, 2002.4~2022.4(대형주) |

| 지표 | 1 | 2 | 3 | 4 | 5 | 6 | 7 | 8 | 9 | 10 | 1-10 | 1-5 |
|---|---|---|---|---|---|---|---|---|---|---|---|---|
| 매출 | 12.18 | 6.85 | 5.57 | 8.35 | 6.5 | 3.34 | 0.12 | -0.15 | 1.39 | 4.43 | 7.75 | 5.68 |
| 매출총이익 | 12.47 | 10.11 | 9.24 | 5.28 | 4.89 | 1.85 | 1.56 | 0.01 | 0.34 | 0.25 | 12.22 | 7.58 |
| 영업이익 | 12.93 | 6.07 | 10.47 | 8.52 | 1.85 | 2.32 | 5.03 | 0.02 | 4.64 | -2.52 | 15.45 | 11.08 |
| 순이익 | 7.37 | 9.58 | 8.03 | 5.36 | 6.72 | 3.09 | 1.64 | 1.64 | 4.86 | 0.59 | 6.78 | 0.65 |
| **성장주 전략** | 10.21 | 12.05 | 6.77 | 6.66 | 4.29 | 3.77 | 3.02 | 3.3 | -1.76 | -2.37 | **12.58** | **5.92** |

대형주의 경우 별다른 시너지가 보이지 않았습니다. 매출, 매출총이익, 영업이익성장률 상위 10% 기업을 매수했으면 복리 12~13% 정도 수익을 낼 수 있었는데 4개 지표가 고르게 성장하는 기업의 1분위 수익은 복리 10.21%에 불과했습니다.

여기서도 무작정 따라하기 성장주 전략 순위가 가장 높은 20개 기업에만 투자했다면 어떤 성과가 있었는지 분석해 보겠습니다.

| 수익 그래프 |

| 수익 그래프 |                                          (거래비용: 0.3%)

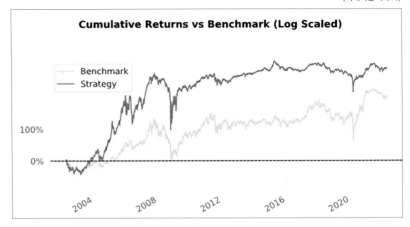

| 연복리수익률 및 총 수익률 |

| Metric | Strategy | Benchmark |
| --- | --- | --- |
| Risk-Free Rate | 0.0% | 0.0% |
| Time in Market | 100.0% | 100.0% |
| | | |
| Cumulative Return | 637.52% | 201.37% |
| CAGR | 10.48% | 5.66% |

장기적으로 수익은 무난히 우상향하는데 2007년 이후로는 코스피를 크게 앞서 나가지 못합니다. 연복리수익률은 10.48%, 총수익은 637.52%입니다.

| MDD |

| | | |
| --- | --- | --- |
| Max Drawdown | -67.97% | -54.54% |
| Longest DD Days | 2562 | 2193 |

이 전략의 MDD는 코스피보다도 훨씬 높습니다. 대형주라고 해서 더 안전하지는 않다는 것을 다시 한번 볼 수 있습니다. MDD가 무려 68%입니다. 대형주라도 성장이 꺾인 기업은 크게 박살 날 수 있으며 그런 기업들이 최고점을 다시 뚫는 데는 매우 오랜 시간이 소요됨을 볼 수 있습니다. 특히 '한때 성장한 기업'은 고평가받다가 한번 성장이 꺾이면 저평가되는 구간까지 순식간에 곤두박질치는 경우가 비일비재합니다.

| 최근 1년, 3년, 5년, 10년 수익률 |

| | | |
|---|---|---|
| 1Y | -11.64% | -15.29% |
| 3Y (ann.) | 1.51% | 6.73% |
| 5Y (ann.) | 0.34% | 4.1% |
| 10Y (ann.) | 4.31% | 3.12% |
| All-time (ann.) | 10.48% | 5.66% |

최근 20년 동안 연복리수익률은 10%였는데, 최근 수익은 어땠는지 분석해 보는 것도 중요하죠. 위 표의 왼쪽은 전략의 수익률, 오른쪽은 코스피 지수의 수익률입니다. 무작정 따라하기 대형주 성장주 전략은 최근 3년과 5년의 경우, 코스피 지수보다도 수익이 낮았습니다!

물론 이 현상이 일시적인지, 아니면 최근 5년만 성장주 지표가 덜 잘 통했는지는 몇 년 후에 다시 분석해봐야 할 것 같습니다. 여기서 Section 23에서 배운 내용이 떠올랐다면 아주 훌륭합니다.

> 1. 한국은 시가총액이 작은 기업, 즉 '소형주'의 수익이 대형주보다 훨씬 높다.
> 2. 대부분 퀀트 지표/전략은 소형주에서 초과수익이 더 높다.

무작정 따라하기 성장주 전략을 보면 이 내용이 정확하게 맞아떨어지는 것을 볼 수 있습니다.

대형주 전략은 수익 자체도 낮고, 코스피 대비 초과수익도 낮고, 최근에는 아예 초과수익이 사라진 것을 볼 수 있습니다. 대형주 비중을 적게, 소형주 비중을 크게 가져가는 것이 투자에서 승리하는 방법입니다.

잠깐만요

## 성장주 투자의 리스크

A사는 작년 순이익이 1,000억 원인데 시가총액은 5조 원, 즉 PER 50배의 평가를 받고 있습니다. 최근 몇 년 동안 매우 가파르게 영업이익과 순이익이 성장했거든요. 장래가 매우 밝은 기업처럼 보이네요. 그런데 갑자기 성장이 꺾입니다! 올해는 900억 원밖에 못 벌었네요. 그리고 A사가 속한 산업군의 전망도 '밝음'에서 '불투명'으로 변해서 큰 성장을 기대하기 어렵습니다. 그렇다면 A사는 PER 10 정도의 기업으로 곤두박질칠 수도 있습니다. 그렇다면 시가총액은 900억×10 = 9,000억으로 폭락하게 되고, A사의 순이익은 10% 감소했는데 시가총액은 5조에서 9,000억으로, 무려 82% 하락합니다. 이런 식으로 성장이 꺾인 기업의 주식은 급락할 위험이 있습니다.

| 드로다운 |

**Worst 10 Drawdowns**

| Started | Recovered | Drawdown | Days |
|---|---|---|---|
| 2007-11-07 | 2011-07-26 | -67.97% | 1357 |
| 2015-04-24 | 2022-04-29 | -64.22% | 2562 |
| 2002-04-19 | 2003-11-04 | -45.82% | 564 |
| 2011-07-28 | 2013-05-22 | -32.04% | 664 |
| 2006-01-17 | 2007-04-04 | -31.13% | 442 |
| 2004-04-09 | 2004-10-05 | -25.73% | 179 |
| 2007-07-26 | 2007-10-02 | -21.15% | 68 |
| 2005-03-14 | 2005-08-12 | -18.46% | 151 |
| 2013-05-30 | 2013-10-30 | -12.47% | 153 |
| 2014-09-11 | 2015-02-23 | -11.67% | 165 |

무작정 따라하기 대형 성장주 전략도 수차례의 큰 하락을 피할 수 없었습니다. 20년간 포트폴리오가 20% 이상 하락한 사례가 7번이나 있었으며, 60% 이상 하락한 사례도 두 번이나 있었습니다. 많이 하락했던 구간

을 표로 구현했습니다. 한눈에 보기에도 고난의 구간이 꽤 길었다는 것을 볼 수 있습니다. 심지어 아직도 2015년 4월의 최고점을 뚫지 못하고 있습니다!

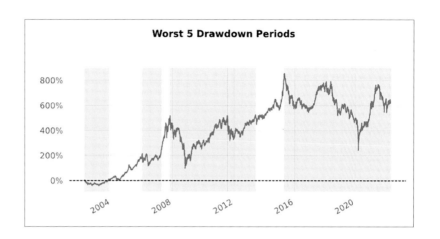

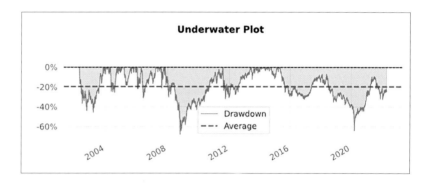

## Monthly Returns (%)

| | JAN | FEB | MAR | APR | MAY | JUN | JUL | AUG | SEP | OCT | NOV | DEC |
|------|-------|-------|--------|-------|--------|-------|-------|--------|-------|--------|--------|--------|
| 2002 | 0.00 | 0.00 | 0.00 | -12.63 | -11.03 | -6.50 | 0.99 | 5.61 | -18.19 | 9.09 | 13.83 | -10.79 |
| 2003 | -4.33 | 0.96 | -8.96 | 13.80 | 9.91 | 5.72 | 3.60 | 15.22 | -8.98 | 15.06 | 6.39 | 2.17 |
| 2004 | 5.50 | 7.38 | 0.10 | -0.19 | -9.33 | 0.54 | -9.51 | 18.21 | 6.41 | 7.31 | 15.23 | 4.06 |
| 2005 | 4.92 | 25.10 | -7.04 | -10.01 | 3.48 | 8.18 | 6.27 | -0.31 | 16.85 | -0.76 | 13.79 | -1.16 |
| 2006 | -0.75 | -0.75 | -2.91 | 10.49 | -16.91 | -3.33 | 5.09 | 7.98 | 0.89 | 2.62 | 6.54 | -1.99 |
| 2007 | -9.97 | 7.58 | 8.65 | 18.19 | 17.74 | 2.52 | 24.15 | -4.35 | 1.87 | 11.79 | -8.27 | 0.90 |
| 2008 | -19.29 | 11.50 | -1.84 | 4.67 | 0.22 | -11.23 | -4.30 | -12.10 | -1.05 | -32.81 | -0.29 | 9.94 |
| 2009 | 5.34 | -8.13 | 17.44 | 15.40 | 1.15 | -2.51 | 9.71 | -0.17 | 2.21 | -7.99 | -3.86 | 12.70 |
| 2010 | -4.71 | 0.09 | 5.11 | 6.55 | -0.97 | 7.58 | 2.65 | -0.66 | 12.75 | 0.06 | -1.16 | 3.03 |
| 2011 | 7.01 | -9.34 | 9.93 | 1.88 | -2.24 | -2.92 | 8.74 | -11.62 | -13.64 | 8.64 | -6.76 | -7.06 |
| 2012 | 11.34 | 4.82 | -2.60 | -2.42 | -3.93 | 4.96 | 0.26 | 6.32 | 6.35 | 0.64 | 0.81 | 0.36 |
| 2013 | 0.01 | 2.54 | 1.86 | 0.55 | 5.54 | -7.12 | 5.26 | -1.19 | 3.09 | 0.06 | -0.10 | 0.42 |
| 2014 | 1.80 | 2.68 | 2.16 | -0.66 | 1.74 | -0.30 | 2.93 | 6.96 | 0.69 | -4.03 | -2.92 | -2.41 |
| 2015 | 8.84 | 8.77 | 9.39 | 6.46 | -5.50 | -4.48 | -4.50 | -5.26 | -0.47 | 1.13 | -5.45 | -2.89 |
| 2016 | 3.12 | -0.00 | 4.18 | 0.08 | -3.78 | -4.61 | 1.25 | -1.78 | 0.49 | -3.30 | -3.06 | 3.84 |
| 2017 | -0.20 | 3.14 | 2.61 | 1.64 | 8.75 | 4.46 | 1.03 | 2.59 | -2.24 | 2.73 | -1.01 | 0.01 |
| 2018 | 3.96 | -7.43 | -0.98 | 5.09 | -1.25 | -6.77 | -3.66 | -2.14 | 0.79 | -15.83 | 6.47 | -2.56 |
| 2019 | 5.74 | 0.63 | -1.06 | 2.58 | -7.42 | 5.77 | -6.87 | -2.20 | 4.80 | -7.18 | -3.34 | 1.46 |
| 2020 | -7.62 | -7.49 | -15.91 | 17.99 | 3.26 | -2.10 | 4.15 | 3.73 | -0.37 | -3.68 | 10.65 | 13.74 |
| 2021 | 1.20 | 2.76 | 6.96 | 11.47 | 1.25 | 2.33 | -1.80 | -5.71 | -2.35 | -4.43 | -12.45 | 11.49 |
| 2022 | -8.65 | 7.99 | 3.93 | -0.50 | 0.00 | 0.00 | 0.00 | 0.00 | 0.00 | 0.00 | 0.00 | 0.00 |

## EOY Returns vs Benchmark

| Year | Benchmark | Strategy | Multiplier | Won |
|------|-----------|----------|------------|-----|
| 2002 | -29.83% | -18.12% | 0.61 | + |
| 2003 | 29.19% | 78.03% | 2.67 | + |
| 2004 | 10.51% | 46.72% | 4.45 | + |
| 2005 | 53.96% | 62.33% | 1.16 | + |
| 2006 | 3.99% | 50.39% | 12.62 | + |
| 2007 | 32.25% | 65.25% | 2.02 | + |
| 2008 | -40.73% | -39.09% | 0.96 | + |
| 2009 | 49.65% | 60.63% | 1.22 | + |
| 2010 | 21.88% | 45.05% | 2.06 | + |
| 2011 | -10.98% | -12.41% | 1.13 | - |
| 2012 | 9.38% | 22.11% | 2.36 | + |
| 2013 | 0.72% | 17.36% | 24.27 | + |
| 2014 | -4.76% | 0.67% | -0.14 | + |
| 2015 | 2.39% | 8.99% | 3.77 | + |
| 2016 | 3.32% | 4.83% | 1.45 | + |
| 2017 | 21.76% | 19.75% | 0.91 | - |
| 2018 | -17.28% | -13.67% | 0.79 | + |
| 2019 | 7.67% | -4.24% | -0.55 | - |
| 2020 | 30.75% | 4.67% | 0.15 | - |
| 2021 | 3.63% | 29.85% | 8.23 | + |
| 2022 | -9.49% | 2.35% | -0.25 | + |

전략의 월별, 연별 수익은 위의 표와 같습니다. 대형주라고 급락장을 피할 수 있을 것이라고 착각하면 큰 오산입니다. 특히 성장주의 경우 시장의 관심이 다른 분야로 쏠리면 무시무시하게 하락할 수 있습니다. 2008년 10월에는 미국발 금융위기로 인해 한 달 만에 −32.81% 손실을 기록한 사례도 있었고, 최근에는 코로나 때문에 2020년 3월 한 달 동안 −15.91%라는 큰 손실도 보았습니다. 2002년에는 한 달에 10% 이상 손실을 본 구간이 4번이나 있습니다. 연별 데이터를 봐도 2008~2020년 코스피 지수보다 수익이 저조한 해가 많았다는 것이 보입니다.

여기서 다시 한번 강조할 내용은, 대형주의 MDD도 엄청나게 클 수 있으며, 급락장이 오면 대책이 없습니다.

무작정 따라하기 성장주 전략은 대형주에서는 더 이상 먹히지 않는다고 봐도 무방합니다. 이를 '전략이 죽었다'라고도 표현합니다.


## 3. 소형주

마지막으로 소형주의 성과를 분석해 보겠습니다.

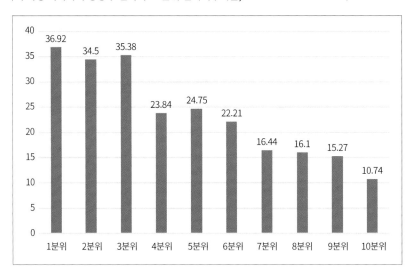

| 무작정 따라하기 성장주 전략의 10분위 연복리수익률, 2002.4~2022.4(소형주) |

소형주의 경우 다시 상당한 시너지가 생겼습니다. 4개 지표 각각의 1분위 수익보다 4개 지표의 평균 순위가 우수한 기업에 투자하는 무작정 따라하기 소형주 성장주 전략의 1분위 수익이 더 높습니다. 여기서도 20개 종목 포트폴리오 면밀 분석이 필요하겠죠?

| 주요 성장지표와 무작정 따라하기 성장전략의 10분위 연복리수익률 2002.4~2022.4(소형주) |

| 지표 | 1 | 2 | 3 | 4 | 5 | 6 | 7 | 8 | 9 | 10 | 1-10 | 1-5 |
|---|---|---|---|---|---|---|---|---|---|---|---|---|
| 매출 | 32.34 | 34.63 | 25.15 | 29.97 | 21.5 | 19.47 | 17.37 | 11.08 | 17.48 | 22.93 | 9.41 | 10.84 |
| 매출총이익 | 31.07 | 36.38 | 32.93 | 33.55 | 20.93 | 22.28 | 21.94 | 12.37 | 11.28 | 12.89 | 18.18 | 10.14 |
| 영업이익 | 27.66 | 28.74 | 33.39 | 35.24 | 24.73 | 26.44 | 17.81 | 17.41 | 11.57 | 13.01 | 14.65 | 2.93 |
| 순이익 | 27.67 | 33.95 | 24.84 | 37.79 | 26.69 | 23.14 | 19.91 | 26.57 | 8.39 | 5.33 | 22.34 | 0.98 |
| **성장주 전략** | 36.92 | 34.5 | 35.38 | 23.84 | 24.75 | 22.21 | 16.44 | 16.1 | 15.27 | 10.74 | **26.18** | **12.17** |

(거래비용: 1%)

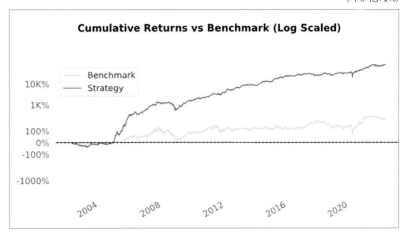

| 연복리수익률 및 총 수익률 |

| 주요 성과 지표 | | |
|---|---|---|
| **Metric** | **Strategy** | **Benchmark** |
| Risk-Free Rate | 0.0% | 0.0% |
| Time in Market | 100.0% | 100.0% |
| Cumulative Return | 83,681.93% | 201.37% |
| CAGR | 39.89% | 5.66% |

이 전략도 20년 수익은 매우 높습니다. 연복리수익률은 39.89%, 총수익은 83,681.93%입니다. 원금이 약 837배가 된다는 것을 의미하죠.

| MDD |

| | | |
|---|---|---|
| Max Drawdown | -57.97% | -54.54% |
| Longest DD Days | 902 | 2193 |

물론 이 전략도 MDD가 매우 높습니다. 개별 주식 전략이 다 그렇죠. 그런데 대형주 전략의 MDD인 68%보다는 낮았습니다!

흥미로운 사실은 최고점에서 하락하고 다시 최고점 회복까지 걸린 최대 기간을 비교하면 대형주는 아직도 2015년 4월 고점을 뚫지 못하고 있는데 반해 소형주는 902일, 약 2년 반 정도로 충분했습니다. 이 말은 소형주 전략에 투자했으면 큰 하락 후에도 최악의 상황에도 첫 하락 후 2년 반 내에 최고점 돌파가 이루어졌다는 겁니다.

| 최근 1년, 3년, 5년, 10년 수익률 |

| | | |
|---|---|---|
| 1Y | 25.6% | -15.29% |
| 3Y (ann.) | 35.12% | 6.73% |
| 5Y (ann.) | 21.32% | 4.1% |
| 10Y (ann.) | 32.21% | 3.12% |
| All-time (ann.) | 39.89% | 5.66% |

최근 20년 동안 연복리수익률은 40%였는데, 최근 수익은 어땠는지 분석해 보는 것도 중요하죠. 위 표의 왼쪽은 전략 수익률, 오른쪽은 코스피 지수의 수익률입니다. 무작정 따라하기 소형주 성장주 전략의 수익은 최근 3년, 5년, 10년에도 코스피 지수 복리 수익을 압도했습니다.

| 드로다운 |

**Worst 10 Drawdowns**

| Started | Recovered | Drawdown | Days |
|---|---|---|---|
| 2007-09-12 | 2009-07-29 | -57.97% | 686 |
| 2020-02-18 | 2020-05-08 | -45.18% | 80 |
| 2002-05-30 | 2004-11-17 | -40.57% | 902 |
| 2018-05-16 | 2019-04-12 | -29.32% | 331 |
| 2017-04-28 | 2018-05-02 | -24.84% | 369 |
| 2006-05-16 | 2006-10-26 | -23.18% | 163 |
| 2021-07-19 | 2022-03-23 | -22.10% | 247 |
| 2019-06-25 | 2020-01-14 | -20.30% | 203 |
| 2012-02-23 | 2012-08-07 | -18.48% | 166 |
| 2010-05-17 | 2010-08-03 | -17.76% | 78 |

물론 무작정 따라하기 소형주 성장주 전략도 스트레스를 받는 구간이 있었습니다. 20년간 포트폴리오가 20% 이상 하락한 사례가 8번 있었으며, 50% 이상 하락한 사례도 한 번 있었습니다.

많이 하락했던 구간을 표로 구현했습니다.

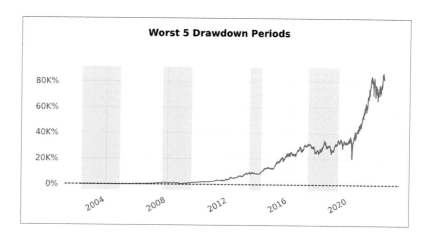

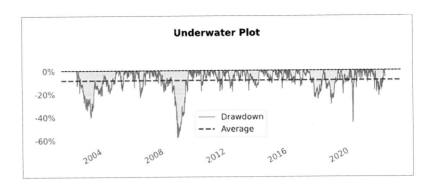

**Underwater Plot**

분명 고통스러운 구간이 있는 것은 부인할 수 없으나 그 구간이 대형주보다는 월등히 짧습니다.

| 월별, 연별 수익 |

| **Monthly Returns (%)** | | | | | | | | | | | |
|---|---|---|---|---|---|---|---|---|---|---|---|
| | JAN | FEB | MAR | APR | MAY | JUN | JUL | AUG | SEP | OCT | NOV | DEC |
| 2002 | 0.00 | 0.00 | 0.00 | -11.53 | 11.56 | -9.39 | 0.09 | 0.62 | -13.02 | -0.64 | -7.97 | -3.95 |
| 2003 | 5.21 | 0.39 | -15.07 | 11.16 | 14.21 | 12.15 | -0.16 | -0.68 | -4.60 | 0.51 | 1.02 | 10.80 |
| 2004 | -1.31 | 4.95 | -4.43 | -1.81 | -1.77 | -5.57 | 2.62 | 8.01 | -2.51 | 3.18 | 8.74 | 15.72 |
| 2005 | 36.27 | 23.18 | -14.96 | 2.11 | 16.85 | 4.07 | 20.98 | -3.33 | 16.87 | 14.01 | 24.30 | 7.45 |
| 2006 | 0.59 | 3.26 | 8.23 | 5.73 | -7.86 | -2.45 | 0.74 | 12.81 | 0.34 | 6.63 | 10.38 | 8.32 |
| 2007 | 3.19 | 10.74 | 19.06 | 4.63 | 16.82 | -5.95 | 7.12 | 11.36 | 13.65 | -4.08 | -0.25 | -7.66 |
| 2008 | -1.69 | 10.87 | -2.94 | -0.54 | 3.82 | -2.24 | -5.59 | -10.90 | -7.90 | -32.43 | -4.46 | 6.78 |
| 2009 | 16.29 | 11.41 | 1.11 | 17.64 | 17.60 | -6.23 | 20.82 | 9.21 | -0.36 | -0.39 | 2.55 | 8.50 |
| 2010 | 0.39 | 5.15 | 9.31 | 7.49 | -6.88 | -2.15 | 9.52 | 2.77 | -1.42 | 10.85 | -0.51 | 2.91 |
| 2011 | 13.32 | 4.50 | 9.93 | 4.44 | -6.13 | -2.15 | 10.76 | -8.23 | -2.96 | 26.31 | -2.43 | 2.61 |
| 2012 | 12.22 | 28.24 | -6.24 | -4.21 | -3.73 | 11.53 | 0.92 | 11.67 | 7.26 | 0.20 | -3.10 | 8.94 |
| 2013 | 11.99 | 9.06 | 1.78 | -0.71 | 12.15 | -12.39 | 10.26 | -3.23 | 0.06 | -3.96 | 1.36 | -4.83 |
| 2014 | 1.88 | 14.74 | 6.83 | 5.39 | 15.76 | -1.93 | 0.92 | 7.81 | -4.41 | -2.76 | -0.10 | -0.98 |
| 2015 | 12.50 | 12.90 | 6.64 | 3.50 | 6.55 | 4.85 | 5.28 | -4.07 | 0.07 | 9.47 | 9.29 | 1.27 |
| 2016 | -1.61 | 5.51 | -2.49 | -5.13 | 1.81 | 0.45 | 8.55 | 4.20 | 8.68 | -8.42 | 1.49 | 1.90 |
| 2017 | 9.86 | -1.55 | 3.61 | 2.63 | -1.23 | -3.84 | -5.82 | 3.47 | -14.39 | 0.66 | 4.16 | -6.27 |
| 2018 | 11.71 | -4.28 | 8.56 | 10.59 | 0.33 | -7.09 | -1.02 | 3.27 | -0.82 | -15.79 | 4.45 | 2.10 |
| 2019 | 12.26 | 0.60 | 2.24 | 8.67 | -5.56 | 8.86 | -10.85 | 2.93 | 2.75 | -2.40 | 0.73 | 5.86 |
| 2020 | -2.94 | -0.27 | -13.56 | 22.22 | 7.87 | -0.26 | 8.40 | 4.70 | 6.39 | -1.67 | 15.96 | 4.91 |
| 2021 | 3.22 | 4.35 | 4.88 | 11.65 | 7.88 | 12.79 | -4.51 | -0.48 | -5.24 | 0.34 | -12.98 | 12.03 |
| 2022 | -2.23 | 5.44 | 12.32 | -1.72 | 0.00 | 0.00 | 0.00 | 0.00 | 0.00 | 0.00 | 0.00 | 0.00 |

전략의 월별, 연별 수익은 위와 같습니다. 역시 성장 소형주도 급락장을 피해 갈 수 없습니다. 2008년 10월에는 미국발 금융위기 때문에 한

달 만에 −32.43% 손실을 기록한 사례도 있었고, 2003, 2018년에 각각 한 달 동안 15% 이상 손실을 본 적도 있고, 2020년 3월 한 달 동안 −13.56%라는 큰 손실도 있었습니다. 그 외에도 한 달 내 10% 이상 손실을 낸 달이 매우 자주 보이네요. 연별 데이터를 보면 무작정 따라하기 소형주 성장주 전략은 2002, 2008, 2017년을 제외한 모든 해에 코스피 지수보다 수익이 높았으나, 2002년, 2008년, 2017년 10% 이상의 손실을 피해 가지는 못했습니다.

### EOY Returns vs Benchmark

| Year | Benchmark | Strategy | Multiplier | Won |
|------|-----------|----------|------------|-----|
| 2002 | -29.83% | -31.19% | 1.05 | - |
| 2003 | 29.19% | 35.93% | 1.23 | + |
| 2004 | 10.51% | 26.47% | 2.52 | + |
| 2005 | 53.96% | 268.92% | 4.98 | + |
| 2006 | 3.99% | 55.30% | 13.85 | + |
| 2007 | 32.25% | 87.36% | 2.71 | + |
| 2008 | -40.73% | -42.96% | 1.05 | - |
| 2009 | 49.65% | 147.61% | 2.97 | + |
| 2010 | 21.88% | 42.31% | 1.93 | + |
| 2011 | -10.98% | 55.79% | -5.08 | + |
| 2012 | 9.38% | 77.46% | 8.26 | + |
| 2013 | 0.72% | 19.96% | 27.89 | + |
| 2014 | -4.76% | 49.49% | -10.40 | + |
| 2015 | 2.39% | 91.76% | 38.44 | + |
| 2016 | 3.32% | 14.35% | 4.32 | + |
| 2017 | 21.76% | -10.45% | -0.48 | - |
| 2018 | -17.28% | 8.95% | -0.52 | + |
| 2019 | 7.67% | 26.57% | 3.46 | + |
| 2020 | 30.75% | 58.91% | 1.92 | + |
| 2021 | 3.63% | 35.19% | 9.71 | + |
| 2022 | -9.49% | 13.81% | -1.45 | + |

# 성장주는 왜 계속 초과수익을 내는 것일까?

우리는 지금까지 매출성장률, 매출총이익성장률, 영업이익성장률, 순이익성장률 같은 성장 지표를 다뤘는데 성장성이 높은 기업의 초과수익이 큰 것을 볼 수 있었습니다. 주주들이 가장 유심히 보는 지표가 바로 영업이익과 순이익 성장인데, 누구나 다 보는 지표로, 심지어 지표가 공개된 후에도 어떻게 초과수익을 낼 수 있는지 궁금할 겁니다.

여기서 핵심은, 기업의 성과가 매우 좋고 호재가 있어도 그것이 하루 이틀 만에 기업가치에 반영되지 않는 경우가 대부분이라는 사실입니다. 그 기간이 최소 몇 달 혹은 길면 2년까지 걸리는 경우가 비일비재합니다. 그래서 수치 발표 후에 매수해도 충분히 초과수익을 즐길 수 있는 거죠.

매출액, 영업이익, 순이익이 많이 올라서 기업가치가 상승한 기업의 주가에는 몇 가지 패턴이 있는데요. 이를 분석해 보겠습니다.

### 1. 앵커링을 통한 과소평가

기업 매출액, 영업이익, 순이익 등이 급증하면 호재라는 것은 누구나 압니다. 그런데 그게 기업가치에 정확히 어느 정도의 영향을 미치는지 파악할 수 있는 사람은 적습니다. 예컨대 현재 주가가 10,000원인 환국상사라는 곳이 있습니다. 환국상사에서 새로운 상품을 개발했는데 그 상품이 잘 팔려서 영업이익과 순이익이 급증했습니다. 각종 지표로 판단했을 때 이 주식의 가치가 10,000원에서 30,000원으로 상승했는데도 불구하고 투자자들은 "호재네, 그럼 새로운 기업가치가 13,000원 정도 되겠지?" 정도로 생각하는 경우가 많습니다. 최근 가격인 10,000원에 '앵커링' 돼서 이런 현상이 발생하는 겁니다. 기존 기준점이 10,000원이니까 그 기준점의 영향을 크게 받는 거죠. 그래서 영업이익, 순이익이 급증해서 기업가치가 폭발적으로 올라간 기업도 투자자들이 처음에는 알아차리지 못해서 과소평가 받는 경우가 많습니다.

### 2. 손실 회피 편향·처분 효과 편향

조금 전 환국상사 주식의 가치는 10,000원에서 30,000원으로 올랐습니다. 그런데 이 주식이 오랫동안 10,000원에 머무르다가 13,000원 정도로 오르면 어떤 일이 생길까요?

① 13,000원에 물렸던 투자자들이 본전이 됐다는 안도감에 바로 매도하게 됩니다. 그들은 손실 회피 편향 때문에 주식을 못 팔다가 13,000원이 되면 매도하죠.

② 10,000원에 주식을 산 사람들은 13,000원이 새 기업가치라고 착각하거나 혹은 모처럼 수익이 났는데 그걸 반납하기 싫다는 처분 효과 편향 때문에 주식을 매도할 수 있습니다.

③ '이번 분기 실적은 좋았지만 일시적인 것 아니야?'와 같이 의심이 강해서 호재가 있는 기업을 쉽게 못 사는 투자자도 많습니다. 결론적으로 30,000원 가치의 주식을 몰라보고 13,000원에 매도하는 투자자가 꽤 많습니다.

### 3. 기관투자자 유동성

기관투자자의 경우 환국상사의 새 가치가 30,000원이라고 판단했더라도 많은 금액을 한꺼번에 투입하기는 어렵습니다. 기관투자자의 자금 수준이라면 단번에 상한가에 도달할 것이 뻔하니까요. 그래서 주식을 천천히 나눠서 매집하게 됩니다.

## 4. 과잉평가 구간 + 버블

우여곡절 끝에 가격이 30,000원에 도달했다고 가정해 보죠. 그렇다면 이제 주가가 적정 가치에 도달했으니 더 안 오를까요? 아닙니다. 계속 오를 가능성이 꽤 큽니다. 기업가치는 따지지 않고 최근 가격이 3배 올랐으니 더 오를 거라며 묻지마 투자를 하는 투자자도 매우 많으니까요. 그리고 제가 알기 쉽게 기업가치가 30,000원이라고 했지만, 실전에서는 기업 가치가 얼마인지 평가하기 매우 어렵죠. 특히 최근 실적이 좋았으니까 기업가치가 50,000 원이나 100,000원이라고 생각하는 투자자도 분명 있을 수 있습니다. 어쨌든 주가는 기업 가치보다 훨씬 더 높게 오를 수도 있습니다. 이를 보통 '버블'이라고 합니다.

결론적으로 매출액, 영업이익, 순이익 등이 크게 증가한 기업은 발표 후에도 한동안 주가 가 오를 수 있습니다!

지금까지의 설명을 그림으로 표시하면 아래와 같습니다.

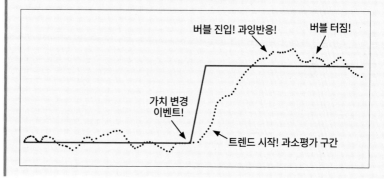

# 무작정 따라하기
# 성장가치주 전략

 할투 786

지금까지 우리는 기업의 가치와 성장을 가장 잘 나타내는 지표들을 알아보고, 각각 4개 지표를 섞은 '무작정 따라하기 가치주 전략'과 '무작정 따라하기 성장주 전략'을 만들었습니다. 그런데 주식을 연구하다 보면 '성장성이 보이는데 아직 저평가된 기업을 사라'라 말을 종종 접하게 됩니다. 저도 이 주장에는 100% 동의합니다. 그렇다면 가치주 지표, 성장주 지표 총 8개 지표를 섞은 '무작정 따라하기 성장가치' 전략도 만들어 볼 수 있겠죠.

## 1. 전체 주식

| 무작정 따라하기 성장가치주 전략 10분위 연복리수익률, 2002.4~2022.4(전체 주식) |

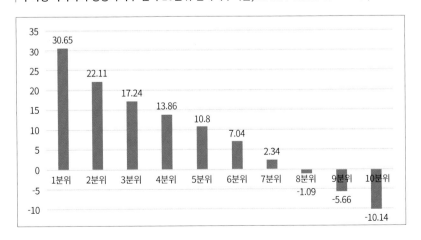

# 무작정 따라하기 성장가치주 전략

1. PSR, PGPR, POR, PER, 매출성장률, 매출총이익성장률, 영업이익성장률, 순이익 성장률 8개 지표의 각 순위를 계산합니다.
2. 8개 순위의 평균 순위를 계산합니다.
3. 평균 순위가 가장 높은 20개 기업 매수합니다.
4. **리밸런싱:** 분기 1회 (4.15, 6.15, 9.15, 12.15) 리밸런싱합니다.

가치주 전략, 성장주 전략과 동일한 방법으로 진행됩니다. 가치주·성장주 전략과 다른 것은 Step 2에서 4개 지표가 아니라 가치 지표 4개, 성장 지표 4개, 총 8개 지표가 들어간다는 것 뿐입니다. 같이 해볼까요?

( STEP 3 ) 트레이딩 설정

역시 성장가치주 전략의 성과도 상당히 괜찮습니다. 1분위 수익이 매우 아름답네요.

무작정 따라하기 가치주 전략, 성장주 전략과 성장가치주 전략을 비교해 보죠.

| 지표 | 1 | 2 | 3 | 4 | 5 | 6 | 7 | 8 | 9 | 10 | 1-10 | 1-5 |
|---|---|---|---|---|---|---|---|---|---|---|---|---|
| 가치 | 28.09 | 23.12 | 18.44 | 12.24 | 10.62 | 6.46 | 4.62 | 0.7 | -6.6 | -14.87 | 42.96 | 42.97 |
| 성장 | 26.14 | 17.87 | 16.03 | 9.03 | 6.48 | 4.32 | 2.25 | 1.58 | -0.24 | 0.27 | 25.87 | 19.76 |
| **성장가치** | 30.65 | 22.11 | 17.24 | 13.86 | 10.8 | 7.04 | 2.34 | -1.09 | -5.66 | -10.14 | **40.79** | **19.85** |

성장가치주 전략의 1분위 수익이 가치전략, 성장전략의 각 1분위 수익보다 다소 높습니다. 단순히 '저평가'된, 또는 단순 '고성장' 기업보다 '고성장하는데 아직 저평가된 기업'이 확실히 좋아 보입니다.

우리가 1분위의 모든 기업을 사긴 어려우니까 20개 최정예 종목을 매수했다고 가정하고 분석해보겠습니다.

| 수익 그래프 |                                    (전체 주식 거래비용: 0.6%)

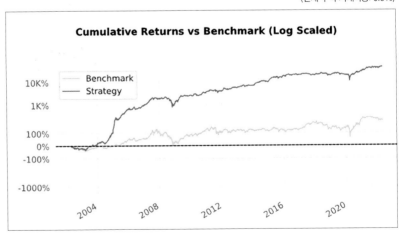

장기적으로 수익은 우상향하는 그래프를 보입니다. 연복리수익률은

37.68%, 총수익은 무려 60,710.86%입니다. 원금이 약 607배가 되었다는 것을 의미하죠. 여기서 벤치마크는 코스피 지수를 의미합니다. 20년 연복리수익률이 5.66%에 불과하네요.

| MDD |

**주요 성과 지표**

| Metric | Strategy | Benchmark |
|---|---|---|
| Risk-Free Rate | 0.0% | 0.0% |
| Time in Market | 100.0% | 100.0% |
| Cumulative Return | 60,710.86% | 201.37% |
| CAGR | 37.68% | 5.66% |
| Max Drawdown | -58.6% | -54.54% |
| Longest DD Days | 726 | 2193 |

무작정 따라하기 성장가치주 전략의 MDD도 상당히 높은 58.6%입니다. 코스피 지수보다도 더 높습니다. 최고점에서 하락해서 다시 최고점 회복까지 걸린 기간은 최대 726일, 약 2년 정도 걸렸습니다.

| 최근 1년, 3년, 5년, 10년 수익률 |

| | | |
|---|---|---|
| 1Y | 15.01% | -15.29% |
| 3Y (ann.) | 30.35% | 6.73% |
| 5Y (ann.) | 18.96% | 4.1% |
| 10Y (ann.) | 25.06% | 3.12% |
| All-time (ann.) | 37.68% | 5.66% |

최근 20년 동안 연복리수익률은 약 38%였는데, 최근 수익은 어땠는지 분석해 보는 것도 중요하죠. 위 표의 왼쪽은 전략의 수익률, 오른쪽은 코

스피 지수의 수익률입니다. 확실히 최근 1년, 3년, 5년, 10년 수익은 복리 38%에 못 미치긴 하지만 코스피 지수의 수익을 장기적으로 압도하고 있습니다.

| 드로다운 |

## Worst 10 Drawdowns

| Started | Recovered | Drawdown | Days |
|---------|-----------|----------|------|
| 2008-06-13 | 2009-05-15 | -58.60% | 336 |
| 2018-06-08 | 2020-06-03 | -48.05% | 726 |
| 2002-04-18 | 2003-08-26 | -37.17% | 495 |
| 2011-08-02 | 2012-02-01 | -24.67% | 183 |
| 2006-05-16 | 2006-11-07 | -22.03% | 175 |
| 2015-07-03 | 2016-03-30 | -20.89% | 271 |
| 2010-04-28 | 2010-10-07 | -20.41% | 162 |
| 2005-03-15 | 2005-07-04 | -19.95% | 111 |
| 2017-09-04 | 2018-05-11 | -18.15% | 249 |
| 2007-10-05 | 2008-04-29 | -17.74% | 207 |

성장가치주 전략 역시 안 통하는 구간이 자주 있었습니다. 최근 20년간 포트폴리오가 20% 이상 하락한 사례는 7번 있었으며, 50% 이상 하락한 사례도 한 번 있었습니다. 많이 하락했던 구간을 표로 구현했습니다.

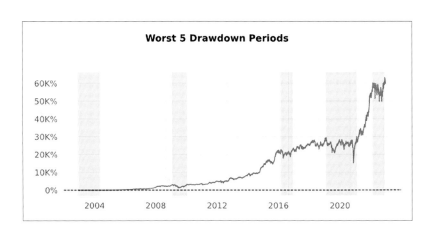

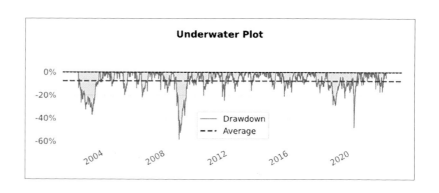

전략의 월별, 연별 수익은 아래와 같습니다. 2008년 10월에는 미국발 금융위기 때문에 한 달에 −34.92% 손실을 기록한 사례도 있었고, 최근에는 코로나 때문에 2020년 3월 한 달 동안 −16.52%라는 큰 손실도 보았습니다. 그 외에도 한 달 만에 10% 이상 깨진 사례도 상당히 많습니다. 연별 데이터를 보면 무작정 따라하기 성장가치주 전략은 2017년을 제외한 모든 해에 코스피 지수보다 수익이 높았으나, 2002년과 2008년 10% 이상의 손실을 피해 가지 못했습니다.

| 월별, 연별 수익 |

### Monthly Returns (%)

|      | JAN   | FEB   | MAR    | APR    | MAY    | JUN   | JUL   | AUG    | SEP    | OCT    | NOV    | DEC   |
|------|-------|-------|--------|--------|--------|-------|-------|--------|--------|--------|--------|-------|
| 2002 | 0.00  | 0.00  | 0.00   | -10.21 | -2.33  | -7.68 | -0.47 | 5.00   | -13.95 | 1.02   | 7.14   | -4.28 |
| 2003 | -4.36 | 1.05  | -7.79  | 14.87  | 17.15  | 0.19  | 3.51  | 11.15  | -4.84  | 2.91   | 3.52   | 10.97 |
| 2004 | 0.17  | 4.85  | 3.97   | 3.75   | 4.84   | -8.04 | 1.68  | 6.85   | 11.96  | 5.67   | 13.45  | 10.71 |
| 2005 | 26.89 | 45.66 | -7.89  | -4.75  | 5.00   | 10.39 | 18.55 | -2.50  | 17.21  | 11.33  | 24.62  | 4.23  |
| 2006 | 3.49  | -4.44 | 4.04   | 5.12   | -4.24  | -2.11 | 2.34  | 6.93   | 0.27   | 3.79   | 17.35  | 4.77  |
| 2007 | 2.24  | 8.96  | 17.04  | 14.79  | 29.90  | 2.57  | 10.05 | 1.25   | 4.48   | -0.01  | -5.00  | -0.51 |
| 2008 | -7.95 | 12.95 | -1.53  | 9.10   | 13.98  | -2.95 | 0.92  | -15.28 | -3.42  | -34.92 | 1.09   | 17.00 |
| 2009 | 15.89 | -2.75 | 11.83  | 17.11  | 15.81  | -5.84 | 6.66  | -1.63  | -2.83  | 0.91   | -1.00  | 8.26  |
| 2010 | -4.59 | 2.31  | 5.06   | 8.63   | -11.87 | -0.99 | 7.40  | -0.14  | 8.09   | 16.83  | -7.25  | 4.43  |
| 2011 | 5.11  | -1.65 | 10.06  | 4.49   | -1.95  | -0.20 | 6.78  | -8.44  | -6.25  | 12.94  | 2.87   | -2.73 |
| 2012 | 4.41  | 22.89 | 5.77   | -5.67  | -4.04  | 2.94  | -1.01 | 7.24   | 4.91   | 0.51   | -1.43  | -1.32 |
| 2013 | 5.79  | 5.45  | 7.34   | 4.28   | 7.31   | -8.66 | 4.53  | 3.15   | 3.63   | -1.02  | 3.64   | -2.65 |
| 2014 | 4.96  | 17.13 | 9.50   | 3.36   | 11.55  | -0.52 | 5.99  | 8.68   | 0.76   | -7.13  | -0.35  | -3.59 |
| 2015 | 11.08 | 19.55 | 4.59   | 2.39   | -1.95  | 4.26  | -3.72 | -6.91  | 2.35   | -0.81  | 3.72   | 4.06  |
| 2016 | -4.96 | 2.38  | 6.67   | 3.35   | -4.10  | 1.71  | 5.51  | -2.74  | 5.16   | -2.22  | -0.94  | -0.89 |
| 2017 | 0.45  | 5.81  | 2.38   | -0.69  | 1.92   | 5.79  | -1.27 | 3.49   | -10.29 | 3.20   | -4.45  | -2.92 |
| 2018 | 11.73 | -6.69 | 3.40   | 4.85   | 5.13   | -6.64 | -3.43 | 0.72   | 3.61   | -18.71 | 2.87   | -3.25 |
| 2019 | 11.13 | 2.83  | 5.55   | 4.42   | -5.55  | 5.28  | -9.84 | 2.54   | 4.87   | 0.11   | -5.57  | 6.47  |
| 2020 | -1.88 | -8.10 | -16.52 | 30.50  | 5.56   | -0.72 | 14.01 | 5.96   | -3.00  | -3.93  | 14.61  | 3.73  |
| 2021 | 6.16  | 8.10  | 11.74  | 10.81  | 3.41   | 10.72 | -1.31 | -6.12  | 2.81   | 1.59   | -13.94 | 10.30 |
| 2022 | -5.76 | 11.30 | 5.03   | 0.34   | 0.00   | 0.00  | 0.00  | 0.00   | 0.00   | 0.00   | 0.00   | 0.00  |

## EOY Returns vs Benchmark

| Year | Benchmark | Strategy | Multiplier | Won |
|------|-----------|----------|------------|-----|
| 2002 | -29.83% | -24.58% | 0.82 | + |
| 2003 | 29.19% | 55.52% | 1.90 | + |
| 2004 | 10.51% | 76.34% | 7.26 | + |
| 2005 | 53.96% | 268.22% | 4.97 | + |
| 2006 | 3.99% | 41.98% | 10.51 | + |
| 2007 | 32.25% | 119.36% | 3.70 | + |
| 2008 | -40.73% | -21.46% | 0.53 | + |
| 2009 | 49.65% | 77.48% | 1.56 | + |
| 2010 | 21.88% | 27.51% | 1.26 | + |
| 2011 | -10.98% | 20.51% | -1.87 | + |
| 2012 | 9.38% | 37.67% | 4.01 | + |
| 2013 | 0.72% | 36.59% | 51.14 | + |
| 2014 | -4.76% | 59.90% | -12.58 | + |
| 2015 | 2.39% | 42.78% | 17.92 | + |
| 2016 | 3.32% | 8.39% | 2.53 | + |
| 2017 | 21.76% | 2.24% | 0.10 | - |
| 2018 | -17.28% | -9.55% | 0.55 | + |
| 2019 | 7.67% | 22.20% | 2.89 | + |
| 2020 | 30.75% | 37.77% | 1.23 | + |
| 2021 | 3.63% | 49.46% | 13.64 | + |
| 2022 | -9.49% | 10.54% | -1.11 | + |

# 2. 대형주

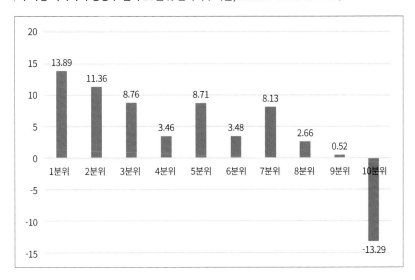

| 무작정 따라하기 성장주 전략 10분위 연복리수익률, 2002.4~2022.4(대형주) |

| 지표 | 1 | 2 | 3 | 4 | 5 | 6 | 7 | 8 | 9 | 10 | 1-10 | 1-5 |
|---|---|---|---|---|---|---|---|---|---|---|---|---|
| 가치주 | 16.31 | 9.18 | 5.62 | 8.43 | 5.31 | 5.44 | 3.87 | 3.24 | 1.59 | -12.03 | 28.34 | 11.00 |
| 성장주 | 10.21 | 12.05 | 6.77 | 6.66 | 4.29 | 3.77 | 3.02 | 3.3 | -1.76 | -2.37 | 12.58 | 5.92 |
| **성장가치주** | 13.89 | 11.36 | 8.76 | 3.46 | 8.71 | 3.48 | 8.13 | 2.66 | 0.52 | -13.29 | **27.18** | **5.18** |

대형주의 경우 별다른 시너지가 보이지 않았습니다. 성장가치주 전략의 1분위 연복리수익률이 가치주 전략, 성장주 전략 1분위 연복리수익률의 중간 정도네요.

대형주도 20개 주식의 수익을 분석해 보겠습니다.

| 수익 그래프 |

(거래비용: 0.3%)

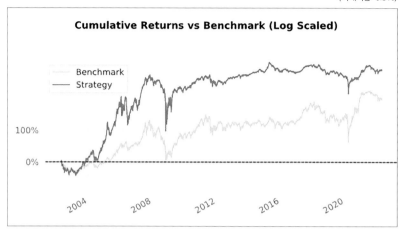

**Cumulative Returns vs Benchmark (Log Scaled)**

| 연복리수익률 및 총 수익률 |

### 주요 성과 지표

| Metric | Strategy | Benchmark |
|---|---|---|
| Risk-Free Rate | 0.0% | 0.0% |
| Time in Market | 100.0% | 100.0% |
| | | |
| Cumulative Return | 1,596.83% | 201.37% |
| CAGR | 15.17% | 5.66% |

장기적으로 수익은 무난히 우상향했으나 2007년 이후로는 코스피를 크게 앞서 나가지 못합니다. 연복리수익률은 15.17%, 총수익은 1,596.83%입니다.

| | | |
|---|---|---|
| Max Drawdown | -63.87% | -54.54% |
| Longest DD Days | 1262 | 2193 |

전략의 MDD는 코스피보다 거의 10%나 높습니다. 다시 한번 강조하지만, 대형주라 더 안전하지는 않다는 것을 다시 한 번 보게 되었습니다. MDD가 64%입니다. 최고점에서 하락해서 다시 최고점 회복까지 걸린 기간은 1,262일, 약 3년 반 걸렸습니다.

| 최근 1년, 3년, 5년, 10년 수익률 |

| | | |
|---|---|---|
| 1Y | 0.21% | -15.29% |
| 3Y (ann.) | 6.92% | 6.73% |
| 5Y (ann.) | 3.2% | 4.1% |
| 10Y (ann.) | 8.48% | 3.12% |
| All-time (ann.) | 15.17% | 5.66% |

최근 20년 동안 연복리수익률은 15%였는데, 최근 수익은 어땠는지 분석해 보는 것도 중요하죠.

위 표의 왼쪽은 전략의 수익률, 오른쪽은 코스피 지수의 수익률입니다. 무작정 따라하기 대형주 성장가치주 전략은 최근 5년 코스피 지수보다도 수익이 낮았습니다! 물론 이 현상이 일시적인지, 아니면 최근 5년만 성장가치주 지표가 덜 잘 통했는지는 몇 년 후에 다시 분석해봐야 할 것 같습니다.

Section 37의 내용을 다시 떠올려 보면, 대형주 비중을 적게, 소형주 비중을 크게 가져가는 것이 이기는 방법입니다.

**Worst 10 Drawdowns**

| Started | Recovered | Drawdown | Days |
|---------|-----------|----------|------|
| 2007-10-30 | 2010-10-06 | -63.87% | 1072 |
| 2018-01-30 | 2021-07-15 | -63.49% | 1262 |
| 2002-04-19 | 2003-09-02 | -40.19% | 501 |
| 2011-07-28 | 2013-05-06 | -32.12% | 648 |
| 2006-05-12 | 2006-11-24 | -24.22% | 196 |
| 2015-05-26 | 2017-05-23 | -21.69% | 728 |
| 2004-04-09 | 2004-09-06 | -21.09% | 150 |
| 2006-01-17 | 2006-04-14 | -20.32% | 87 |
| 2007-07-26 | 2007-10-02 | -20.30% | 68 |
| 2005-03-14 | 2005-08-23 | -19.74% | 162 |

무작정 따라하기 대형 성장가치주 전략도 여러 차례의 큰 하락을 피할 수 없었습니다. 20년간 포트폴리오가 20% 이상 하락한 사례가 9번이나 있었으며, 60% 이상 하락한 사례도 두 번이나 있었습니다.

많이 하락했던 구간을 표로 구현했습니다. 스트레스를 받는 구간이 꽤 길었다는 것이 한눈에 보입니다.

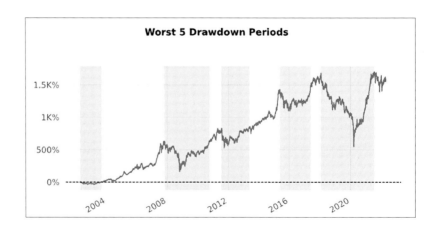

무작정 투자 무작정 따라하기

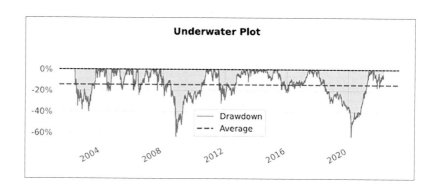

전략의 월별, 연별 수익은 아래 표와 같습니다. 대형 성장가치주도 급락장을 당연히 피해갈 수 없었습니다. 2008년 10월에는 미국발 금융위기 때문에 한 달에 −35.25% 손실을 기록한 사례도 있었고, 최근에는 코로나 때문에 2020년 3월 한 달 동안 −15.8%라는 큰 손실도 보았습니다.

| 월별, 연별 수익 |

| | JAN | FEB | MAR | APR | MAY | JUN | JUL | AUG | SEP | OCT | NOV | DEC |
|------|------|------|------|------|------|------|------|------|------|------|------|------|
| 2002 | 0.00 | 0.00 | 0.00 | -12.38 | -8.35 | -7.03 | 2.72 | 6.70 | -15.22 | 4.55 | 14.15 | -11.87 |
| 2003 | -0.86 | 1.09 | -7.15 | 12.91 | 14.25 | 1.35 | 2.42 | 14.25 | -6.09 | 14.83 | 3.06 | 10.31 |
| 2004 | 2.54 | 8.72 | -2.58 | -0.04 | -8.27 | 1.29 | -7.44 | 17.34 | 7.64 | 7.00 | 16.71 | 1.80 |
| 2005 | 6.59 | 26.84 | -6.40 | -10.59 | 4.00 | 8.47 | 4.62 | 1.04 | 16.05 | -0.39 | 13.25 | 0.24 |
| 2006 | 0.73 | -1.18 | -0.41 | 12.25 | -12.02 | -1.74 | 3.63 | 3.78 | 1.76 | 3.57 | 6.85 | -1.55 |
| 2007 | -9.63 | 5.68 | 6.83 | 16.70 | 17.10 | 0.71 | 25.40 | -3.70 | 1.25 | 8.50 | -9.14 | 3.79 |
| 2008 | -16.90 | 11.08 | -1.82 | 3.86 | 2.09 | -9.61 | -1.63 | -7.68 | -1.53 | -35.25 | -1.09 | 12.43 |
| 2009 | 5.60 | -9.42 | 17.81 | 18.79 | 4.51 | -3.62 | 11.04 | -3.14 | 0.23 | -7.97 | -1.42 | 12.71 |
| 2010 | -4.63 | 0.13 | 4.79 | 2.51 | -1.16 | 8.63 | 1.41 | 2.28 | 11.87 | 0.05 | 2.10 | 7.04 |
| 2011 | 4.66 | -7.45 | 10.14 | 6.71 | -0.77 | -2.16 | 4.14 | -11.04 | -13.85 | 11.00 | -7.08 | -4.63 |
| 2012 | 10.10 | 4.48 | -1.86 | -3.05 | -2.93 | 3.70 | -0.38 | 5.22 | 11.19 | -0.42 | -0.57 | 0.88 |
| 2013 | 1.51 | 2.92 | -0.37 | 0.46 | 3.76 | -6.57 | 7.56 | -1.78 | 4.81 | 1.80 | 1.60 | 0.91 |
| 2014 | -0.23 | 1.12 | 2.82 | 0.10 | 1.95 | -1.53 | 3.81 | 4.93 | -1.47 | -2.31 | -0.71 | -2.17 |
| 2015 | 5.26 | 8.58 | 8.60 | 10.03 | -0.22 | -2.69 | -4.08 | -5.08 | -1.09 | 2.22 | -3.42 | -3.20 |
| 2016 | 4.34 | 0.59 | 4.68 | -0.16 | -2.62 | -3.63 | 3.56 | 0.50 | -0.33 | -1.12 | -0.87 | 1.80 |
| 2017 | 0.37 | 3.29 | 3.79 | 1.14 | 9.84 | 1.67 | 4.07 | 0.79 | -3.91 | 3.30 | 0.06 | -0.23 |
| 2018 | 4.23 | -7.09 | -2.91 | 0.25 | -1.94 | -3.69 | -3.22 | -2.56 | 0.68 | -13.67 | 6.37 | -3.52 |
| 2019 | 8.38 | -0.63 | -2.21 | 4.01 | -5.53 | 4.48 | -6.93 | -4.76 | 3.20 | -6.33 | -2.36 | 2.36 |
| 2020 | -8.09 | -8.44 | -15.80 | 12.20 | 5.60 | -1.77 | 2.82 | 5.17 | -0.79 | -0.47 | 13.48 | 10.22 |
| 2021 | 1.45 | 6.56 | 10.85 | 9.15 | 3.04 | 2.23 | 0.51 | -1.62 | -1.73 | -3.16 | -10.32 | 11.14 |
| 2022 | -7.21 | 6.66 | 3.72 | -0.43 | 0.00 | 0.00 | 0.00 | 0.00 | 0.00 | 0.00 | 0.00 | 0.00 |

**EOY Returns vs Benchmark**

| Year | Benchmark | Strategy | Multiplier | Won |
|------|-----------|----------|------------|-----|
| 2002 | -29.83% | -27.03% | 0.91 | + |
| 2003 | 29.19% | 74.53% | 2.55 | + |
| 2004 | 10.51% | 49.91% | 4.75 | + |
| 2005 | 53.96% | 77.04% | 1.43 | + |
| 2006 | 3.99% | 14.71% | 3.68 | + |
| 2007 | 32.25% | 75.67% | 2.35 | + |
| 2008 | -40.73% | -44.07% | 1.08 | - |
| 2009 | 49.65% | 48.64% | 0.98 | - |
| 2010 | 21.88% | 39.76% | 1.82 | + |
| 2011 | -10.98% | -13.22% | 1.20 | - |
| 2012 | 9.38% | 28.26% | 3.01 | + |
| 2013 | 0.72% | 17.15% | 23.97 | + |
| 2014 | -4.76% | 6.17% | -1.30 | + |
| 2015 | 2.39% | 14.12% | 5.91 | + |
| 2016 | 3.32% | 6.55% | 1.97 | + |
| 2017 | 21.76% | 26.32% | 1.21 | + |
| 2018 | -17.28% | -25.13% | 1.45 | - |
| 2019 | 7.67% | -7.41% | -0.97 | - |
| 2020 | 30.75% | 10.13% | 0.33 | - |
| 2021 | 3.63% | 29.22% | 8.06 | + |
| 2022 | -9.49% | 2.21% | -0.23 | + |

연별 데이터를 봐도 2008~2020년까지 코스피 지수보다 수익이 저조한 해가 많았다는 것이 보입니다.

무작정 따라하기 대형 성장가치주 전략은 대형 성장주 전략보다는 성과가 좋으나 최근 5년간 성과는 신통치 않았습니다. 개별주 퀀트 전략이 한국 대형주에서는 더 이상 통하지 않는다는 의심도 생기게 됩니다. 다시 한번 "굳이 대형주에 투자해야 하나?"라는 의문이 생기네요.

# 3.소형주

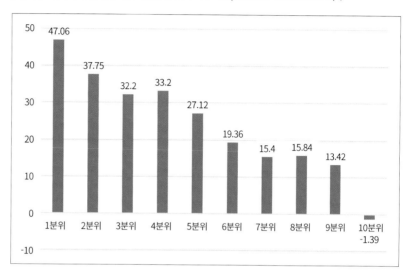

| 무작정 따라하기 성장주 전략 10분위 연복리수익률, 2002.4~2022.4(소형주)) |

| 지표 | 1 | 2 | 3 | 4 | 5 | 6 | 7 | 8 | 9 | 10 | 1-10 | 1-5 |
|------|------|------|------|------|------|------|------|------|------|------|------|------|
| 가치주 | 42.21 | 39.63 | 38.49 | 28.44 | 25.6 | 23.24 | 18.91 | 22.02 | 6.6 | -3.83 | 45.94 | 16.61 |
| 성장주 | 36.92 | 34.5 | 35.38 | 23.84 | 24.75 | 22.21 | 16.44 | 16.1 | 15.27 | 10.74 | 26.18 | 12.17 |
| **성장가치주** | **47.06** | **37.75** | **32.2** | **33.2** | **27.12** | **19.36** | **15.4** | **15.84** | **13.42** | **-1.39** | **48.45** | **19.94** |

소형주의 경우 무작정 따라하기 성장가치주 전략의 수익이 폭발적으로 높았습니다. 특히 무작정 따라하기 가치주 전략, 성장주 전략보다 수익이 높은 것이 눈에 띄네요!

여기서도 20개 종목 정밀 분석을 해보죠.

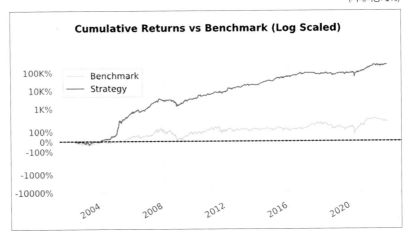

| 연복리수익률 및 총 수익률 |

### 주요 성과 지표

| Metric | Strategy | Benchmark |
|---|---|---|
| Risk-Free Rate | 0.0% | 0.0% |
| Time in Market | 100.0% | 100.0% |
| Cumulative Return | 263,528.07% | 201.37% |
| CAGR | 48.13% | 5.66% |

무작정 따라하기 소형주 성장가치주 전략의 20년 수익은 매우 높습니다. 연복리수익률은 48.13%, 총수익은 263,528%입니다! 원금이 20년만에 무려 2,600배 이상 증가했다는 것을 의미하죠.

| MDD |

| Max Drawdown | -58.52% | -54.54% |
|---|---|---|
| Longest DD Days | 1075 | 2193 |

물론 이 전략의 MDD도 매우 높지만 가치주, 성장주 전략과 마찬가지로 대형주보다 낮았습니다.

흥미로운 사실은 최고점에서 하락하고 다시 최고점 회복까지 걸린 최대 기간을 비교하면 대형주는 여전히 2015년 4월 고점을 뚫지 못하고 있는데 소형주는 1,075일, 약 3년 정도로 충분했습니다. 또한, 여기서 알 수 있는 건 이렇게 장기 수익이 높은 전략도 3년 동안 수익이 안 난 구간도 있었다는 겁니다.

| 최근 1년, 3년, 5년, 10년 수익률 |

| | | |
|---|---|---|
| 1Y | 33.18% | -15.29% |
| 3Y (ann.) | 44.16% | 6.73% |
| 5Y (ann.) | 23.61% | 4.1% |
| 10Y (ann.) | 35.82% | 3.12% |
| All-time (ann.) | 48.13% | 5.66% |

최근 20년 동안 연복리수익률은 48%였는데, 최근 수익은 어땠는지 분석해 보죠.

위 표의 왼쪽은 전략의 수익률, 오른쪽은 코스피 지수의 수익률입니다. 무작정 따라하기 소형주 성장가치주 전략의 수익은 최근 3년, 5년, 10년에도 최소 복리 코스피 지수 수익을 압도했습니다.

**Worst 10 Drawdowns**

| Started | Recovered | Drawdown | Days |
|---|---|---|---|
| 2007-09-17 | 2009-11-20 | -58.52% | 795 |
| 2020-02-12 | 2020-05-25 | -44.19% | 103 |
| 2002-05-29 | 2003-12-29 | -34.17% | 579 |
| 2017-02-02 | 2020-01-13 | -30.59% | 1075 |
| 2006-05-15 | 2006-10-26 | -25.16% | 164 |
| 2011-08-02 | 2011-12-12 | -23.91% | 132 |
| 2021-09-09 | 2022-03-23 | -21.79% | 195 |
| 2010-05-17 | 2010-08-19 | -18.10% | 94 |
| 2013-06-03 | 2014-02-19 | -17.80% | 261 |
| 2016-10-07 | 2017-01-12 | -17.14% | 97 |

물론 무작정 따라하기 소형주 성장가치주 전략도 크게 하락한 구간이 눈에 띕니다. 20년간 포트폴리오가 20% 이상 하락한 사례가 7번 있었으며, 50% 이상 하락한 사례도 한 번 있었습니다.

많이 하락했던 구간을 표로 구현했습니다.

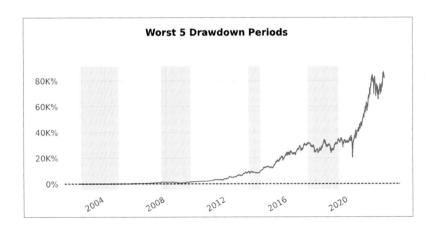

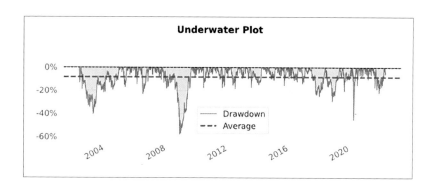

Underwater Plot

분명 고통스러운 구간이 있는 것은 부인할 수 없으나 그 구간이 대형주보다는 월등히 짧습니다.

| 월별, 연별 수익 |

### Monthly Returns (%)

| | JAN | FEB | MAR | APR | MAY | JUN | JUL | AUG | SEP | OCT | NOV | DEC |
|---|---|---|---|---|---|---|---|---|---|---|---|---|
| 2002 | 0.00 | 0.00 | 0.00 | -8.84 | 11.36 | -8.83 | -0.27 | 7.69 | -5.82 | -1.88 | -9.32 | 0.40 |
| 2003 | -0.10 | -1.43 | -12.18 | 15.20 | 8.70 | 7.11 | -0.56 | 5.26 | -6.60 | -0.86 | 2.30 | 18.66 |
| 2004 | -2.22 | 7.66 | -2.52 | 7.45 | -0.77 | -0.90 | 3.56 | 18.07 | -2.39 | 4.96 | 4.96 | 16.19 |
| 2005 | 26.13 | 33.03 | -9.20 | 6.75 | 15.56 | 0.04 | 22.53 | 1.43 | 18.96 | 13.54 | 11.05 | 14.74 |
| 2006 | -0.19 | 3.46 | 4.11 | 9.78 | -7.14 | -4.49 | 3.55 | 12.24 | -2.18 | 7.60 | 18.82 | 7.51 |
| 2007 | 5.43 | 24.48 | 18.52 | 6.67 | 16.69 | -0.46 | 13.58 | 11.49 | 14.31 | -8.24 | -5.39 | -1.87 |
| 2008 | -6.28 | 10.81 | -0.46 | 0.94 | 1.13 | -4.76 | -3.34 | -13.66 | -4.60 | -27.95 | -5.04 | 5.84 |
| 2009 | 10.06 | 10.14 | 6.03 | 20.71 | 11.80 | -7.67 | 14.84 | 9.80 | -2.39 | -1.07 | 7.47 | 5.38 |
| 2010 | -1.33 | 5.95 | 35.93 | 2.85 | -8.85 | -0.30 | 7.88 | 3.09 | -0.16 | 16.88 | -7.08 | 2.52 |
| 2011 | 7.50 | 4.52 | 11.33 | 4.93 | -3.95 | -1.23 | 15.71 | -8.36 | -9.34 | 13.78 | 0.60 | 3.54 |
| 2012 | 10.65 | 36.02 | -2.12 | -4.84 | -0.77 | 10.23 | -1.63 | 11.37 | 3.30 | -0.81 | -0.99 | 2.14 |
| 2013 | 11.87 | 11.95 | 2.23 | 0.29 | 10.82 | -12.58 | 5.95 | 1.38 | 0.30 | -3.90 | 2.35 | -1.37 |
| 2014 | 3.38 | 14.84 | 3.94 | 6.42 | 11.50 | -0.05 | 4.21 | 13.68 | 1.10 | -2.60 | -2.63 | -0.72 |
| 2015 | 13.03 | 13.95 | 9.65 | 6.94 | -6.22 | 7.20 | 0.47 | 2.33 | 0.21 | 8.59 | 3.82 | 1.19 |
| 2016 | -2.03 | 4.07 | 6.71 | 3.36 | 3.48 | -1.55 | 9.48 | 6.75 | 12.13 | -11.69 | 0.64 | 6.31 |
| 2017 | 9.05 | -0.68 | -0.08 | 1.47 | -0.65 | -1.71 | -4.48 | 3.64 | -13.00 | 0.39 | 1.21 | -5.81 |
| 2018 | 13.90 | -2.54 | -0.66 | 6.15 | 1.56 | -7.62 | -1.09 | 4.92 | -1.26 | -17.56 | 5.56 | 1.28 |
| 2019 | 8.90 | 4.52 | 1.19 | 4.29 | -4.38 | 9.78 | -13.84 | 2.83 | 9.06 | -4.20 | 2.10 | 4.04 |
| 2020 | -3.27 | -0.27 | -13.97 | 20.57 | 6.95 | -1.79 | 9.48 | 9.54 | 4.65 | -1.39 | 20.34 | 7.02 |
| 2021 | 5.61 | 9.93 | 12.38 | 0.64 | 16.12 | 10.40 | -6.09 | 0.64 | -0.96 | 2.21 | -15.44 | 15.22 |
| 2022 | -3.90 | 5.68 | 11.52 | -2.18 | 0.00 | 0.00 | 0.00 | 0.00 | 0.00 | 0.00 | 0.00 | 0.00 |

전략의 월별, 연별 수익은 표와 같습니다. 성장가치 소형주도 당연히 급락장을 피해 갈 수 없습니다. 그래도 2008년 10월 손실이 겨우 27.95%니까 다른 전략과 비교해서 꽤 선방했네요. 2018, 2021년에 각각 한 달 동안 15% 이상 손실을 본 적도 있고, 10% 이상 손실이 난 월도 꽤 많습니다.

**EOY Returns vs Benchmark**

| Year | Benchmark | Strategy | Multiplier | Won |
|------|-----------|----------|------------|-----|
| 2002 | -29.83% | -16.37% | 0.55 | + |
| 2003 | 29.19% | 36.46% | 1.25 | + |
| 2004 | 10.51% | 65.63% | 6.24 | + |
| 2005 | 53.96% | 302.21% | 5.60 | + |
| 2006 | 3.99% | 63.56% | 15.91 | + |
| 2007 | 32.25% | 137.67% | 4.27 | + |
| 2008 | -40.73% | -42.06% | 1.03 | - |
| 2009 | 49.65% | 120.87% | 2.43 | + |
| 2010 | 21.88% | 64.20% | 2.93 | + |
| 2011 | -10.98% | 41.86% | -3.81 | + |
| 2012 | 9.38% | 74.04% | 7.89 | + |
| 2013 | 0.72% | 30.01% | 41.95 | + |
| 2014 | -4.76% | 65.05% | -13.66 | + |
| 2015 | 2.39% | 78.46% | 32.87 | + |
| 2016 | 3.32% | 41.85% | 12.60 | + |
| 2017 | 21.76% | -11.62% | -0.53 | - |
| 2018 | -17.28% | -0.83% | 0.05 | + |
| 2019 | 7.67% | 23.98% | 3.12 | + |
| 2020 | 30.75% | 67.55% | 2.20 | + |
| 2021 | 3.63% | 56.92% | 15.70 | + |
| 2022 | -9.49% | 10.80% | -1.14 | + |

연별 데이터를 보면 무작정 따라하기 소형주 성장전략은 2008, 2017년을 제외한 모든 해에 코스피 지수보다 수익이 높았으나 2002년, 2008년, 2017년에는 10% 이상의 손실을 피해 가지 못했습니다.

# 한국 개별 주식 포트폴리오

우리는 한국 개별 주식에 투자하기 위해 지금까지 매우 긴 길을 걸어왔습니다.

지금까지 배운 것을 종합해서 정리해 볼까요?

1. 가치지표가 우수한 주식은 수익이 높다.
   예 PSR, PGPR, POR, PER와 이 4개 지표를 통합한 무작정 따라하기 가치주 전략

2. 성장지표가 우수한 주식의 수익이 높다.
   예 매출성장률, 매출총이익성장률, 영업이익성장률, 순이익성장률과 이 4개 지표를 통합한 무작정 따라하기 성장주 전략

3. 가치지표와 성장지표가 우수한 성장가치주도 수익이 높다.

4. 대형주 수익은 전반적으로 낮다.
   - 그래도 꼭 대형주에 투자하고 싶으면 퀀트 투자 하라, 1분위 수익이 10분위 수익보다 높다.

5. 소형주 수익은 매우 높다.
   - 소형주 내 퀀트 전략의 수익은 더 높다.

6. 개별 주식 전략은 연복리수익률이 매우 높으나 MDD도 매우 높아서 투자자가 버티기 어렵다.

특히 6번 때문에 저는 MDD를 줄이기 위해 자산배분을 먼저 하고 그 뒤에 주식 비중을 퀀트 전략으로 투자하는 것을 강하게 추천합니다.

그렇다면 어떤 전략으로 투자하면 좋을까요?

1. 기본적으로 소형주 전략의 수익이 대형주 전략보다 압도적으로 높습니다. MDD 차이도 크지 않습니다. 그래서 소형주 비중이 대형주 비중보다 커야 한다고 봅니다.
   - 소형주 100개 포트폴리오의 MDD: -57%, 코스피 지수의 MDD: -54%
   - 그런데 소형주가 코스피보다 수익이 안 좋은 해도 있습니다(2003, 2004, 2017년).
   - 소형주에 대한 불안감을 느끼는 투자자도 많습니다. 대형주는 왠지 안 망할 것 같잖아요?

2. 성장가치주 전략에 투자하거나 성장주 전략, 가치주 전략 따로 나눠서 투자하는 방법이 있습니다.
   - 성장가치주 전략에 투자하는 것은 성장지표, 가치지표가 전반적으로 우수한 주식에 투자하고
   - 성장주 전략, 가치주 전략에 따로 투자하면 각 지표가 매우 우수한 주식에 투자하게 되죠.
   - 한마디로 수학, 영어 각각 90점 맞은 친구에게 투자할 것인가, 수학 점수가 99점인데 영어 성적은 저조한 친구에게 투자할 것인가의 차이입니다.

저는 개인적으로 소형주 성장가치주 전략에 주식 포트폴리오를 몰빵하는 것도 나쁘지 않아 보입니다. 자산배분을 하면 채권, 금 등이 성장가치주 전략이 잘 안 먹힐 때 MDD를 제한하니까요.

대형주에 분산투자하더라도 소형주 대비 분산투자 효과가 큰 것도 아니고요.

| 선택 가능한 포트폴리오 예시와 각 전략 비중(%) |

| 전략 | 대형주 가치 | 소형주 가치 | 전체 가치 | 대형주 성장 | 소형주 성장 | 전체 성장 | 대형주 성장가치 | 소형주 성장가치 | 전체 성장가치 |
|---|---|---|---|---|---|---|---|---|---|
| 1 | | | | | | | | 100 | |
| 2 | | | | | | | 20 | 80 | |
| 3 | | | | | | | 20 | 50 | 30 |
| 4 | | 50 | | | 50 | | | | |
| 5 | 10 | 40 | | 10 | 40 | | | | |

그러나 좀 더 다채로운 포트폴리오를 위해 아래와 같은 분산도 가능하다고 봅니다.

1번은 소형주 성장가치 전략에 몰빵하는 전략이고,
2번은 대형주 비중을 어느 정도 가져가는 전략이며,
3번은 대형주, 소형주, 전체 주식에 포트폴리오를 분산하는 전략입니다.
4번은 소형주에만 투자하되 가치전략, 성장전략에 나눠 투자하는 전략이며,
5번은 대형주, 소형주에 분산투자하되 성장가치 전략이 아니라 가치전략, 성장전략에 분산투자하는 전략입니다.

저는 소개한 모든 포트폴리오가 괜찮다고 보고, 투자자의 성향에 맞게 투자하면 된다고 생각합니다.

**잠깐만요**

### 만천하에 공개된 전략들, 미래에도 먹힐까?

이 책에 나온 전략이 모두 제가 만든 전략은 아닙니다. 수많은 책이나 논문, 유튜브 등에 공개되어 있죠. 그렇다면 "아무리 좋은 전략이라고 해도 다들 알고 있고 모든 투자자가 따라 한다면 전략의 수익은 떨어지는 것 아닌가?"라고 생각할 수 있습니다.

실제로 이런 의문을 갖고 연구한 논문이 있습니다. 39개국에서 공개된 퀀트 전략 241개의 '공개되기 전' 수익과 '공개된 후' 수익을 분석한 것이죠. 당연히 퀀트 전략이 논문 등으로 세상에 알려지면 공개 전보다는 수익이 떨어질 가능성이 크다고 추정할 수 있겠죠. 그런데 놀랍게도 논문의 결과는 "미국 시장은 전략 공개 후 수익이 떨어지나, 미국을 제외한 나머지 38개 시장은 그렇지 않다"였습니다. 참고로 이 38개 시장에는 한국도 포함됩니다. 이유는 무엇일까요?

**1. 전략을 공개해도 대부분의 투자자는 찾아볼 노력을 하지 않는다**

**2. 찾아보더라도 실전 투자에 적용하지 않는다**

**3. 적용하더라도 수익이 잘 안 나는 구간에선 전략을 포기한다**

정도로 추정됩니다. 지금까지 여러 전략을 검토했는데 아무리 훌륭한 전략도 20년 동안 투자하다 보면 20% 이상의 손실을 보는 구간이 보통 5~10번은 나오죠. 그 시기에 많은 투자자가 전략을 포기합니다.

# 미국 주식
# 종목선정

# 한국과 미국 개별 주식 퀀트 투자의 차이점

셋째마당에서는 한국 개별 주식 퀀트 투자를 살펴봤습니다. 한국형 올웨더의 핵심은 절반은 한국 주식, 절반은 미국 주식이라는 것 기억나시죠? 이제 미국 주식 개별 주식투자에 관해 배워보겠습니다.

제가 이 책을 쓰기 전에는 미국 주식을 백테스트 할 수 있는 소프트웨어가 없었습니다. 지금은 퀀터스를 통해 미국 백테스트 + 10분위 분석 + 종목선정이 가능해졌습니다. 그런데 매우 놀라웠던 점은 한국 시장에서 통하는 소형주, 가치주, 성장주, 성장가치주 전략이 미국에서도 똑같이 통한다는 점이었습니다!

그래서 한국 개별 주식 전략을 소개하는 것과 똑같은 순서로

1. 소형주 전략의 위력
2. 가치주 지표
3. 무작정 따라하기 미국 가치주 전략
4. 강환국 슈퍼가치전략, 벤저민 그레이엄, 켄 피셔 전략
5. 성장주 지표
6. 무작정 따라하기 미국 성장주 전략
7. 무작정 따라하기 미국 성장가치주 전략

을 소개하겠습니다. 각각의 지표와 전략에 대해서는 셋째마당에서 상세히 설명했기 때문에 넷째마당에서는 자세한 소개는 생략하고 미국 주

식으로 전략을 실행했을 때의 백테스트 결과에 집중하도록 하겠습니다.
20개 종목 소개도 '무작정 따라하기 미국 성장가치주 전략'으로만 제한
하려 합니다.

한국 주식과 다른 점도 분명 있었습니다.

Section 23에서 소형주의 성과를 언급할 때

**1. 한국은 시가총액이 작은 기업, 즉 '소형주'의 수익이 대형주보다 훨씬 높다.**
**2. 대부분 퀀트 지표와 전략은 소형주에서 초과수익이 더 높다.**

라고 결론을 내렸습니다. 2번은 미국의 경우 특히 유용합니다. 대부분의
퀀트 지표와 전략은 중소형주에서는 초과수익을 낼 수 있지만 대형주에
서는 가치주, 성장주, 성장가치주 전략 등으로 초과수익을 내는 것이 매
우 어렵습니다.

특히 거래비용을 고려하면 S&P500 지수보다도 수익이 떨어지는 지표가
많았습니다. 미국 대형주에만 투자하겠다는 투자자들은 퀀트 투자를 하
지 않고 그냥 S&P500 지수를 추종하는 ETF를 구매하는 것이 좋습니다.
또한, 소형주에서 얻을 수 있는 초과수익의 폭도 한국보다 적습니다.

잠깐만요 **왜 미국 시장의 초과수익이 한국보다 적을까?**

퀀트 투자는 누구나 할 수 있습니다. PER 등 가치지표나 매출성장률 같은 성장지표를 뽑
아내기 쉽고, 그 지표를 통해서 무작정 따라하기 성장가치주 같은 전략을 만들고 그 전략
에 해당하는 종목을 뽑기도 매우 쉽습니다.

이렇게 쉬운 전략이 잘 통하는 시장이 어디일까요? 이런 지표들과 전략의 위력을 모르고,
이런 기법이 존재하는지도 모르는 투자자들이 많은, 즉 투자자들의 수준이 낮은 시장에서
특히 잘 통합니다. 반대로 투자자들의 수준이 높으면 여러 지표들과 관련 전략들을 이미
다 알고 있으니까 손쉬운 방법을 통해 높은 수익을 내기는 어려워지겠죠.

예를 들면 내가 바둑 5단인데, 다른 선수들이 1단인 대회에서는 내가 아는 기법만 써도 쉽
게 우승할 수 있는데 비해 대부분 참가자가 9단인 대회에서는 한 판 이기기도 거의 불가능
한 것과 비슷한 이치입니다.

그럼 '투자 9단'들이 가장 많이 몰려있는 시장이 어딜까요? 당연히 미국 시장, 특히 대형주 시장입니다. 그래서 그 시장에서 초과수익을 내기가 제일 어렵죠. 미국도 개인 중에서는 수준이 낮은 투자자가 많지만, 큰 자금을 운용하는 기관투자자 중 실력자가 가장 많은 것은 부정할 수 없는 사실입니다.

한국 투자자들의 수준도 요즘 많이 올라갔지만, 아직 미국 대비 격차가 커서 '간단한' 퀀트 투자 방식으로 초과수익을 계속 벌 수 있는 겁니다. 그리고 한국에서 투자를 그나마 잘하는 기관투자자들은 주로 대형주를 사고팔기 때문에 한국 소형주 시장의 초과수익은 당분간 계속될 것이라고 감히 전망합니다.

마지막으로, 퀀터스 백테스트 및 종목 추출 기능을 설명하겠습니다.

| 미국 백테스트 – 유니버스 설정 |

유니버스 설정을 미국으로 바꿔야 합니다. 관리종목은 미국에서도 제외하는 것이 좋습니다. 팩터 선택, 트레이딩 설정, 10분위 테스트, 포트폴리오 추출은 한국 개별 주식과 동일합니다.

저는 이 책에서 전체 주식과 대형주(상위 500위 기업)의 수익을 계산하는데, 그건 아래와 같이 설정할 수 있습니다.

| 시가총액 필터 – 대형주 |

대형주는 '커스팀 필터'에서 시가총액을 클릭한 후 '상위', '위', '500'을 클릭하면 백테스트 및 포트폴리오 추출을 상위 500개 기업 내에서만 진행하게 됩니다.

# 소형주 전략,
# 미국에서도 통할까?

Section 23에서 한국에서는 시가총액이 낮은 소형주의 수익이 매우 높고, 중간 정도의 중형주의 수익이 제일 낮으며, 시가총액이 높은 대형주의 수익은 다소 증가하는 패턴을 볼 수 있었습니다. 그렇다면 미국 시장의 패턴은 어떨까요?

| 한국 시장 시가총액별 10분위 연복리수익률, 2002.4~2022.4 |

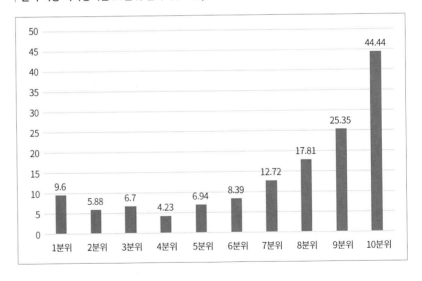

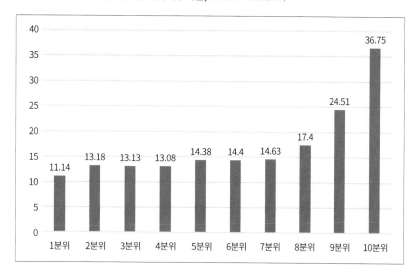

위 표에서 볼 수 있듯이 미국 시장의 시가총액 패턴 역시 한국 주식시장과 비슷한 것을 볼 수 있습니다. 시가총액이 낮은 하위 10% 초소형주 기업의 수익률은 미국도 복리 36%가 넘습니다. 미국도 소형주만 보유하고 있어도 큰 수익을 낼 수 있었습니다.

8~10분위의 수익은 상당히 높은 편이며, 1~7분위, 즉 대형주와 중형주의 수익은 그보다 현저히 낮은 것을 볼 수 있습니다. 한국과 매우 유사한 패턴입니다.

우리는 지금부터 미국 지표를 분석하면서

   **1. 대형주**(시가총액 상위 500위)
   **2. 전체 주식**

의 수익을 분석할 겁니다.

**알아두세요**

**ADR**

American Depositary Receipots, 미국 시장에서 발행된 주식대체증서를 의미한다. 주식예탁증서(DR)라는 것을 발행하고 이를 담보로 본국이 아닌 다른 국가 즉 외국에 기업을 상장시키고 주식을 거래할 수 있게 하는 것이다. 미국에서 발행된 DR을 ADR이라고 한다.

그런데 미국 대형주의 수를 왜 한국처럼 200개가 아니라 500개로 했을까요? 한국은 총 상장 기업이 2천여 개인 반면 미국은 ADR(미국 증시에 상장한 외국 기업)을 제외하고도 토종 미국 기업만 5천 개가 넘습니다. 그래서 대형주 기준도 상향 조정했습니다. 한국에서는 보통 대형주를 코스피200, 즉 상위 200개 기업으로 구분하고, 미국은 S&P500이라는 지수에 500개 기업이 포함되었으므로 저도 비슷하게 대형주의 기준을 잡았습니다.

왜 한국처럼 소형주, 즉 시가총액 하위 20%의 결과를 분석하지 않을까요? 한국에서는 저도 15년 이상 시가총액 하위 10% 또는 20% 주식을 사봤고, 저보다 더 크게 거래하는 투자자도 많이 봤습니다. 그리고 총자산이 수십억 원 이하라면 투자하는 데 큰 무리가 없다는 결론을 내렸습니다. 그런데 미국 주식의 경우 백테스트가 가능한 소프트웨어가 개발되고 사용할 수 있게 된 것이 얼마 안 되었습니다. 저 역시 전에는 미국 시장 백테스트가 불가능해서 ETF 위주로 투자했습니다. 그래서 미국에서 시가총액 하위 기업들을 거래할 때

1. **거래량이 충분한지**
2. **거래비용이 어느 정도 수준인지**
   – 매매수수료 + 슬리피지 비용

에 대한 실전 경험이 부족합니다. 제가 직접 실험하지 않은 투자를 다른 사람에게 추천하는 것은 위험하다고 생각해서 보수적으로 미국 소형주 거래가 어렵다고 가정하고 소형주 결과를 제외했습니다. 따라서 미국 시장의 경우 전체 주식과 대형주 데이터만 제공합니다. 아마 이 책의 개정판이 나올 때가 된다면 미국 소형주 경험이 쌓여서 거래량 및 거래비용 이슈에 관해 서술할 수 있을 것 같습니다.

결론은 '미국 소형주도 수익이 매우 높다, 그런데 거래가 얼마나 수월하게 이루어질 수 있는지는 잘 모르겠다'입니다.

# 미국 개별주 투자, 한국과 똑같이 할 수 있나?

한국 개별 주식투자를 어떻게 하는지 깨우친 김주식 대리. 석 달 만에 강 퀀트 과장을 찾아갑니다.

"선배님, 이게 정말 신기하네요! 단순하게 PSR, PGPR, POR, PER만 보고 투자해도 엄청난 수익을 낼 수 있고, 매출액, 매출총이익, 영업이익, 순이익 성장만 봐도 수익이 매우 높고, 둘을 합치면 더 좋네요! 퀀터스를 통해 백테스트를 하고 종목을 뽑아내는 것도 너무 쉽고요. 더 놀라운 건, 자산배분을 섞어서 투자하니까 장이 별로 안 좋을 때도 손실이 거의 없어요!"

이를 들은 강퀀트 과장, 흐뭇해합니다.

"그래서 제가 퀀트 투자를 권한 거죠!"

"그동안 이상한 데 투자하느라고 너무 많은 에너지와 돈을 낭비했네요. 그 시간이 정말 안타까워요. 그런데 한국형 올웨더를 보면 한국 주식과 미국 주식으로 나뉘어 있잖아요? 미국 주식에서도 퀀트 투자를 할 수 있을까요?"

"물론 가능합니다. 더 놀라운 걸 알려 드릴까요?"

점점 더 호기심이 생긴 김주식 대리, 강 과장을 독촉합니다.

"여기서 더 놀라운 게 있나요?"

"미국에서도 한국에서 쓴 똑같은 지표와 전략을 써서 돈을 벌 수 있어요."

"진짜요?"

"제가 왜 가치지표와 가치전략, 성장지표와 성장전략이 지속적으로 초과수익을 내는지 설명했잖아요? 미국도 크게 다를 바 없어요. 다 사람이 투자하는 건데 인간 심리라는 것이 거기서 거기죠. 물론 제 말을 곧이곧대로 믿으면 안 되는 거 아시죠?"

"물론이죠! 제가 다시 권위 편향에 휘둘릴 것 같습니까? 퀀터스로 당장 미국 백테스트 돌려 보겠습니다!"

강퀀트 과장, 김주식 대리가 성숙해지는 것을 보고 보람을 느낍니다.

"맞습니다. 누구의 말이든 절대로 검증 없이는 믿으면 안 돼요. 그럼 퀀터스에 가서 미국에서도 무작정 따라하기 가치주 전략, 성장주 전략, 성장가치주 전략이 유효한지 백테스트해 보세요."

"혹시 한국과 다른 게 있을까요?"

"네, 미국 대형주에서는 몇 지표와 전략을 제외하고는 퀀트 투자가 잘 안 통해요. 거래비용을 제하면 S&P500 지수보다 수익이 높은 전략이 거의 없네요."

"그건 왜 그런가요?"

"미국 시장에는 헤지펀드들이 많은데, 이 펀드들은 수익을 내야 성과보수를 받을 수 있어요. 그래서 기를 쓰고 수많은 전략을 연구해서 미국 대형주 시장에서 돈을 벌려 하는데, 여기에는 제가 알려드린 퀀트 전략도 포함이 됩니다. 2000년대만 해도 한국에서 통하던 가치주, 성장주, 성장가치주 전략이 미국에서도 다 통했는데 요즘은 비슷한 전략을 쓰는 펀드들이 많아서 잘 통하지 않아요."

"한국에서는 왜 이런 현상이 생기지 않죠?"

"한국에도 헤지펀드가 있기는 한데 자산 규모가 작고, 나머지 대규모 자금을 운용하는 기관은 높은 수익을 내는 데 관심이 별로 없어요. 성과보수를 거의 받지 않기 때문이죠. 한국 기관은 수익을 많이 내는 것보다는 영업을 통해 자산을 많이 모아서 수수료를 받으려고 합니다. 그래서 기를 쓰고 퀀트 전략을 연구할 필요가 없죠."

마지막으로 생각났다는 듯이 강퀀트 과장이 한마디 덧붙입니다.

"참, 미국에서도 소형주 효과가 굉장히 강해요. 그런데 한국 주식은 초소형 주식에만 몇억 원 정도 무리 없이 투자할 수 있는데, 미국은 어떤지 잘 모르겠어요. 그건 실전에서 직접 돈을 투자해봐야 어느 정도의 물량을 소화할 수 있을지 파악할 수 있을 것 같아요"

김 대리는 이번에는 본인이 강퀀트 과장의 가르침에 보답할 수 있을 것 같아서 기쁩니다.

"그건 제가 직접 조금씩 미국 소형주 퀀트 투자를 해보고 말씀드리겠습니다!"

# 미국 가치주 지표 분석

한국 시장에서는 PSR, PGPR, POR, PER 등 가치지표가 매우 잘 통했습니다. 미국 주식시장에서도 잘 먹힐까요?

전체 주식과 대형주로 나눠서 분석해 보겠습니다. 거래비용은 대형주는 0.5%, 전체 주식은 1%로 계산했습니다. 거래비용을 한국 시장보다 더 높게 잡은 이유는 한국에서 미국 주식을 매매하면 보통 0.25%의 수수료를 부담해야 하기 때문입니다(증권사와 협상해서 수수료를 다소 할인받을 수는 있습니다).

| 미국 주요 가치지표의 10분위 연복리수익률, 2003.4~2022.4, 전체 주식 |

| 지표 | 1 | 2 | 3 | 4 | 5 | 6 | 7 | 8 | 9 | 10 | 1-10 | 1-5 |
|---|---|---|---|---|---|---|---|---|---|---|---|---|
| PAR | 12.87 | 9.08 | 10.41 | 9.08 | 8.51 | 7.53 | 7.73 | 6.13 | 7.31 | 8.59 | 4.28 | 4.36 |
| PBR | 19.21 | 12.13 | 7.73 | 6.16 | 5.19 | 5.59 | 5.24 | 4.93 | 7.71 | 14.47 | 4.74 | 14.02 |
| PCR | 18.91 | 10.25 | 7.78 | 6.64 | 6.36 | 6.25 | 5.01 | 4.86 | 8.32 | 13.19 | 5.72 | 12.55 |
| PFCR | 12.96 | 10.14 | 9.55 | 8.58 | 7 | 5.5 | 4.96 | 5.58 | 9.62 | 13.65 | -0.69 | 5.96 |
| PRR | 14.97 | 11.67 | 9.87 | 6.35 | 9.53 | 8.67 | 6.08 | 6.8 | 5.26 | 5.06 | 9.91 | 5.44 |
| PSR | 22.48 | 13.81 | 8.47 | 6.52 | 7.33 | 6.12 | 4.67 | 1.83 | 2.43 | 0.07 | 22.41 | 15.15 |
| PGPR | 23.21 | 13.41 | 12.73 | 8.46 | 6.9 | 5.65 | 5.07 | 3.68 | 3.63 | 1.22 | 21.99 | 16.31 |
| POR | 15 | 8.32 | 6.7 | 5.63 | 4.83 | 5.85 | 5.95 | 3.76 | 9.04 | 17.34 | -2.34 | 10.17 |
| PER | 13.5 | 8.95 | 5.29 | 3.95 | 4.59 | 5.32 | 4.73 | 3.58 | 8.58 | 16.91 | -3.41 | 8.91 |

앞의 표 수치에서 볼 수 있듯이 소형주와 초소형주를 모두 포함한 미국 전체 주식을 분석하면 저평가 지표는 미국에서도 유효합니다. 미국에서는 특히 PGPR와 PSR의 1분위 수익이 상당히 높은 편입니다. PBR, PCR의 성과도 좋고요. 그런데 POR, PER의 1분위 수익은 나쁘지 않은데, 희한하게 10분위 기업의 수익도 매우 높습니다. 최근 10년간 POR, PER가 높았는데도 불구하고 수익이 높았던 빅테크 기업의 활약 때문에 저런 현상이 생긴 것 같습니다.

 알아두세요

**빅테크 기업**

빅테크(Big Tech) 기업은 첨단 기술과 플랫폼 서비스 등을 기반으로 온라인상에서 다양한 서비스를 제공하는 대형 IT 기업을 말합니다. 빅테크 기업은 온라인 플랫폼 서비스를 바탕으로 가입자를 확보하고 자사의 IT 기술을 활용하여 빅데이터를 수집 및 분석하여 SNS, 전자상거래, 네트워크, 검색엔진, 하드웨어 제조, 금융 등 다양한 사업으로 확장하여 성장해 왔습니다. 미국 아마존, 애플, 구글, 마이크로소프트, 메타, 중국의 알리바바, 텐센트, 한국의 네이버, 카카오 등이 빅테크 기업으로 꼽힙니다.

| 미국 주요 가치지표의 10분위 연복리수익률, 2003.4~2022.4, 대형주 |

| 지표 | 1 | 2 | 3 | 4 | 5 | 6 | 7 | 8 | 9 | 10 | 1-10 | 1-5 |
|---|---|---|---|---|---|---|---|---|---|---|---|---|
| PAR | 5.75 | 8.47 | 6.94 | 7.39 | 6.9 | 9.24 | 7.57 | 6.81 | 7.46 | 9.39 | -3.64 | -1.15 |
| PBR | 8.2 | 7.19 | 6.4 | 8.02 | 6.59 | 7.71 | 6.41 | 8.06 | 8.86 | 9.51 | -1.31 | 1.61 |
| PCR | 11.19 | 7.83 | 7.57 | 7.81 | 7.86 | 8.73 | 7.23 | 7.35 | 5.75 | 6.06 | 5.13 | 3.33 |
| PFCR | 7.91 | 10.29 | 10.28 | 7.75 | 8.43 | 8.21 | 6.52 | 5.25 | 7.36 | 5.37 | 2.54 | -0.52 |
| PRR | 17.74 | 17.13 | 11.61 | 13.54 | 11.14 | 10.21 | 10.36 | 9.89 | 8 | 7.66 | 10.08 | 6.6 |
| PSR | 11.26 | 7.94 | 6.72 | 6.33 | 6.24 | 6.39 | 6.11 | 5.81 | 5.55 | 6.63 | 4.63 | 5.02 |
| PGPR | 8.68 | 7.7 | 8.7 | 7.95 | 7.32 | 6.77 | 5.77 | 9.81 | 7.45 | 5.61 | 3.07 | 1.36 |
| POR | 9.13 | 6.01 | 7.87 | 7.07 | 6.1 | 8.08 | 6.26 | 7.68 | 7.31 | 7.09 | 2.04 | 3.03 |
| PER | 8.5 | 6.86 | 6.99 | 6.59 | 5.99 | 6.77 | 6.18 | 5.56 | 8.46 | 6.86 | 1.64 | 2.51 |

미국 대형주 결과에서는 PRR를 제외하면 S&P500의 수익을 유의미하게 능가하는 가치지표가 없다는 것을 볼 수 있습니다. 미국 S&P500의 2003~22년 연복리수익률은 10.43% 정도인데, 거래비용을 고려하면 그보다 1분위 수익이 높은 지표는 PRR, PSR, PCR밖에 없는데 PSR와 PCR는 초과수익이 1% 미만이라 통계적으로 유의미하다고 보기 어렵습니다. 이 수치를 보면 아래와 같은 결론이 나옵니다.

1. 저평가 지표는 한국뿐만 아니라 미국에서도 매우 잘 통합니다.
2. 그러나 소형주에서만 통하고 대형주에서는 더 이상 통하지 않습니다(예외: PRR).

# 무작정 따라하기
# 미국 가치주 전략

한국 주식에서도 가치지표 4개(PSR, PGPR, POR, PER)가 우수한 '한국 무작정 따라하기 가치주 전략'이 성과가 좋았는데, 미국은 어떨지 분석해 볼까요?

일단 10분위 수익을 보겠습니다.

| 무작정 따라하기 미국 가치주 전략 10분위 연복리수익률, 2003.4~2022.4월 (전체 주식) |

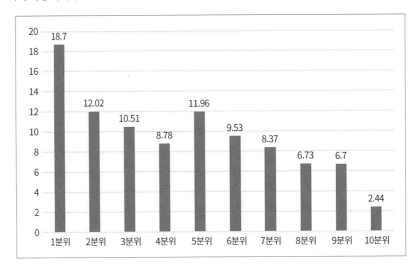

| 지표/전략 | 1 | 2 | 3 | 4 | 5 | 6 | 7 | 8 | 9 | 10 | 1-10 | 1-5 |
|---|---|---|---|---|---|---|---|---|---|---|---|---|
| PSR | 22.48 | 13.81 | 8.47 | 6.52 | 7.33 | 6.12 | 4.67 | 1.83 | 2.43 | 0.07 | 22.41 | 15.15 |
| PGPR | 23.21 | 13.41 | 12.73 | 8.46 | 6.9 | 5.65 | 5.07 | 3.68 | 3.63 | 1.22 | 21.99 | 16.31 |
| POR | 15 | 8.32 | 6.7 | 5.63 | 4.83 | 5.85 | 5.95 | 3.76 | 9.04 | 17.34 | -2.34 | 10.17 |
| PER | 13.5 | 8.95 | 5.29 | 3.95 | 4.59 | 5.32 | 4.73 | 3.58 | 8.58 | 16.91 | -3.41 | 8.91 |
| 가치주 전략 | 18.7 | 12.02 | 10.51 | 8.78 | 11.96 | 9.53 | 8.37 | 6.73 | 6.7 | 2.44 | 16.26 | 6.74 |

미국에서도 1분위 연복리수익률이 가장 높습니다. 그런데 한국보다는 확실히 낮은 편입니다. 1분위 기업에 투자했다면 원금이 19년 만에 25배 증가했으며, 반대로 10분위 기업에 투자했으면 원금이 겨우 1.5배 증가했습니다.

| 무작정 따라하기 미국 가치주 전략 10분위 연복리수익률, 2003.4~2022.4월(대형주) |

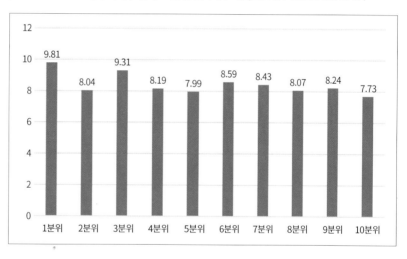

미국 대형주에는 무작정 따라하기 가치주 전략은 통하지 않았습니다. 1분위 수익이 그나마 가장 높긴 한데, 거래수수료를 제하면 S&P500 지수의 수익률(10.43%)보다도 낮습니다.

| 지표/전략 | 1 | 2 | 3 | 4 | 5 | 6 | 7 | 8 | 9 | 10 | 1-10 | 1-5 |
|---|---|---|---|---|---|---|---|---|---|---|---|---|
| PSR | 11.26 | 7.94 | 6.72 | 6.33 | 6.24 | 6.39 | 6.11 | 5.81 | 5.55 | 6.63 | 4.63 | 5.02 |
| PGPR | 8.68 | 7.7 | 8.7 | 7.95 | 7.32 | 6.77 | 5.77 | 9.81 | 7.45 | 5.61 | 3.07 | 1.36 |
| POR | 9.13 | 6.01 | 7.87 | 7.07 | 6.1 | 8.08 | 6.26 | 7.68 | 7.31 | 7.09 | 2.04 | 3.03 |
| PER | 8.5 | 6.86 | 6.99 | 6.59 | 5.99 | 6.77 | 6.18 | 5.56 | 8.46 | 6.86 | 1.64 | 2.51 |
| 가치주 전략 | 9.81 | 8.04 | 9.31 | 8.19 | 7.99 | 8.59 | 8.43 | 8.07 | 8.24 | 7.73 | 2.08 | 1.82 |

# 무작정 따라하기 미국 가치주 전략

1. PSR, PGPR, POR, PER 4개 지표의 각 순위를 계산합니다.
2. 4개 순위의 평균 순위를 계산합니다.
3. 평균 순위가 가장 높은 20개 기업 매수합니다.
4. **리밸런싱**: 분기 1회 (4.15, 6.15, 9.15, 12.15) 리밸런싱합니다.

미국 전략 역시 한국 전략과 같은 순서로 진행됩니다. 유일하게 다른 것은 Step 1에서 한국 대신 미국을 선택하고, 수수료를 조금 더 보수적으로 변경하는 것입니다.

**STEP 1** 백테스트 설정

# 강환국 슈퍼가치전략, 벤자민 그레이엄 전략, 켄 피셔 전략도 미국에서 통하나?

개인적으로 궁금했던 건 제가 2017년에 만든 강환국 슈퍼가치전략이 미국에서도 초과수익을 낼 수 있는가였습니다.

## 1. 강환국 슈퍼 미국 가치전략

1. PER, PBR, PSR, PFCR 4개 지표의 각 순위를 계산
2. 4개 순위의 평균 순위를 계산
3. 평균 순위가 가장 높은 20개 기업 매수
4. **리밸런싱**: 분기 1회 (4.15, 6.15, 9.15, 12.15)

조금 전 저평가 지표 통합전략과 같은 점은 PER, PSR라는 지표가 들어 갔다는 점이며, 다른 점은 POR, PGPR 대신 PBR, PFCR를 넣었다는 점입니다. 10분위 결과를 한번 볼까요?

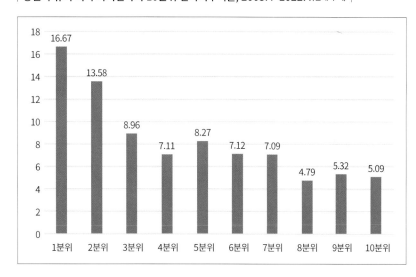

| 강환국 슈퍼 미국 가치전략의 10분위 연복리수익률, 2003.4~2022.4(전체 주식) |

위 표에서 볼 수 있듯이 강환국 슈퍼 가치전략은 미국에서도 초과수익을 냅니다. 뿌듯하네요. 1분위 연복리수익률은 S&P500 수익보다는 확실히 높습니다. 각 지표를 한번 살펴볼까요?

| 지표 | 1 | 2 | 3 | 4 | 5 | 6 | 7 | 8 | 9 | 10 | 1-10 | 1-5 |
|------|------|------|------|------|------|------|------|------|------|------|------|------|
| PBR | 19.21 | 12.13 | 7.73 | 6.16 | 5.19 | 5.59 | 5.24 | 4.93 | 7.71 | 14.47 | 4.74 | 14.02 |
| PFCR | 12.96 | 10.14 | 9.55 | 8.58 | 7 | 5.5 | 4.96 | 5.58 | 9.62 | 13.65 | -0.69 | 5.96 |
| PSR | 22.48 | 13.81 | 8.47 | 6.52 | 7.33 | 6.12 | 4.67 | 1.83 | 2.43 | 0.07 | 22.41 | 15.15 |
| PER | 13.5 | 8.95 | 5.29 | 3.95 | 4.59 | 5.32 | 4.73 | 3.58 | 8.58 | 16.91 | -3.41 | 8.91 |
| **슈퍼가치** | 16.67 | 13.58 | 8.96 | 7.11 | 8.27 | 7.12 | 7.09 | 4.79 | 5.32 | 5.09 | 11.58 | 8.40 |

그런데 PSR, PBR 각 지표보다는 수익이 떨어지는 것을 보면 미국에 매우 잘 통하는 전략이라고 보기는 어렵습니다.

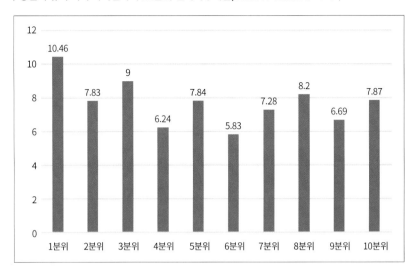

| 강환국 슈퍼 미국 가치전략의 10분위 연복리수익률, 2003.4~2022.4(대형주) |

무작정 따라하기 가치주 전략과 마찬가지로 강환국 슈퍼 가치전략도 미국 대형주에서는 잘 통한다고 보기 어렵습니다. 1분위 수익이 10분위 수익보다 소폭 높긴 하지만 거래비용을 제하면 S&P500과 엇비슷한 성과를 보입니다.

여기서도 각 지표의 연복리수익률과 강환국 슈퍼 가치전략의 수익률을 비교해 보죠.

| 지표 | 1 | 2 | 3 | 4 | 5 | 6 | 7 | 8 | 9 | 10 | 1-10 | 1-5 |
|---|---|---|---|---|---|---|---|---|---|---|---|---|
| PBR | 8.2 | 7.19 | 6.4 | 8.02 | 6.59 | 7.71 | 6.41 | 8.06 | 8.86 | 9.51 | -1.31 | 1.61 |
| PFCR | 7.91 | 10.29 | 10.28 | 7.75 | 8.43 | 8.21 | 6.52 | 5.25 | 7.36 | 5.37 | 2.54 | -0.52 |
| PSR | 11.26 | 7.94 | 6.72 | 6.33 | 6.24 | 6.39 | 6.11 | 5.81 | 5.55 | 6.63 | 4.63 | 5.02 |
| PER | 8.5 | 6.86 | 6.99 | 6.59 | 5.99 | 6.77 | 6.18 | 5.56 | 8.46 | 6.86 | 1.64 | 2.51 |
| **슈퍼가치** | 10.46 | 7.83 | 9 | 6.24 | 7.84 | 5.83 | 7.28 | 8.2 | 6.69 | 7.87 | 2.59 | 2.62 |

## 2. 벤저민 그레이엄 미국 가치전략

그렇다면 벤자민 그레이엄이 거의 100년 전 만든 전략이 미국 본토에서
아직도 통하는지도 분석해봐야죠.

1. PER, PBR, 주주수익률 순위 계산
2. 세 지표 순위의 평균 순위 계산
3. 평균 순위가 가장 높은 20개 기업 매수
4. **리밸런싱**: 분기 1회 (4.15, 6.15, 9.15, 12.15)

| 벤저민 그레이엄 미국 가치전략 10분위 연복리수익률, 2002.4~2022.4, (전체 주식) |

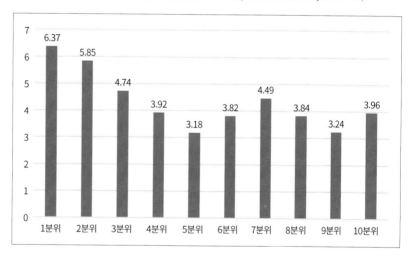

벤자민 그레이엄 전략은 미국에서 더 이상 통하지 않는 전략이 되었네
요! 거래비용을 제하면 S&P500 지수보다 현저히 수익이 떨어집니다.

| 벤저민 그레이엄 미국 가치전략 10분위 연복리수익률(미국), 2002.4~2022.4, (대형주) |

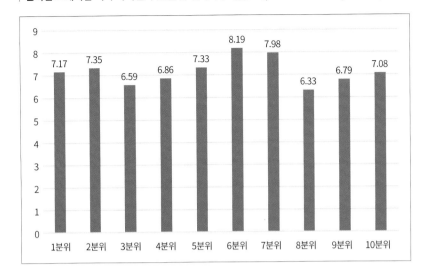

대형주도 마찬가지입니다. 1분위와 10분위와 수익 차이도 거의 없을 뿐만 아니라 거래비용을 제하면 S&P500 지수보다 현저히 수익이 떨어집니다.

▶ 할투 803

## 3. 켄 피셔 미국 가치전략

이번에는 PSR와 PRR의 창시자인 켄 피셔의 전략을 미국 본토에서 실험해 보죠.

1. PSR, PRR 순위 계산
2. 두 지표 순위의 평균 순위 계산
3. 평균 순위가 가장 높은 20개 기업 매수
4. **리밸런싱**: 분기 1회 (4.15, 6.15, 9.15, 12.15)

우선 10분위 결과를 보겠습니다.

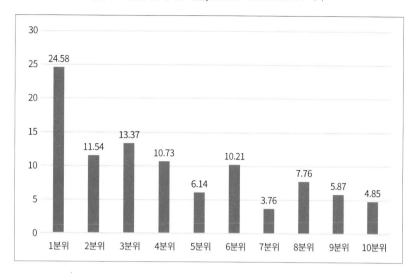

| 켄 피셔 미국 가치전략 10분위 연복리수익률, 2003.4~2022.4(전체 주식) |

지금까지 우리가 검토한 전략 중 제일 좋네요. PSR, PRR가 미국에서 특히 유력한 지표이기 때문에 두 지표를 섞은 피셔 전략의 수익도 미국에서 매우 좋았습니다!

| 지표 | 1 | 2 | 3 | 4 | 5 | 6 | 7 | 8 | 9 | 10 | 1-10 | 1-5 |
|---|---|---|---|---|---|---|---|---|---|---|---|---|
| PSR | 22.48 | 13.81 | 8.47 | 6.52 | 7.33 | 6.12 | 4.67 | 1.83 | 2.43 | 0.07 | 22.41 | 15.15 |
| PRR | 14.97 | 11.67 | 9.87 | 6.35 | 9.53 | 8.67 | 6.08 | 6.8 | 5.26 | 5.06 | 9.91 | 5.44 |
| 켄피셔 | 24.58 | 11.54 | 13.37 | 10.73 | 6.14 | 10.21 | 3.76 | 7.76 | 5.87 | 4.85 | 19.73 | 18.44 |

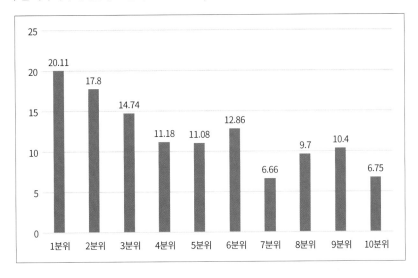

| 켄 피셔 미국 가치전략 10분위 연복리수익률, 2003.4~2022.4(대형주) |

| 지표 | 1 | 2 | 3 | 4 | 5 | 6 | 7 | 8 | 9 | 10 | 1-10 | 1-5 |
|---|---|---|---|---|---|---|---|---|---|---|---|---|
| PSR | 11.26 | 7.94 | 6.72 | 6.33 | 6.24 | 6.39 | 6.11 | 5.81 | 5.55 | 6.63 | 4.63 | 5.02 |
| PRR | 17.74 | 17.13 | 11.61 | 13.54 | 11.14 | 10.21 | 10.36 | 9.89 | 8 | 7.66 | 10.08 | 6.6 |
| 켄피셔 | 20.11 | 17.8 | 14.74 | 11.18 | 11.08 | 12.86 | 6.66 | 9.7 | 10.4 | 6.75 | 13.36 | 9.03 |

미국 대형주에서 복리 20%가 넘는 전략이 나왔습니다! 전체 주식뿐만
아니라 미국 대형주에서 통하는 퀀트 전략은 거의 없는데 이 전략만큼
은 예외입니다. 물론 미래에는 이 전략의 수익이 어떨지는 알 수 없으나,
계속해서 관심을 둘 필요가 있겠네요.

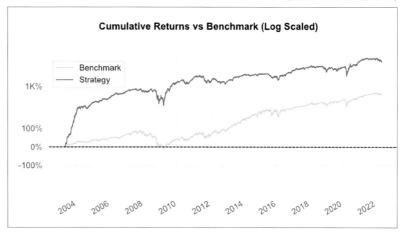

| 연복리수익률 및 총 수익률 |

## Key Performance Metrics

| Metric | Strategy | Benchmark |
|---|---|---|
| Risk-Free Rate | 0.0% | 0.0% |
| Time in Market | 100.0% | 100.0% |
| Cumulative Return | 5,586.26% | 562.18% |
| CAGR% | 23.63% | 10.43% |

미국 대형주에서 켄 피셔 전략은 우수한 성과를 보였습니다. 연복리수익률은 23.63%, 총수익은 5,586.26%입니다. 원금이 약 56배가 되었다는 것을 의미하죠. 미국 대형주 전략이라는 것을 감안하면 엄청난 수익입니다. 참고로 벤치마크인 S&P500의 20년 연복리수익률은 10.43%입니다. 차이가 크죠?

| Max Drawdown | -61.98% | -55.19% |
|---|---|---|
| Longest DD Days | 942 | 1772 |

무작정 따라하기 성장가치주 전략의 MDD는 미국에서도 매우 높습니다. 61.98%라 S&P500 지수보다도 더 높습니다. 최고점에서 하락해서 다시 최고점 회복까지 걸린 기간은 최대 942일, 2년 반 정도 걸렸습니다.

| 최근 1년, 3년, 5년, 10년 수익률 |

| 1Y | -19.46% | 0.01% |
|---|---|---|
| 3Y (ann.) | 14.11% | 13.77% |
| 5Y (ann.) | 10.02% | 13.57% |
| 10Y (ann.) | 12.95% | 13.55% |
| All-time (ann.) | 23.63% | 10.43% |

최근 20년 동안 연복리수익률은 23%였는데, 1년, 3년, 5년 10년 결과를 봐도 S&P500보다 유의미하게 높은 수익을 냈다고 평가하기 어렵습니다. 특히 최근 1년 동안은 아주 안 좋네요.

| 드로다운 |

**Worst 10 Drawdowns**

| Started | Recovered | Drawdown | Days |
|---|---|---|---|
| 2007-07-13 | 2009-06-05 | -61.98% | 693 |
| 2018-01-16 | 2020-06-03 | -50.25% | 869 |
| 2011-04-28 | 2013-11-25 | -44.27% | 942 |
| 2014-12-30 | 2016-07-27 | -35.22% | 575 |
| 2010-04-30 | 2010-11-08 | -27.18% | 192 |
| 2021-06-09 | 2022-04-29 | -23.97% | 324 |

미국에서도 피셔 전략이 안 통하는 구간이 자주 있었습니다. 최근 20년 간 포트폴리오가 20% 이상 하락한 사례는 6번 있었으며, 50% 이상 하락한 사례도 두 번 있었습니다.

많이 하락했던 구간을 표로 구현했습니다.

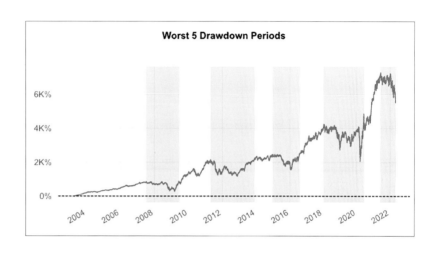

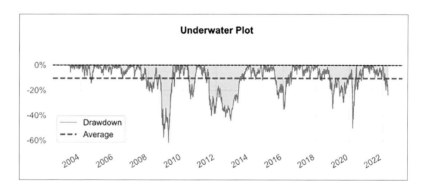

전략의 월별, 연별 수익은 다음과 같습니다. 2020년 3월 코로나 사태가 터지면서 한 달 만에 −24.01% 손실을 기록한 적도 있습니다! 2008년 10월에도 미국발 금융위기 때문에 한 달에 −23.51% 손실을 기록한 사례도 있었고, 그 외에도 한 달 만에 10% 이상 깨진 사례도 상당히 많습니다. 한국 주식이 크게 깨진 시기와 비슷합니다. 이래서 주식에만 투자하면 분산투자가 안 되고 MDD를 피하기 어렵다는 것입니다. 연별 데이터를 보면 피셔 대형주 전략이 S&P500 지수보다 더 낮은 수익률을 기록한 해도 꽤 많았는데, 특히 2011년부터 그런 해가 잦습니다.

| 월별, 연별 수익 |

### Monthly Returns (%)

| | JAN | FEB | MAR | APR | MAY | JUN | JUL | AUG | SEP | OCT | NOV | DEC |
|---|---|---|---|---|---|---|---|---|---|---|---|---|
| 2003 | 0.00 | 0.00 | 0.00 | 16.11 | 19.14 | 10.44 | 8.80 | 12.24 | 12.57 | 14.65 | 12.71 | 4.50 |
| 2004 | 12.68 | 8.31 | -3.92 | 1.61 | 5.68 | 1.75 | -9.25 | -1.20 | 8.62 | 6.81 | 7.80 | 7.77 |
| 2005 | 0.03 | 3.45 | -2.21 | -0.77 | 7.23 | -2.48 | 15.43 | -2.60 | 1.68 | -3.10 | 7.37 | 1.80 |
| 2006 | 11.86 | 2.12 | 6.72 | 5.08 | -2.08 | -1.01 | -0.78 | -0.30 | 3.47 | 2.18 | 9.52 | 1.56 |
| 2007 | 4.96 | 1.28 | 2.01 | 0.67 | 4.79 | -2.03 | -1.81 | -0.96 | 0.90 | 5.52 | -12.36 | 2.12 |
| 2008 | -1.57 | -2.19 | -0.27 | 1.95 | 12.69 | -9.98 | 0.88 | 5.70 | -13.24 | -23.51 | -13.08 | 4.60 |
| 2009 | -1.84 | -16.14 | 20.67 | 39.16 | 20.13 | 1.52 | 12.60 | 13.02 | 12.69 | -4.16 | 4.87 | 11.25 |
| 2010 | -2.52 | 5.20 | 5.66 | 6.99 | -7.69 | -15.03 | 8.57 | -9.50 | 15.79 | 9.15 | 4.45 | 12.92 |
| 2011 | 6.27 | 3.71 | 0.68 | 5.24 | -5.23 | -2.81 | -2.43 | -19.66 | -17.16 | 22.41 | -7.62 | -1.78 |
| 2012 | 17.34 | 2.00 | 0.43 | -6.28 | -12.93 | 1.50 | -5.61 | 0.71 | 3.82 | -11.03 | 9.02 | 4.58 |
| 2013 | 10.62 | -0.27 | 4.17 | 2.88 | 13.34 | 0.26 | 3.43 | -2.56 | 6.00 | 2.45 | 7.48 | 2.32 |
| 2014 | -4.74 | 2.26 | 0.25 | -3.23 | -0.69 | 2.64 | -0.88 | 6.16 | -5.03 | 5.44 | 0.27 | 3.97 |
| 2015 | -5.01 | 2.27 | -0.04 | -1.45 | 2.29 | -4.97 | -6.76 | -8.08 | -6.43 | 9.44 | 3.42 | -2.05 |
| 2016 | -16.67 | 16.47 | 11.17 | -0.05 | 2.97 | -1.45 | 10.87 | 5.12 | 3.78 | -2.89 | 13.17 | 1.95 |
| 2017 | 5.96 | 7.95 | -1.12 | -0.19 | -0.30 | 1.02 | 6.10 | -5.26 | 8.18 | -2.16 | 6.51 | -0.71 |
| 2018 | 6.11 | -5.58 | -1.28 | -2.51 | 4.58 | -1.65 | 3.07 | 3.23 | -1.10 | -11.32 | -0.50 | -18.58 |
| 2019 | 21.14 | 4.67 | -3.38 | 2.94 | -13.54 | 10.97 | -2.21 | -7.94 | 7.92 | 0.90 | 6.36 | 5.00 |
| 2020 | -1.73 | -8.45 | -24.01 | 35.37 | 12.17 | 0.88 | 6.70 | 6.13 | -4.14 | -2.21 | 24.73 | 6.57 |
| 2021 | 4.51 | 7.34 | 2.15 | 3.69 | 2.65 | -0.39 | -1.28 | 0.50 | -4.71 | 5.04 | -5.56 | 7.27 |
| 2022 | -8.17 | -3.18 | 1.13 | -11.84 | 0.00 | 0.00 | 0.00 | 0.00 | 0.00 | 0.00 | 0.00 | 0.00 |

## EOY Returns vs Benchmark

| Year | Benchmark | Strategy | Multiplier | Won |
|------|-----------|----------|------------|-----|
| 2003 | 25.35% | 183.63% | 7.24 | + |
| 2004 | 11.04% | 54.85% | 4.97 | + |
| 2005 | 5.17% | 27.15% | 5.25 | + |
| 2006 | 15.70% | 44.42% | 2.83 | + |
| 2007 | 5.49% | 3.86% | 0.70 | - |
| 2008 | -38.15% | -36.12% | 0.95 | + |
| 2009 | 29.40% | 170.33% | 5.79 | + |
| 2010 | 13.92% | 33.16% | 2.38 | + |
| 2011 | 2.42% | -22.43% | -9.26 | - |
| 2012 | 13.49% | -0.32% | -0.02 | - |
| 2013 | 33.92% | 61.73% | 1.82 | + |
| 2014 | 15.14% | 5.82% | 0.38 | - |
| 2015 | 1.24% | -17.28% | -13.91 | - |
| 2016 | 11.28% | 48.28% | 4.28 | + |
| 2017 | 21.72% | 27.91% | 1.28 | + |
| 2018 | -5.75% | -25.02% | 4.35 | - |
| 2019 | 32.05% | 32.49% | 1.01 | + |
| 2020 | 18.02% | 47.74% | 2.65 | + |
| 2021 | 29.71% | 22.23% | 0.75 | - |
| 2022 | -13.21% | -20.73% | 1.57 | - |

20년 수익은 높았는데 최근 10년 수익이 그저 그런 전략은 괜찮은 전략일까요? 쉽게 답변하기 어려운 질문인 것 같습니다. 이러다가 갑자기 다시 2020년대에 초과수익이 커질 수도 있습니다. 그래서 저는 미국 대형주 투자는 켄 피셔 전략과 S&P500 지수에 투자하는 두 방법이 다 유효하다고 봅니다.

# 미국 성장주 지표 분석

이번엔 성장지표를 살펴봅니다. 한국 주식에서는 매출액, 매출총이익, 영업이익, 순이익 성장이 높은 기업의 주식 수익이 높았습니다. 미국도 그럴까요?

| 미국 성장지표별 10분위 연복리수익률, 2003.4~2022.4(전체 주식) |

| 지표 | 1 | 2 | 3 | 4 | 5 | 6 | 7 | 8 | 9 | 10 | 1-10 | 1-5 |
|---|---|---|---|---|---|---|---|---|---|---|---|---|
| 매출액<br>성장률 | 15.19 | 10.08 | 8.67 | 4.92 | 5.83 | 4.6 | 2.9 | 1.18 | 6.44 | 13.14 | 2.05 | 9.36 |
| 매출총이익<br>성장률 | 18.69 | 12.68 | 8.28 | 6.95 | 6.27 | 4.72 | 2.5 | 4.22 | 7.01 | 13.14 | 5.55 | 12.42 |
| 영업이익<br>성장률 | 21 | 12.05 | 7.57 | 6 | 5.66 | 3.4 | 4.19 | 3.62 | 5.59 | 13.09 | 7.91 | 15.34 |
| 순이익<br>성장률 | 20.34 | 9.37 | 7.78 | 5.35 | 5.69 | 3.27 | 3.11 | 3.18 | 5.83 | 11.28 | 9.06 | 14.65 |

미국에서도 매출, 매출총이익, 영업이익, 순이익이 많이 증가하는 기업에 투자하는 방법은 현명했습니다. 영업이익, 순이익, 매출총이익, 매출액 순서로 1분위 수익이 높았습니다. 반대로 성장률이 저조한 6~9분위 기업의 수익은 매우 저조했습니다. 아예 성장이 안 좋은 10분위 기업은 특이하게도 연복리수익률이 나쁘지 않았습니다.

| 지표 | 1 | 2 | 3 | 4 | 5 | 6 | 7 | 8 | 9 | 10 | 1-10 | 1-5 |
|---|---|---|---|---|---|---|---|---|---|---|---|---|
| 매출액 성장률 | 7.79 | 9 | 8.52 | 7.52 | 8.28 | 7.11 | 6.03 | 4.37 | 4.84 | 5.65 | 2.14 | -0.49 |
| 매출총이익 성장률 | 8.21 | 7.91 | 7.95 | 8.87 | 8.5 | 7.3 | 5.7 | 8.32 | 7.22 | 6.52 | 1.69 | -0.29 |
| 영업이익 성장률 | 6.42 | 7.5 | 8.82 | 7.65 | 7.51 | 7.51 | 7.03 | 6.84 | 7.02 | 6.24 | 0.18 | -1.09 |
| 순이익 성장률 | 6.17 | 7.01 | 8.38 | 6.32 | 8.09 | 7.58 | 6.3 | 6.36 | 7.12 | 5.65 | 0.52 | -1.92 |

가치주 지표는 미국 대형주에서 잘 통하지 않았는데 성장주 지표도 예외가 아니었습니다. 단순히 매출액, 매출총이익, 영업이익, 순이익이 오른 기업을 매수한다고 해서 초과수익을 낼 수는 없었습니다.

여기서도 아래와 같은 결론이 나옵니다. 가치주 지표와 매우 흡사한 결론이 나오네요.

1. 성장지표도 한국뿐만 아니라 미국에서도 잘 통합니다.
2, 단, 소형주에서만 잘 통하고 대형주에서는 소용없습니다.

# 무작정 따라하기
# 미국 성장주 전략

한국에서 통하던 성장지표의 성과가 미국에서 좋았다는 사실을 확인했으니 미국 무작정 따라하기 성장주 전략도 전체 주식 차원에서는 미국에서 잘 통할 가능성이 크겠죠?

10분위 수익을 분석해 보겠습니다.

| 무작정 따라하기 미국 성장주 전략 10분위 연복리수익률, 2003.4~2022.4월(전체 주식) |

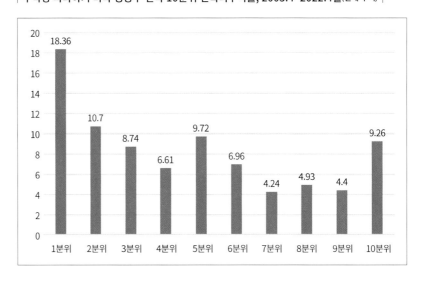

| 지표 | 1 | 2 | 3 | 4 | 5 | 6 | 7 | 8 | 9 | 10 | 1-10 | 1-5 |
|------|---|---|---|---|---|---|---|---|---|----|------|-----|
| 매출액 성장률 | 15.19 | 10.08 | 8.67 | 4.92 | 5.83 | 4.6 | 2.9 | 1.18 | 6.44 | 13.14 | 2.05 | 9.36 |
| 매출총이익 성장률 | 18.69 | 12.68 | 8.28 | 6.95 | 6.27 | 4.72 | 2.5 | 4.22 | 7.01 | 13.14 | 5.55 | 12.42 |
| 영업이익 성장률 | 21 | 12.05 | 7.57 | 6 | 5.66 | 3.4 | 4.19 | 3.62 | 5.59 | 13.09 | 7.91 | 15.34 |
| 순이익 성장률 | 20.34 | 9.37 | 7.78 | 5.35 | 5.69 | 3.27 | 3.11 | 3.18 | 5.83 | 11.28 | 9.06 | 14.65 |
| **성장전략** | 18.36 | 10.7 | 8.74 | 6.61 | 9.72 | 6.96 | 4.24 | 4.93 | 4.4 | 9.26 | 8.64 | 9.10 |

무작정 따라하기 성장주 전략은 미국에서도 수익이 매우 좋았습니다. 1분위 수익이 복리 18%를 상회했고, 성장이 낮은 6~9분위 주식의 수익은 정말 저조합니다. 여기도 특이하게 10분위 기업, 즉 성장이 가장 저조한 기업은 수익이 나쁘지 않았습니다.

| 무작정 따라하기 미국 성장주 전략 10분위 연복리수익률, 2003.4~2022.4월(대형주) |

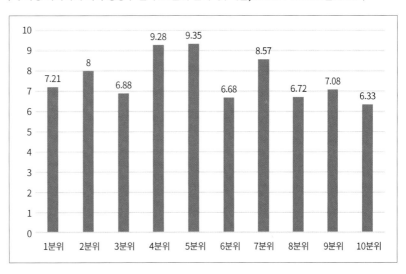

| 지표/전략 | 1 | 2 | 3 | 4 | 5 | 6 | 7 | 8 | 9 | 10 | 1-10 | 1-5 |
|---|---|---|---|---|---|---|---|---|---|---|---|---|
| 매출액 성장률 | 7.79 | 9 | 8.52 | 7.52 | 8.28 | 7.11 | 6.03 | 4.37 | 4.84 | 5.65 | 2.14 | -0.49 |
| 매출총이익 성장률 | 8.21 | 7.91 | 7.95 | 8.87 | 8.5 | 7.3 | 5.7 | 8.32 | 7.22 | 6.52 | 1.69 | -0.29 |
| 영업이익 성장률 | 6.42 | 7.5 | 8.82 | 7.65 | 7.51 | 7.51 | 7.03 | 6.84 | 7.02 | 6.24 | 0.18 | -1.09 |
| 순이익 성장률 | 6.17 | 7.01 | 8.38 | 6.32 | 8.09 | 7.58 | 6.3 | 6.36 | 7.12 | 5.65 | 0.52 | -1.92 |
| **성장전략** | 7.21 | 8 | 6.88 | 9.28 | 9.35 | 6.68 | 8.57 | 6.72 | 7.08 | 6.33 | 0.88 | -2.14 |

결과는 한 문장으로 요약할 수 있습니다. 무작정 따라하기 성장주 전략은 미국 대형주에서 통하지 않습니다!

# 무작정 따라하기 미국 성장주 전략

1. 매출성장률, 매출총이익성장률, 영업이익성장률, 순이익성장률 4개 지표의 각 순위를 계산합니다.
2. 4개 순위의 평균 순위를 계산합니다.
3. 평균 순위가 가장 높은 20개 기업 매수합니다.
4. **리밸런싱**: 분기 1회 (4.15, 6.15, 9.15, 12.15) 리밸런싱합니다.

퀀트 투자
무작정 따라하기

**047**

# 무작정 따라하기
# 미국 성장가치주 전략

셋째마당을 유심히 보셨으면 이제 어떤 전략이 나올지 짐작할 수 있겠죠? 네, 맞습니다. 무작정 따라하기 미국 성장가치주 전략입니다.

│ 무작정 따라하기 미국 성장가치주 전략 10분위 연복리수익률, 2003.4~2022.4월 (전체 주식) │

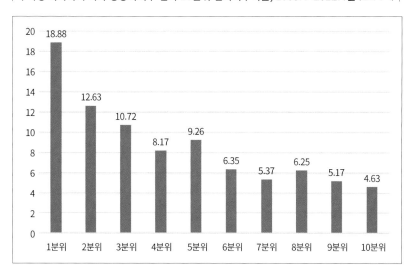

| 전략 | 1 | 2 | 3 | 4 | 5 | 6 | 7 | 8 | 9 | 10 | 1-10 | 1-5 |
|---|---|---|---|---|---|---|---|---|---|---|---|---|
| 가치주 | 18.7 | 12.02 | 10.51 | 8.78 | 11.96 | 9.53 | 8.37 | 6.73 | 6.7 | 2.44 | 16.26 | 6.74 |
| 성장주 | 18.36 | 10.7 | 8.74 | 6.61 | 9.72 | 6.96 | 4.24 | 4.93 | 4.4 | 9.26 | 8.64 | 9.10 |
| **성장가치주** | 18.88 | 12.63 | 10.72 | 8.17 | 9.26 | 6.35 | 5.37 | 6.25 | 5.17 | 4.63 | 14.25 | 9.62 |

한국과 마찬가지로 미국에서도 무작정 따라하기 성장가치주 전략은 잘 통합니다. 1분위 연복리 수익은 19% 정도 됩니다. 1분위 수익이 제일 높고, 10분위까지 고르게 계단식으로 하락하는 모습도 눈에 띕니다.

한국에서 분석했던 것처럼 무작정 따라하기 미국 성장가치주 전략 순위가 가장 높았던 20개 기업에 투자하면 어떤 결과가 있었는지 한번 정밀 분석해 보겠습니다.

| 수익 그래프 |

(거래비용: 1%)

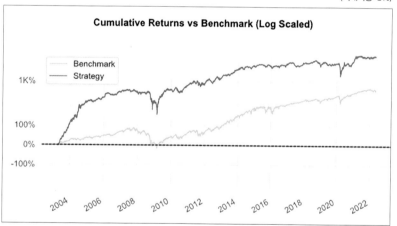

| Metric | Strategy | Benchmark |
|---|---|---|
| Risk-Free Rate | 0.0% | 0.0% |
| Time in Market | 100.0% | 100.0% |
| Cumulative Return | 5.341.58% | 562.18% |
| CAGR% | 23.34% | 10.43% |

미국에서도 무작정 따라하기 성장가치주 전략은 무난히 우상향합니다. 연복리수익률은 23.34%, 총수익은 5,341.58%입니다. 원금이 약 53배가 되었다는 의미죠. 벤치마크인 S&P500의 20년 연복리수익률은 10.43% 입니다.

| MDD |

| | | |
|---|---|---|
| Max Drawdown | -63.26% | -55.19% |
| Longest DD Days | 860 | 1772 |

무작정 따라하기 성장가치주 전략의 MDD는 미국에서도 매우 높습니다. 63.26%라 S&P500 지수보다도 더 높습니다.

최고점에서 하락해서 다시 최고점을 회복하는 데 걸린 기간은 최대 860 일, 2년 4개월 정도 걸렸습니다.

| | | |
|---|---|---|
| 1Y | -4.3% | 0.01% |
| 3Y (ann.) | 13.69% | 13.77% |
| 5Y (ann.) | 8.88% | 13.57% |
| 10Y (ann.) | 16.41% | 13.55% |
| All-time (ann.) | 23.34% | 10.43% |

최근 20년 동안 연복리수익률은 거의 23%였는데, 최근 수익도 분석해 보겠습니다.

2010년 말에 잘 안 통한 구간도 있었고, 최근 1년, 3년, 10년 결과를 봐도 S&P보다 유의미하게 높은 수익을 냈는지 평가하기 어렵습니다.

| 드로다운 |

**Worst 10 Drawdowns**

| Started | Recovered | Drawdown | Days |
|---|---|---|---|
| 2018-09-05 | 2021-01-12 | -63.26% | 860 |
| 2007-10-11 | 2009-09-22 | -61.99% | 712 |
| 2011-07-18 | 2012-02-01 | -27.76% | 198 |
| 2010-04-15 | 2010-10-15 | -26.72% | 183 |
| 2017-04-05 | 2018-05-21 | -24.69% | 411 |
| 2012-04-03 | 2012-08-17 | -24.44% | 136 |
| 2015-06-03 | 2016-12-06 | -22.26% | 552 |
| 2012-09-25 | 2013-01-25 | -19.86% | 122 |
| 2021-06-02 | 2022-04-29 | -16.68% | 331 |
| 2009-10-16 | 2010-03-23 | -16.49% | 158 |

미국에서도 성장가치 전략이 안 통하는 구간이 자주 있었습니다. 최근 20년간 포트폴리오가 20% 이상 하락한 사례는 7번 있었으며, 50% 이상 하락한 사례도 두 번 있었습니다.

많이 하락했던 구간을 표로 구현했습니다.

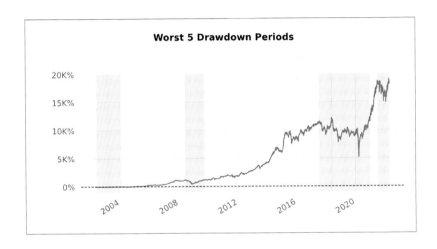

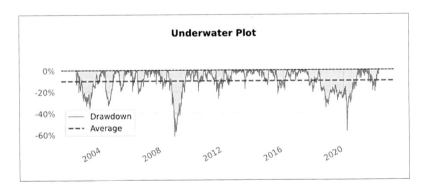

**Monthly Returns (%)**

| | JAN | FEB | MAR | APR | MAY | JUN | JUL | AUG | SEP | OCT | NOV | DEC |
|------|-------|--------|--------|--------|--------|--------|--------|--------|--------|--------|--------|--------|
| 2003 | 0.00 | 0.00 | 0.00 | 3.99 | 16.57 | 4.69 | 12.53 | 12.20 | -0.71 | 13.51 | 7.58 | 11.00 |
| 2004 | 2.60 | 4.01 | 4.59 | 1.14 | 2.16 | 16.66 | 2.54 | -0.46 | 3.18 | 1.50 | 13.49 | -1.03 |
| 2005 | 7.22 | -0.75 | 5.09 | -8.94 | 3.38 | -0.32 | 7.53 | 6.20 | -0.42 | -3.45 | 9.03 | 2.12 |
| 2006 | 17.42 | 3.57 | 1.95 | -2.35 | -7.12 | 3.04 | -1.96 | 3.51 | -3.17 | 12.03 | 5.34 | -2.08 |
| 2007 | 7.24 | -0.12 | 0.57 | 0.96 | 3.64 | -1.76 | -4.73 | -0.02 | 0.78 | 5.31 | -7.38 | -2.52 |
| 2008 | -3.15 | -2.73 | -0.23 | 3.15 | 0.92 | -7.76 | 6.26 | 6.21 | -9.96 | -25.66 | -11.01 | -4.59 |
| 2009 | -3.59 | -13.38 | 17.03 | 40.03 | -1.04 | 13.34 | 14.29 | 1.81 | 10.63 | -2.87 | -0.20 | 1.71 |
| 2010 | -8.17 | 2.58 | 16.37 | -1.91 | -8.15 | -10.92 | 6.74 | -1.72 | 17.51 | 6.88 | 5.74 | 6.08 |
| 2011 | 7.09 | 4.49 | 3.87 | 11.28 | -6.11 | -3.52 | 3.08 | -1.85 | -17.41 | 17.05 | -4.05 | 1.52 |
| 2012 | 14.13 | 7.97 | 8.87 | -8.73 | -10.72 | 1.71 | 7.11 | 14.86 | 9.61 | -9.75 | -0.09 | 1.72 |
| 2013 | 15.81 | 4.76 | 3.28 | -1.66 | 5.50 | -7.09 | 11.12 | 1.78 | 5.70 | 12.20 | 6.43 | -0.91 |
| 2014 | 5.64 | 6.59 | 2.48 | -8.57 | 12.91 | 2.44 | -0.80 | -1.20 | -5.34 | 6.80 | 6.73 | -1.06 |
| 2015 | -3.47 | 11.10 | 0.30 | 2.72 | 0.12 | -2.35 | -1.49 | -7.20 | -0.47 | 9.06 | -0.84 | -5.26 |
| 2016 | -7.28 | 5.92 | 3.57 | 0.71 | -0.59 | -7.40 | 10.57 | 2.54 | -1.23 | -5.94 | 9.08 | 6.83 |
| 2017 | 7.49 | 0.44 | 1.02 | -4.04 | -13.89 | -4.06 | 5.80 | -4.99 | 4.96 | 2.23 | 15.83 | -4.20 |
| 2018 | 3.31 | -2.96 | 1.42 | 2.73 | 2.00 | 2.26 | 3.24 | 7.71 | -2.89 | -10.75 | 0.69 | -19.59 |
| 2019 | 17.03 | 9.56 | -1.27 | -2.31 | -13.19 | 2.72 | 2.78 | -6.04 | 5.68 | -2.14 | 2.55 | 3.63 |
| 2020 | -2.25 | -9.49 | -31.91 | 33.03 | 9.64 | 3.99 | 4.57 | 8.38 | -14.61 | -3.81 | 21.20 | 10.43 |
| 2021 | 25.30 | 2.46 | 4.01 | 6.08 | 2.54 | -2.08 | -3.31 | -1.36 | -6.34 | 3.58 | -3.68 | 4.08 |
| 2022 | -2.47 | 1.45 | 6.98 | -2.22 | 0.00 | 0.00 | 0.00 | 0.00 | 0.00 | 0.00 | 0.00 | 0.00 |

전략의 월별, 연별 수익은 위와 같습니다. 2020년 3월 코로나 사태가 터지면서 한 달 만에 -31.91% 손실을 기록한 적도 있습니다! 2008년 10월에도 미국발 금융위기 때문에 한 달에 -25.66% 손실을 기록한 사례도 있었고, 그 외에도 한 달 만에 10% 이상 깨진 사례도 상당히 많습니다. 한국 주식이 크게 깨진 시기와 비슷합니다. 이래서 주식에만 투자하면 분산투자가 안 되고 MDD를 피하기 어렵다는 것입니다. 연별 데이터를 보면 무작정 따라하기 미국 성장가치주 전략은 2015~20년 전반적으로 S&P500보다 낮은 수익을 낸 것을 볼 수 있습니다.

| Year | Benchmark | Strategy | Multiplier | Won |
|------|-----------|----------|------------|-----|
| 2003 | 25.35% | 115.65% | 4.56 | + |
| 2004 | 11.04% | 61.52% | 5.57 | + |
| 2005 | 5.17% | 28.27% | 5.46 | + |
| 2006 | 15.70% | 31.56% | 2.01 | + |
| 2007 | 5.49% | 1.06% | 0.19 | - |
| 2008 | -38.15% | -42.11% | 1.10 | - |
| 2009 | 29.40% | 94.80% | 3.22 | + |
| 2010 | 13.92% | 30.05% | 2.16 | + |
| 2011 | 2.42% | 11.62% | 4.80 | + |
| 2012 | 13.49% | 37.53% | 2.78 | + |
| 2013 | 33.92% | 70.84% | 2.09 | + |
| 2014 | 15.14% | 27.67% | 1.83 | + |
| 2015 | 1.24% | 0.70% | 0.57 | - |
| 2016 | 11.28% | 15.74% | 1.39 | + |
| 2017 | 21.72% | 3.48% | 0.16 | - |
| 2018 | -5.75% | -14.98% | 2.60 | - |
| 2019 | 32.05% | 17.04% | 0.53 | - |
| 2020 | 18.02% | 13.85% | 0.77 | - |
| 2021 | 29.71% | 31.92% | 1.07 | + |
| 2022 | -13.21% | 3.50% | -0.26 | + |

 알아두세요 ─────

**밈 주식(Meme Stocks)**
기업 실적에 상관없이 온라인에서 입소문을 탄 개인투자의 주목을 끌어 주가가 급등하는 종목을 말합니다. 변동성이 커서 도박에 가까운 특성이 있습니다. 미국의 비디오게임 업체인 게임스톱이 대표적인 밈 주식으로 꼽힙니다. 공매도 세력에 맞서 개인들이 게임스톱 주식을 끌어올린 사건이 유명합니다. 원래 '밈'은 영국의 진화생물학자 리처드 도킨스의 저서 《이기적 유전자》에서 처음 사용된 말로, 유전적 방법이 아닌 모방을 통해 전달되는 문화 요소를 말합니다.

그렇다면 '무작정 따라하기 성장가치주 전략'은 미국에서 더 이상 통하지 않는가를 진지하게 논의해 봐야겠죠.

사실 이것은 2010년대 말 미국 시장에서 가치지표는 매우 높고, 재무제표에 찍히는 매출액, 영업이익, 순이익의 성장성은 뚜렷하지 않지만 신기술 등 비전과 꿈을 제공하는 지배하는 빅테크 기업 또는 밈 주식(Meme Stocks)에 자금이 쏠리면서 수치는 좋은데 투자자들의 꿈과 상상력을 자극하지 못하는 성장가치주들이 극도로 소외되면서 벌어진 현상입니다.

**니프티 피프티(Nifty Fifty)**

1960년대 말 미국 기관투자자들이 선호하고 시장 평균을 웃도는 수익률을 내던 50개 종목을 말합니다. IBM, 코카콜라, 필립모리스, 제너럴일렉트릭, 제록스, 맥도날드 등이 해당됩니다. 니프티 피프티 종목의 수익률이 계속해서 높게 나오자 개인투자자들도 몰려들면서 계속 고평가되며 거품이 붙었다가 오일쇼크 여파로 가장 큰 폭으로 떨어졌습니다.

이런 일은 미국에서 처음 있는 일이 아닙니다. 1970년대에는 니프티 피프티(Nifty Fifty)라고 불리는 당시 신기술 기업에 자금이 쏠렸고, 1990년대 후반에도 인터넷 기술주에 천문학적인 자금이 몰려서 버블이 형성되었습니다.

그리고 1973~74년 하락장이 오면서 니프티 피프티 주식은 초토화되었고, 2000~02년 인터넷 버블이 터지면서 나스닥이 85% 하락하면서 대부분 인터넷 주식은 사라지거나 가격이 많이 하락했습니다. 보통 버블이 터진 후에는 밸류에이션 지표가 낮고 실제로 재무제표에 찍이는 매출, 매출총이익, 영업이익, 순이익 등이 크게 증가하는 높은 성장가치주의 수익이 높았습니다.

2022년 초부터 밸류에이션이 높고 실적을 내지 못하는 밈 주식이 크게 하락하는 것을 보니 이번에도 크게 다를 것 같지는 않을 것이라는 생각이 듭니다. 저는 개인적으로 무작정 따라하기 성장가치주 전략이 2020년대 다시 화려하게 부활할 가능성이 크다고 봅니다.

| 무작정 따라하기 성장가치주 전략(미국) 10분위 연복리수익률, 2003.4~2022.4월 (대형주) |

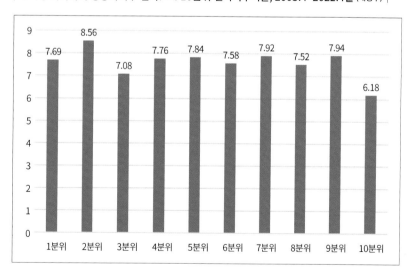

| 전략 | 1 | 2 | 3 | 4 | 5 | 6 | 7 | 8 | 9 | 10 | 1-10 | 1-5 |
|------|-----|-----|-----|-----|-----|-----|-----|-----|-----|-----|------|------|
| 가치주 | 9.81 | 8.04 | 9.31 | 8.19 | 7.99 | 8.59 | 8.43 | 8.07 | 8.24 | 7.73 | 2.08 | 1.82 |
| 성장주 | 7.21 | 8 | 6.88 | 9.28 | 9.35 | 6.68 | 8.57 | 6.72 | 7.08 | 6.33 | 0.88 | -2.14 |
| **성장가치주** | 7.69 | 8.56 | 7.08 | 7.76 | 7.84 | 7.58 | 7.92 | 7.52 | 7.94 | 6.18 | 1.51 | -0.15 |

마지막으로 무작정 따라하기 미국 대형주 성장가치주 전략을 분석해 보았는데, 가치전략, 성장전략이 잘 통하지 않았는데 성장가치 전략이 통할 리 있나요? 역시 미국 대형주에서는 가치주, 성장주 퀀트 투자가 잘 안 통한다는 것을 알게 되었습니다.

지금까지 미국 대형주에서 거래비용을 제하고도 최근 20년간 유일하게 통했던 전략은 켄 피셔의 PSR + PRR 전략입니다. 다만, 그 전략도 최근 10년 수익은 S&P500 지수와 비슷합니다.

# 무작정 따라하기 미국 성장가치주 전략

1. PSR, PGPR, POR, PER, 매출성장률, 매출총이익성장률, 영업이익성장률, 순이익성장률 8개 지표의 각 순위를 계산합니다.
2. 8개 순위의 평균 순위를 계산합니다.
3. 평균 순위가 가장 높은 20개 기업을 매수합니다.
4. **리밸런싱**: 분기 1회 (4.15, 6.15, 9.15, 12.15) 리밸런싱합니다.

# 미국 주식 포트폴리오

지금까지 살펴본 미국 개별 주식 퀀트 투자를 요약하면 아래와 같습니다.

**1. 가치지표가 우수한 주식은 수익이 높다.**
- **예** PSR, PGPR, POR, PER와 이 4개 지표를 통합한 무작정 따라하기 가치주 전략

**2. 성장지표가 우수한 주식은 수익의 높다.**
- **예** 매출성장률, 매출총이익성장률, 영업이익성장률, 순이익성장률과 이 4개 지표를 통합한 무작정 따라하기 성장주 전략

**3. 가치지표와 성장지표가 우수한 성장가치주도 수익이 높다.**

**4. 그러나 대형주에서 통하는 지표는 거의 없다!**
- 따라서 미국 대형주에 투자하고 싶으면 S&P500을 추종하는 ETF를 사는 것이 낫다!
- 예외: 켄 피셔의 PSR + PRR 전략

**5. 소형주 수익은 매우 높다.**
- 소형주 내 퀀트 전략의 수익도 높다. 그러나 초과수익이 한국보다는 적다.
- 중요! 미국에서 소형주 거래비용이 어느 정도인지 실전에서 검증하지 못했다.

**6. 개별 주식 전략은 연복리수익률은 매우 높으나 MDD도 매우 높아서 투자자가 버티기 어렵다.**

특히 6번 때문에 저는 MDD를 줄이기 위해 자산배분을 먼저 하고 그 뒤에 미국 주식비중을 퀀트 전략으로 투자하는 것을 강하게 추천합니다.

그런데, 이 내용 어디서 본 것 같죠? 맞습니다! 대형주에서 퀀트 투자가 잘 안 먹힌다는 내용과 소형주 거래비용에 관한 내용을 제외하면 Section 39에서 한국 개별 주식 퀀트 투자에서 내렸던 결론과 상당히 비슷합니다.

이렇게 한국에서 통했던 지표와 전략이 미국에서도 통한다는 것을 보면 퀀트 투자에 좀 더 확신을 가질 수 있을 것 같습니다. PER, PSR 등의 지표가 우연히 한국에만 통하는 지표일 수도 있는 것이잖아요? 그런데 미국에서도 위력이 강하다는 것은 그만큼 이 지표들이 실제로 주식 수익에 도움이 될 가능성이 커지는 거죠. 제가 직접 분석하지는 않았지만, 이 책에 나오는 대부분 지표는 한국, 미국뿐만 아니라 대부분 다른 나라에서도 통한다는 논문 결과가 있습니다.

왜 이런 지표가 통하는지는 '[잠깐만요] 가치지표와 가치주 전략은 왜 이렇게 잘 통하는 것일까?(245페이지 참고)'와 '[잠깐만요] 성장주는 왜 계속 초과수익을 내는 것일까?(285페이지 참고)'를 다시 한번 살펴보세요. 재미있는 건 거기 언급한 원인인 인간 심리에 기반했기 때문에 전 세계적으로 유효한 거죠!

그럼 미국 주식은 어떤 전략으로 투자하면 좋을까요? 한국 주식과 미국 주식에서 통하는 지표는 거의 비슷하지만 포트폴리오에 대한 결론은 조금 다릅니다.

**1. 기본적으로 미국도 소형주 전략이 대형주 전략보다 수익이 압도적으로 높지만, 몇 번 강조한 것처럼 소형주의 거래비용이 어느 정도 발생할지 가늠하기 어려우**

므로 미국에서는 안전하게 대형주 비중을 높게 가져가는 것을 권합니다! 저는 제가 검증해 보지 않은 것을 추천하고 싶지 않습니다.

- 켄 피셔 전략을 사용하거나 우리가 한국형 올웨더를 다루면서 배웠던 TIGER 미국 S&P500을 사는 것이 좋습니다.

2. 미국 소형주에도 자금을 투입한다고 결정하면, 성장가치주 전략에 투자하거나 성장전략, 가치전략 따로 나눠서 투자하는 방법이 있습니다.

- 성장가치주 전략에 투자하면 성장지표, 가치지표가 전반적으로 우수한 주식에 투자하고
- 성장전략, 가치전략에 따로 투자하면 각 지표가 매우 우수한 주식에 투자하게 되죠.
- 한마디로 수학, 영어 각각 90점 맞은 친구에게 투자할 것인가, 수학 점수가 99점인데 영어 성적은 저조한 친구에게 투자할 것인가의 차이입니다.

저는 개인적으로 켄 피셔 전략에 주식 포트폴리오를 몰빵하는 것을 추천하고 싶습니다. 미국에서 매출액과 연구개발 대비 저평가된 기업에 투자하는 거죠.

그러나 좀 더 다채로운 포트폴리오를 위해 아래와 같은 분산도 가능하다고 봅니다.

| 포트폴리오 예시와 각 전략 비중(%) |

| 전략 | 전체주 가치 | 전체주 성장 | 전체주 성장가치 | TIGER미국 S&P500 | 대형주 켄피셔 |
|---|---|---|---|---|---|
| 1 | | | | 100 | |
| 2 | | | | | 100 |
| 3 | | | | 50 | 50 |
| 4 | | | 30 | 70 | |
| 5 | | | 30 | | 70 |
| 6 | | | 30 | 35 | 35 |
| 7 | 15 | 15 | | 35 | 35 |

1번은 단순히 S&P500 지수에 몰빵하는 전략이고,

2번은 켄 피셔 전략에 몰빵하는 전략이고,

3번은 반반 전략입니다.

4번부터는 조금씩 소형주를 포함한 전체주식 비중을 추가하는 전략입니다.

  – 실전 투자에서 미국 소형주 거래비용이 크지 않다고 판단이 되면 점진적으로 전체 주식투자의 비중을 늘릴 것을 추천합니다!

4번은 전체 주식은 성장가치주에, 대형주는 S&P500 지수에 투자하고,

5번은 전체 주식은 성장가치주에, 대형주는 켄 피셔 전략에 투자하고,

6번은 전체 주식은 성장가치주에, 대형주는 S&P500 지수와 켄 피셔 전략에 분산투자하고,

7번은 전체 주식은 가치주, 성장주 나눠서, 대형주는 S&P500 지수와 켄 피셔 전략에 나누서 투자하는 방법입니다.


저는 여기 있는 모든 포트폴리오가 괜찮다고 보고, 투자자의 취향에 맞게 투자하면 된다고 생각합니다.

다섯째
마당

# 무작정 따라하기
# 퀀트 포트폴리오

# 한국형 올웨더, 핼러윈 전략과 한국, 미국 개별주 퀀트 투자의 결합

이제 드디어 끝이 보입니다! 우리가 지금까지 배운 것을 종합해 볼까요?

### 1. 자산배분

– 우선 우리는 한국형 올웨더 전략이라는 MDD가 낮은 자산배분 전략을 만들었습니다.

| 한국형 올웨더 포함 ETF 및 비중 |

| 구분 | | ETF 상품 | 투자 비중(%) |
|---|---|---|---|
| 위험자산 | 미국 주식 | TIGER S&P500 | 17.5 |
| | 한국 주식 | KOSEF 200TR | 17.5 |
| | 금 | KODEX 골드선물(H) | 15 |
| 안전자산 | 한국 중기채 | KOSEF 국고채 10년 | 25 |
| | 미국 중기채 | TIGER 미국채 10년 선물 | 25 |

## 2. 마켓타이밍

– 한국형 올웨더의 자산군 비중은 1년 내내 같은데, 수익을 조금 더 높이기 위해 핼러윈 전략을 섞어서 주식의 비중을 11월~4월에는 좀 더 높게, 5~10월에는 좀 더 낮게 가져갑니다.

| 한국형 올웨더 + 핼러윈 전략 |

| 구분 | 구분 | ETF 상품 | 투자 비중 (%) 11~4월 | 최대 하락 폭 (%) 5~10월 |
|---|---|---|---|---|
| 위험자산 | 미국 주식 | TIGER S&P500 | 25 | 10 |
| | 한국 주식 | KOSEF 200TR | 25 | 10 |
| | 금 | KODEX 골드선물(H) | 15 | 15 |
| 안전자산 | 한국 중기채 | KOSEF 국고채 10년 | 17.5 | 32.5 |
| | 미국 중기채 | TIGER 미국채 10년 선물 | 17.5 | 32.5 |

## 3. 종목선정

– 한국, 미국 주식 비중을 ETF가 아닌 퀀트 투자 전략을 활용해 주식을 선별하여 투자할 수 있습니다. 여러 개의 포트폴리오를 살펴 봤는데 그 백테스트 결과를 공개합니다.

▶ 할투 805

# 무작정 따라하기 최종 포트폴리오

### 무작정 따라하기 최종 포트폴리오 1

한국 주식은 성장가치주 전략(전체 주식)에, 미국 주식은 켄피셔 대형주 전략에 투자함

| 무작정 따라하기 최종 포트폴리오 1 비중 |

| 구분 | 구분 | ETF 상품 | 투자 비중(%) 11~4월 | 투자 비중(%) 5~10월 |
|---|---|---|---|---|
| 위험자산 | 미국 주식 | 켄 피셔 대형주 전략(미국) | 25 | 10 |
| | 한국 주식 | 무작정 따라하기 성장가치 전략, 전체주식(한국) | 25 | 10 |
| | 금 | KODEX 골드선물(H) | 15 | 15 |
| 안전자산 | 한국 중기채 | KOSEF 국고채 10년 | 17.5 | 32.5 |
| | 미국 중기채 | TIGER 미국채 10년 선물 | 17.5 | 32.5 |

| 무작정 따라하기 최종 포트폴리오 1의 주요 지표(2003.4~2022.4월) |

| 포트폴리오 | 초기자산 (억 원) | 최종자산 (억 원) | 연복리수익 률(%) | 수익 난 월 (%) | MDD (%) |
|---|---|---|---|---|---|
| 한국 성장가치, 미국 켄피셔 | 1 | 25.08 | 18.5 | 72.9 | -11.5 |

| 무작정 따라하기 최종 포트폴리오 1의 수익(2003.4~2022.4월) |

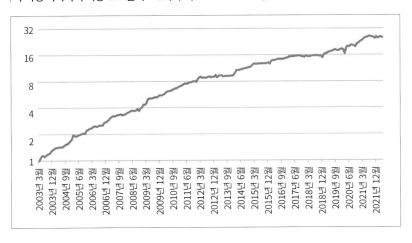

| 무작정 따라하기 최종 포트폴리오 1의 손실 폭(2003.4~2022.4월) |

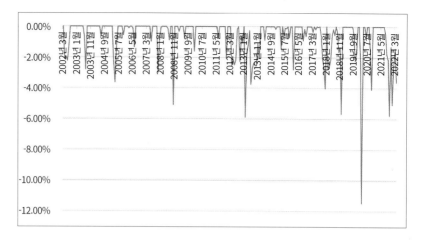

## 무작정 따라하기 최종 포트폴리오 2

한국 주식은 성장가치주 전략(소형주)에, 미국 주식은 켄피셔 전략에 투
자함

| 무작정 따라하기 최종 포트폴리오 2 비중 |

| 구분 | 구분 | ETF 상품 | 투자 비중(%)<br>11~4월 | 투자 비중(%)<br>5~10월 |
|---|---|---|---|---|
| 위험자산 | 미국 주식 | 켄 피셔 대형주 전략(미국) | 25 | 10 |
| | 한국 주식 | 무작정 따라하기 성장가치<br>전략, 소형주(한국) | 25 | 10 |
| | 금 | KODEX 골드선물(H) | 15 | 15 |
| 안전자산 | 한국 중기채 | KOSEF 국고채 10년 | 17.5 | 32.5 |
| | 미국 중기채 | TIGER 미국채 10년 선물 | 17.5 | 32.5 |

| 무작정 따라하기 최종 포트폴리오 2의 주요 지표(2003.4~2022.4월) |

| 포트폴리오 | 초기자산<br>(억 원) | 최종자산<br>(억 원) | 연복리수익<br>률(%) | 수익 난 월<br>(%) | MDD<br>(%) |
|---|---|---|---|---|---|
| 한국 성장가치, 미국 켄피셔 | 1 | 32.33 | 20.1 | 76.0 | -9.1 |

**무작정 따라하기 최종 포트폴리오 2의 수익**(2003.4~2022.4월)

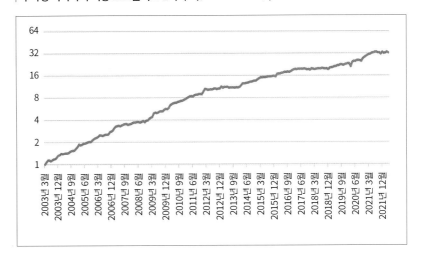

**무작정 따라하기 최종 포트폴리오 2의 손실 폭**(2003.4~2022.4월)

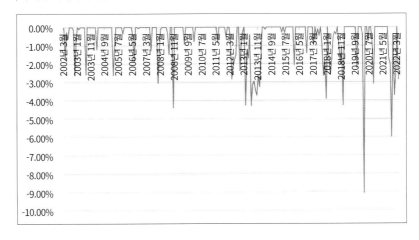

## 무작정 따라하기 최종 포트폴리오 3

한국 주식은 성장가치주 전략(전체주식)에, 미국 주식은 TIGER S&P500에 투자함

**| 무작정 따라하기 최종 포트폴리오 3 비중 |**

| 구분 | 구분 | ETF 상품 | 투자 비중(%)<br>11~4월 | 투자 비중(%)<br>5~10월 |
|------|------|----------|------------------------|------------------------|
| 위험자산 | 미국 주식 | TIGER 미국S&P500 | 25 | 10 |
| | 한국 주식 | 무작정 따라하기 성장가치전략, 전체주식(한국) | 25 | 10 |
| | 금 | KODEX 골드선물(H) | 15 | 15 |
| 안전자산 | 한국 중기채 | KOSEF 국고채 10년 | 17.5 | 32.5 |
| | 미국 중기채 | TIGER 미국채 10년 선물 | 17.5 | 32.5 |

**| 무작정 따라하기 최종 포트폴리오 3의 주요 지표(2002.4~2022.4월) |**

| 포트폴리오 | 초기자산<br>(억 원) | 최종자산<br>(억 원) | 연복리수익률(%) | 수익 난 월(%) | MDD(%) |
|-----------|---------------------|---------------------|-----------------|---------------|--------|
| 한국 성장가치, 미국 S&P500 | 1 | 14.92 | 14.5 | 69.7 | -8.4 |

**| 무작정 따하라기 최종 포트폴리오 3의 수익(2002.4~2022.4월) |**

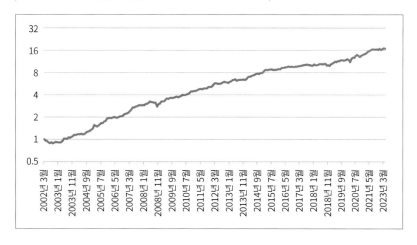

| 무작정 따라하기 최종 포트폴리오 3의 손실 폭(2002.4~2022.4월) |

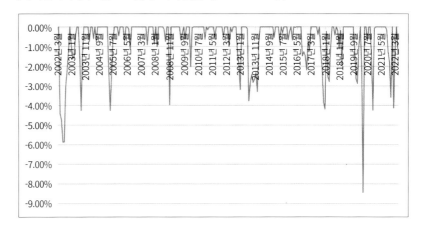

## 무작정 따라하기 최종 포트폴리오 4

한국 주식은 성장가치주 전략(소형주)에, 미국 주식은 TIGER S&P500
에 투자함

| 무작정 따라하기 최종 포트폴리오 4 비중 |

| 구분 | 구분 | ETF 상품 | 투자 비중(%)<br>11~4월 | 투자 비중(%)<br>5~10월 |
|---|---|---|---|---|
| 위험자산 | 미국 주식 | TIGER 미국S&P500 | 25 | 10 |
| | 한국 주식 | 무작정 따라하기 성장가치<br>전략, 소형주(한국) | 25 | 10 |
| | 금 | KODEX 골드선물(H) | 15 | 15 |
| 안전자산 | 한국 중기채 | KOSEF 국고채 10년 | 17.5 | 32.5 |
| | 미국 중기채 | TIGER 미국채 10년 선물 | 17.5 | 32.5 |

| 무작정 따라하기 최종 포트폴리오 4의 주요 지표(2002.4~2022.4월) |

| 포트폴리오 | 초기자산<br>(억 원) | 최종자산<br>(억 원) | 연복리수<br>익률(%) | 수익 난 월<br>(%) | MDD<br>(%) |
|---|---|---|---|---|---|
| 한국 소형 성장가치, 미국 S&P500 | 1 | 18.95 | 15.8 | 71.0 | -6.0 |

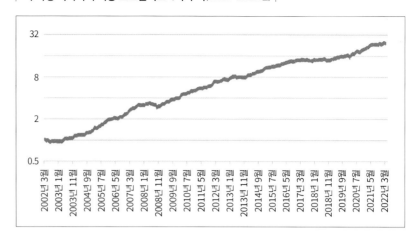

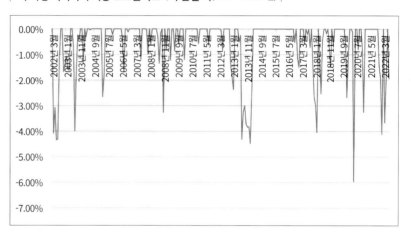

포트폴리오 1~4의 백테스트 결과, 흥미로운 점이 눈에 띕니다.

우선, 포트폴리오 1, 2의 백테스트 결과는 2003년부터, 포트폴리오 3, 4의 결과는 2002년부터 존재해서 완벽히 비교하기는 어려웠습니다(2002년에 주식시장의 수익이 낮아서 2003년부터 백테스트한 전략의 수익이 높아 보입니다).

재미있는 점은 한국 주식을 '무작정 따라하기 소형주 성장가치' 전략으로 투자했다면 수익이 높은 것은 물론이며 MDD도 전체 주식에 투자한 것보다 낮아졌습니다.

그래도 무작정 따라하기 최종 포트폴리오 2(한국은 소형주 성장가치, 미국은 켄 피셔 대형주)가 백테스트 수익이 가장 높은데 그 포트폴리오로 투자하는 것이 합리적이지 않은지 궁금할 겁니다. 저는 켄 피셔 전략이 최근 20년 동안에는 수익이 좋았지만 최근 10년 동안에는 S&P500 지수와 수익이 비슷했고 향후 10년, 20년 동안에는 이 전략의 성과가 어떨지 가늠할 수 없어서 미국 주식을 그냥 S&P500에 투자하는 것도 나쁘지 않다고 봅니다.

한국 주식은 취향에 따라 전체 주식에 투자할 수도 있고 소형주에 투자할 수도 있으나 저는 소형주의 압도적인 수익률 때문에 소형주에 투자하는 것을 권하고 싶습니다.

# 퀀트 투자, 이 쉬운 것을 왜 안 할까?

저는 직장인들이 이 좋은 퀀트 투자를 하지 않고 다른 방식의 투자를 하는 이유가 뭔지 궁금합니다. 이렇게 간단하고도 성과 좋은 방법을 두고 왜 고생을 사서 하는 걸까요? 아무리 시간을 들여 공부하고 고심해서 투자해도 대부분의 사람은 퀀트 투자가 내는 성과(연복리수익률, MDD) 근처에도 가지 못할 겁니다. 저는 퀀트 투자를 안 하는 개인투자자를 만났을 때 한두 번 추천해 보고 안 한다고 하면 애써 더 권하지 않습니다. 자신의 투자법이 옳다고 믿으며 심리적 편향에 치우친 비퀀트 투자자들이 많을수록 퀀트 투자로 돈을 벌기 쉬우니까요.

제가 생각하기에 대부분의 투자자가 퀀트 투자를 하지 않거나 시작하더라도 금세 포기하는 이유는 아래와 같습니다.

## 1. 퀀트 투자도 수익이 저조한 구간이 있다

개별 주식 전략을 살펴보면 최근 20년 동안 50% 이상 손실이 나는 구간이 보통 1~2번은 반드시 있고, 20% 이상 손실을 보는 구간은 5~10회 나옵니다. 그러니까 2~3년 주기로 한 번씩 크게 손실을 본다는 것이죠. 이때 대부분의 투자자는 흔들리게 되고 빨리 손실에서 벗어나기 위해 다른 방법의 투자를 하고 싶다는 유혹에 빠지기 쉽습니다. 잡주 또는 급등주, 테마주, 코인, 선물옵션 등에 손대는 거죠.

개별 주식 투자에 비해 자산배분은 훨씬 안정적이고 최대 손실도 크지 않습니다. 그렇다고 해서 자산배분이 심리적으로 쉬운 투자는 아닙니다. 대세 상승장에는 자산배분의 수익이 주가지수 혹은 개별 주식보다 훨씬 낮습니다. 채권, 금 등이 섞여 있으니까 그럴 수밖에 없죠. 이런 시기에는 채권, 금 따위는 버리고 주식에 몰빵 하고 싶어집니다. 그게 인간의 심리입니다. 그렇게 몰빵했다가 얼마 안 돼 대세 하락장이 오면 "자산배분을 했어야 했는데!" 하며 후회하곤 합니다. 그렇다고 해서 자산배분이 대세 하락장에서 하락을 완전히 피할 수 있는 것도 아닙니다. MDD가 10~15%라는 것은 실제로 언제든지 10~15%의 손실이 발생할 수 있다는 의미니까요.

## 2. 스토리가 없다

개별 주식 투자를 할 경우 내가 산 주식에 대해서 할 말이 많습니다. 반면 자산배분 혹은 퀀트 투자를 하면 누군가 나에게 저 종목을 왜 샀냐고 물었을 때 "PER, PSR 등을 보니까 저평가되어 보이고 최근 매출, 영업이익, 순이익성장률이 좋아"라는 딱딱한 얘기 말고는 할 말이 없습니다. 언론, 유튜브, 책을 보면 미국과 중국의 패권 전쟁, 매크로 이슈, 산업 이슈, 기업의 최신 상품, 경영진 등 별의별 화려한 스토리를 들먹이며 특정 종목을 사라고 권합니다. 그게 나에게 수익을 줄지 아닐지 몰라도 그 스토리가 훨씬 더 그럴듯해 보이죠! 사람은 숫자를 믿기보다는 스토리를 더 믿습니다. 대부분 주식 관련 스토리가 돈 버는 데 도움이 안 되는 '잡음'에 불과한데도 숫자보다는 감성에 치우치기 때문입니다.

## 3. 듣도 보도 못한 소형주를 사게 된다

우리가 이 책에서 내내 살펴봤듯이 퀀트 투자는 주로 소형주에서 초과수익을 얻습니다. 그런데 대부분의 투자자에게는 소형주에 대한 고정관념이 있어 불안해합니다. 무슨 기업인지 잘 모르겠고, 금방 망할 것 같고, 큰 금액을 투자하지도 못할 것 같습니다.

무슨 기업인지 모르는 것은 맞지만 그런 기업들이 통계적으로나 실제로도 수익이 훨씬 더 높습니다. 이 책에서 충분히 근거 자료를 보여드렸다고 생각합니다. 그러나 대부분의 투자자는 '모르는 주식'을 산다는 불안감을 해소하기 위해 그냥 '누구나 다 아는' 대형주를 사곤 하죠. 매우 큰 기회비용을 치르는 나쁜 선택인 줄도 모르고요.

소형주라서 망할 것 같다는 고정관념도 강합니다. 그러나 상장주식 중에 소형주로 분류될 뿐 이런 기업들도 대부분 매출액이 최소 수백억 원이 넘는 중견기업입니다. 심지어 우리는 매출액, 영업이익, 순이익이 최근 크게 증가한 기업을 매수하죠. 그것도 20개를 동시에! 우리는 이런 기업들을 분기 또는 반기별로 교체하는데 그 짧은 기간에 우수한 상장기업이 상장폐지될 가능성이 클까요? 퀀트 전략들을 살펴보면 소형주 전략의 MDD가 대형주 전략의 MDD보다 더 낮은 것도 알 수 있죠.

소형주는 변동성이 커서 큰 금액을 투자 못 할 것 같다고도 합니다. 소형주 퀀트 투자로만 10억 원 이상을 투자하는 사람은 저를 포함해서 여럿 있습니다. 최고는 60억 원까지도 봤습니다. 이런 불안감을 토로하는 분이 주식투자에 투입할 수 있는 금액이 100억 원 이상이라면 그 불안을 인정하겠습니다.

## 4. 투자 과정이 지루하다

저는 트레이딩을 즐겨 하지 않지만, 주식시장에서 '액션'을 추구하는 투자자는 의외로 많습니다. 그런데 퀀트 투자를 하면 할 게 거의 없습니다. 이것이 퀀트 투자의 의도이기도 합니다. 우리는 이상한 두뇌를 갖고 태어난 동물이라 투자에서 우리 뇌를 쓰면 망할 가능성이 크다고 설명했고, 그래서 일부러 최대한 인간의 생각을 투자에서 배제하려는 거죠. 그런데 통제 환상 편향 때문에 그런지 투자에 개입 안 하는 투자를 싫어하는 사람이 많습니다.

퀀트 투자를 하면 리밸런싱을 자주 안 하는 것은 물론이고, 그때도 기계적으로 퀀터스 등을 이용해서 종목을 뽑고, 기존 종목을 팔고 새로운 종목으로 교체하면 끝입니다. 투자를 위해 투입하는 시간이 한 달에 한 시간도 채 안 됩니다. 이것이 시간 없는 직장인에게는 큰 장점인데, 거래를 즐기는 투자자라면 견디기 힘들겠죠. 시황을 중계하는 증권 언론이나 유튜브가 많은 것을 보면 자주 거래하는 투자자가 생각보다 훨씬 많은 것 같습니다. 그런 투자자에게 퀀트 투자는 못 견딜 정도로 지루하겠죠. 우리는 통제 환상 편향의 지배를 받고 있어서, 레시피를 따르는 퀀트 투자에 우리가 개입하면 더 높은 수익을 낼 수 있다고 믿어 의심치 않습니다. 그래서 실제로 많이 개입하고 전략 실행을 중단하곤 하죠.


## 5. 투자가 이렇게 쉬울 리가 없어!

성공적인 투자가 굉장히 어렵다고 착각하는 투자자는 의외로 많습니다. 장기적으로 성과가 좋은 투자자들에겐 엄청난 비법이 있고 일반인은 따라할 수 없는 엄청난 기술과 경험이 있다고 착각하는 투자자들이 의외로 많습니다. 위대한 투자자들은 절대로 자신의 기법을 공개하지 않을 것이라고 믿고, 그런 방법을 주장하는 사람은 무조건 사기꾼이라고 치부하는 투자자도 많습니다.

또한, 지표 몇 개, 수치 몇 개를 소프트웨어에 입력해서 초과수익을 낸다는 것은 말도 안 된다고 주장하는 투자자가 대부분입니다. 아무리 근거를 들이밀어도 이런 분을 설득할 수 없습니다.

그런데 투자는 원래 별로 어려운 것이 아닙니다. 제가 이 책에서 계속해서 전략과 백테스트 결과를 보여드린 것 역시 퀀트 투자가 어렵지 않고, 누구나 할 수 있다는 것을 알리기 위함입니다. 3년 만이라도, 소액이라도 퀀트 투자를 해보십시오. 실제로 수익이 나는지, 주가지수보다 더 나은지 아닌지를 직접 경험해 보십시오. 그 후에 다시 평가해도 늦지 않을 것입니다.

# 김 대리, 파이어에 도달하다

15년 후, 터키 페티예

"선배님, 안녕하십니까?"

"아니, 김 대리! 오랜만이네요. 여긴 어떻게 왔어요?"

"저, 지난달 퇴사하고 파이어를 선언했습니다. 선배님 없이는 절대 불가능했을 것이라 꼭 한번 찾아뵙고 감사의 말씀을 전하고 싶었습니다. 수소문해 보니 선배님은 7년 전 퇴사하신 후 여기로 이민 오셨다고 하더라고요."

"네! 이곳이 살기 좋은데 물가가 매우 싸거든요. 가성비가 최고예요. 그런데 어떻게 파이어를 했는지 물어봐도 될까요?"

"선배님께 퀀트 투자 노하우를 전수받은 후 15년 동안 꾸준히 투자했습니다. 한국형 올웨더 포트폴리오 만들고, 11~4월 주식 비중은 좀 크게 5~10월 비중은 작게, 한국 주식은 '무작정 따라하기 성장가치주'에 투자하고 미국 주식은 켄 피셔 전략대로 투자하다가 조금씩 미국 소형주 비중을 확대했습니다. 그러니까 백테스트 수익과 엇비슷하게 수익이 나더라고요."

"대단한데요? 그런데 퀀트 전략으로 15년 동안 버텼다는 겁니까? 7년 전 금융위기도 있었고, 전쟁도 여러 번 있었잖아요? 몇 년 전 개도국 연쇄 부도 사태도 있었고요?"

"네, MDD가 10% 정도밖에 안 돼서 견딜 수 있었습니다. 물론 전략에 개입하고 싶은 유혹은 컸으나 선배님이 알려주신 심리적 편향에 관한 얘기를 되뇌면서 꾹 참았습니다."

"대단하네요. 그럼 자산이 얼마나 되는 거예요?"

김 대리, 지난 15년 동안 어떻게 투자했고 자산을 늘렸는지 설명하기 시작합니다.

"선배님 만났을 때 제 자산은 3,000만 원이었어요. 낙원계산기로 계산한 대로 처음 3년은 연 1,800만 원을 저축하고 연복리수익률 18% 정도로 불리니까 그 돈이 1.15억 원 정도가 되었습니다. 그 후 승진하고 급여가 높아져서 저축금액을 2,700만 원으로 늘렸죠. 4년간 연복리수익률은 16% 정도였고 자산이 3.51억 원으로 늘어났습니다. 그 후 또 승진해서 저축금액을 3,600만 원으로 늘렸습니다. 그렇게 저축금액을 올리자마자 금융위기가 와서 아찔했는데 자산배분 덕에 MDD는 크지 않았고, 연준에서 돈을 많이 풀어서 제 수익도 매우 높아졌죠. 8년 동안 연복리수익률이 19% 정도 되더라고요. 그렇게 하다 보니 자산이 20.3억 원으로 불어났습니다."

강퀀트 과장, 감동을 감추지 못합니다.

"대단하네요, 김 대리! 나도 퀀트 투자를 30년 넘게 했지만 이렇게 오래 버틴 사람은 거의 못 봤어요. 올바른 투자 전략, 시간과 복리 효과를 통해 경제적 자유를 이뤘군요! 정말 축하합니다."

"다 선배님 덕분이죠. 그 후에 선택의 기로에 서게 되었죠. 회사에서 간부가 될 것인가, 아니면 퇴사해서 내 길을 갈 것인가? 저는 고민 끝에 후자를 택했습니다."

"저라도 그렇게 선택했을 것 같습니다! 자유인이 된 것을 축하해요. 우리 케밥 먹으러 갈까요? 제가 쏘겠습니다!"

# MEMO